立ち上がる夜
〈フランス左翼〉探検記

共和国広場

Nuit Debout ～ Mon exploration de la gauche française ～

村上良太 著

社会評論社

立ち上がる夜〈フランス左翼〉探検記＊目次

プロローグ 5
第1章 パリ・共和国広場 7
第2章 社会党内閣がなぜ労働法の改正を？ 45
第3章 仕掛け人フランソワ・リュファン 59
第4章 家賃高騰と闘うレイラ・シェイビ 73
第5章 広場の哲学者と「ヘゲモニー」 91
第6章 「立ち上がる夜」は終わったのか 105
第7章 オランドの裏切りとマクロンの登場 113
第8章 政界再編の引き金となった「左翼の二つの文化」 119
第9章 社会党の仁義なき戦い 131
第10章 投票をボイコットする人々 139
第11章 立ち上がるTV 153
第12章 難民支援運動 173
第13章 海外県と植民地──ラシズム（人種差別主義）との闘い── 195
第14章 芸術と政治 209
第15章 ボボ（Bobos）とプロロ（Prolos） 249

第16章　パリ郊外、エクアンの左翼一家を訪ねて……259

第17章　リュファン、国会議員になる……285

エピローグ　マクロン大統領の時代が始まる……305

　あとがき……315

　参考文献リスト……317

─── ＊インタビューした人びと ───

フランソワ・リュファン（「ファキル」編集長・国会議員）／クレマンティーヌ・バーニュ（映像作家）／ゾーエ・デビュロー（教師・共産党員）／アンヌ・エイドゥ（雇用と労働の問題に詳しい経済学者）／パトリス・マニグリエ（パリ大学の哲学者）／レイラ・シェイビ（家賃高騰の問題に取り組む市民運動家）／ギゼラ・カウフマン（ドイツ文学専門書店オーナー）／ゲノレ・アゼルチオップ（彫刻家）／ルイーズ・ムーラン（デザイナー）／アリーヌ・パイエ（放送ジャーナリスト）／ローラ・パイエ（女優・医学生）／山本百合（徴税を担当する国家公務員）／フランソワ・トロンシュ（科学者）／メディ・ グィロー（脱原発を目指すエネルギー会社に勤務）／マージョリー・マラマク（映画の助監督）／ソフィー・ティシエ（放送スタッフ）／バキ・ユースーフー（IT起業家）／フレデリック・パルカブ（作曲家・ギタリスト）／フランソワーズ・ベルジェス（政治学者）／ミレイユ・ファノン・マンデス・フランス（フランツ・ファノンの娘。人権活動家）／コリーヌ・ボネ（画廊のオーナー）／テオ・デュロレ（音響技師）／フランソワ・デュロレ（IT企業に勤務）／テオ・ビッドルフ（難民支援活動家）／アントワーヌ・フロン（書店主）／フィリップ・ラゴートリエール（画家）／オリビア・クラベル（画家・イラストレーター）／ジャン＝フィリップ・ミュゾー（画家・漫画家）／オリビエ・エベール（シンガーソングライター）／パスカル・ブロンドー（画家・漫画家）／ムスタファ・ブータジン（アルジェリア出身の画家）／ヴァンサン・ベルゴン（彫刻家・演出家）／メルラン（高校生）／カミーユ・ロイビエ（詩人。中国・台湾文学研究者）／レジャーヌ・ボワイエ（エクアン在住の市民）／その他多数

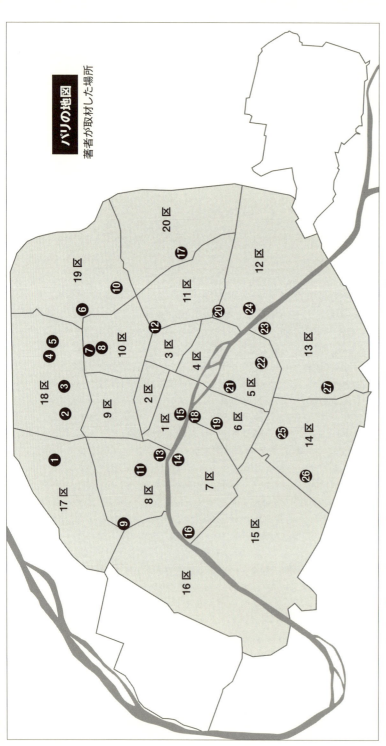

パリの地図
著者が取材した場所

❶ フレデリック・バルルカフに会う ❷ メトロ「アベッス駅」周辺 以前僕が滞在した場所 ❸ サクレクール寺院 ❹ バンサン・ベルゴニに会う
❺ バルベス周辺 アリーヌ・バイエに会う ❻ メトロ「ジョンキエ駅」前 「紅茶と珈琲を難民にの支援活動 ❼ パリ北駅 「植民地」反ランシズム討論会 ❾ 凱旋門
❿ パパリス・マニグリエに会う ⓫ エリゼ宮 大統領官邸 ⓬ 共和国広場「立ち上がる夜」 ⓭ コンコルド広場 かつて「革命広場」と呼ばれルイ16世らの処刑もここで行われた
⓮ フランス国民議会(下院) ⓯ ルーブル美術館 ⓰ エッフェル塔 ⓱ ベールジェーヌ マージョリー・マラケクに会う ⓲ ボザール(国立高等美術学校)
⓳ メトロ「サン・シュルピス駅」周辺 オリビア・グラベルに会う ⓴ バスチーユ広場(革命の発端) ㉑ ソルボンヌ大学
㉒ メトロ「サンジェ・ドーベントン駅」前 今回僕が滞在した場所 ㉓ メトロ「オステルリッツ駅」前 フランソワーズ・ベルジェスに会う
㉔ メトロ「リヨン駅」周辺 パキ・ユースーフに会う ㉕ コリーヌ・シェイビに会う ㉖ レイラ・水彩画館 ㉗ ムスタファ・ブータジンに会う

プロローグ

　1989年に冷戦が終わり、ソ連も東欧の社会主義圏の国々も資本主義に組み込まれていった。日本でも野党第一党だった社会党は冷戦終結後の政界再編の中で解体され、今では名前も変わりごくごく小さな勢力になっている。それなのに西側先進国の豊かさの象徴であるエルメスやシャネルなどのファッションブランドやグルメ、世界的な音楽や映画、小説などを次々と世に送り出してきたフランスには依然として社会党が存在するだけでなく、2017年5月まで大統領を頂く与党だった。フランスでは冷戦終結後、四半世紀を経ても社会党が脈々と大きな勢力を保ち続けてきた。これは大きな謎だった。フランス社会党は今でも社会主義を標榜しているのだろうか？　フランス人は週35時間の労働法制で日本人よりは長時間働かないように見えるのに、豊かに見えるのはなぜだろうか。この20年来、そうした疑問を持ちながらもフランスは僕にはよく見えない国だった。音楽とか料理とか美術とか各論的にはいろんな研究書が数多く出ているけれど、社会全体としてそれらの要素がどう関係しあって豊かなフランスを成り立たせているのだろう。フランス人の価値観の基盤にアメリカ発の新自由主義とか、効率第一主義、あるいは日本の過労死するまで働かされる経済優先の考え方に抗する何かがあるように僕には思える。それこそがフランスの最大の魅力であり豊かさではなかっただろうか。そして、それらは社会党の健在と関係していたように見えるのだ。ところが、昨年の大統領選挙と国会議員選挙で社会党は歴史的大敗を喫し、再生できるかどうかもわからないほど一気に瓦解したのである。

　フランスの急激な変化はなぜ起きたのだろうか。その謎を解く手がかりを与えてくれるものが2016年春に突如としてパリで始まった「立ち上がる夜」(Nuit Debout) という政治変革運動だ。風変わりな名称のこの運動はソーシャルメディアを武器としてフランス全土や欧州各地にまで瞬く間に広まっていった。毎晩、数千人の老若男女がパリ市内の共和国広場に集まり、今の生きづらい社会をどう変えるか、民意を裏切る政治

をどう変えるべきか、そんな硬派なテーマを初対面の人同士で車座になって議論を重ね、新しい社会のあり方を模索し始めたのだ。一見幸せそうに見えるフランスの中にも冷戦終結後に様々な問題が生まれていて、既存政党を中心とする政治との間にずれが起きていたことが見えてきた。特に問題視されたのはそれまで左翼政党を1つにまとめてきた要のフランス社会党が急速に右側に舵を取り始めたことだ。「立ち上がる夜」が社会党政権に対して起こした抗議の波は2017年のフランスの政界再編につながっていく。そして、フランス社会党は翌2017年の大統領選と国会議員（下院）選挙で、ともに新人の政治家、エマニュエル・マクロンの新興勢力「共和国前進」にあっけなく敗れ去ったのである。発足してわずか1年の政党だった。左翼勢力が2つに割れたため、皮肉にも「立ち上がる夜」に参加した人々の多くが一番避けたい政治的結末となった。民衆が立ち上げた巨大な変革のエネルギーを本質的に新自由主義のマクロンがほとんど丸ごと持って行ったのである。急激な政界の変化が起きたこの2〜3年のフランスを見ていると、実はそこに古くて新しいテーマが繰り返されていることにも気づく。1789年のフランス革命から脈々と続くフランスの左翼と右翼の攻防が今日も続いているということだ。

　本書は僕が抱いてきた一連のフランスに対する謎を「立ち上がる夜」に参加した人々を一人一人訪ね歩くことで解き明かそうとする試みである。「立ち上がる夜」の参加者がみな「左翼」だったかどうかはわからない。そもそも「左翼」という言葉はフランスが発祥らしく、この言葉も何やら鵺的な謎めいた言葉ではないか。それでも「立ち上がる夜」という運動に多くの左翼が参加していたのは間違いない。副題に掲げた「探検」と言う言葉は基本的に先進国から未開社会を訪ねる向きで使われる。しかし、僕はこの言葉をあえて先進西側社会のフランスの取材に使ってみることにした。よく知られたフランスではなく、未知のフランスとして新鮮な目で見つめてみたかったからだ。僕は「立ち上がる夜」に関わったフランスの左翼たちを訪ね歩くことでフランスという未知なる先進社会を探検し、その実像の何がしかでも自らの目と耳でつかみたいと考えたのだ。

第1章 パリ・共和国広場

パリの共和国広場に集まった市民。集会「立ち上がる夜」© Zazoum Tcherev

▼広場を占拠しよう

　2016年4月初旬、ソーシャルメディアで友達になっているフランス人たちからそれまで見たことがなかった写真や映像が流れてくるようになった。パリの共和国広場（Place de la République）に様々な年齢の男女が数千人規模で毎晩集まり、議論をしている光景だ。一人が前に立って話すのを群衆が座って耳を傾ける民衆議会めいたものまでできていた。時には機動隊と若者が路上で衝突している映像もあった。大きな政治変動が起きているのだろうか。それらの写真や映像は1968年の五月革命を思い出させたが、むしろ2010年に財政危機が深刻化したギリシアの暴動にもっと似ていた。

　パリと言えばその前年の2015年11月13日にイスラム原理主義勢力による同時多発テロ事件が発生し、死者130人という衝撃の惨事となった。この事件を僕はTV番組の編集室で知ったのだが、危険な事態になってしまったと思った。もしかすると、フランスが「イスラム国」と全面戦争に突入するかもしれない、と。フランス政府はこの11月のテロ事件をきっかけに非常事態宣言を出した。非常事態宣言の下では市民がなんらかの理由で治安を乱している、と政府や治安当局が判断すれば集会を力づくで中止させることができる。つまり政治的活動の自由が制限されているのだ。振り返れば2015年1月7日にパリの風刺新聞シャルリ・エブドの編集部がイスラム原理主義者によって襲撃され、その年に起きた一連の事件が自由であったはずのフランス市民の心を硬直させていくように思えた。パリ市内各所では銃を手にした迷彩服姿の兵士らがパトロールを行っている。非常事態宣言は次々と延長されていた。そんな緊張した夜の中、パリでは多くの人々が毎晩、広場に集まって真剣に議論を繰り広げているのだという。

　共和国広場はパリの中心部からそう離れていない。3区と10区と11区の境目にある。サイズ的には大変アバウトになるが、長さ200メートル前後、幅は100メートル前後の長方形と見ておくといいだろう。交通の要所にあり、広場の地下にはメトロの駅もある。日本で例えれば東京の日比谷公園に近いだろうか。だが、共和国広場に花壇はない。広場の中心にはフランス革命の象徴、マリアンヌの像が建てられている。塔には

フランス革命のスローガン「自由・平等・博愛」が刻まれている。この共和国広場に夜毎に人々が押し寄せて立錐の余地もないほどだ。夜毎と言っても夕方4時頃から人々が集まるのだが、春から夏にかけては緯度の高いフランスでは日が暮れるのが遅くて午後7時から8時くらいまでは明るい。

　この討論会は"Nuit Debout"（ニュイドゥブ）と呼ばれていた。直訳すれば「立ち上がる夜」となる。夜が立ち上がる、あるいは、夜に立ち上がる、というのはいったいどういうことだろう。どんな人々が参加して、どんな話をしているのだろう？　彼らの目的は何だろうか？　革命？　それとも？……たくさんの疑問が膨らんできた。そもそもパリの人々の不満や怒りは何に由来するのだろうか。一見、恵まれた人たちに見える見栄えのいいパリジャンやパリジェンヌたち。彼らにも深刻な悩みがあるとしたら日本人と同じ悩みだろうか、それともフランスに固有の何か事情があるのだろうか。

100近い討論の輪＝委員会が生まれた。Ⓒ Zazoum Tcherev

　「立ち上がる夜」は2016年3月31日に始まり、あっと言う間に数千人が毎晩出かけて議論を戦わせる場になっていった。この運動はいったいどこへ向かうのか。単なる文化教養的サークルではなかったから、その政治的帰結がフランスのマスメディアでも注目された。「立ち上がる夜」と言う名のこの運動が始まって10日目の4月9日、共和国広場で一人の

第1章 パリ・共和国広場

中年の男がすし詰めになった群衆にマイクを手に熱烈に語りかけた。男はフレデリック・ロルドン（Frédéric Lordon）という名前で、フランスでは著名な左翼の経済学者だ。

「今、私たちはどこにいるのか見てみましょう。フランスの地方でも『立ち上がる夜』が始まっていますし、欧州各地でも同様に熱気を持って迎え入れられています。バルセロナでもマドリッド、サラゴサ、ブリュッセル、リエージュ、ベルリンなどでも行われています。共和国広場の『立ち上がる夜』はパリ市内のスターリングラード駅でも活動を行っています。これらの驚くべき運動は市民が自発的に起こしたものです。運動が始まってから10日経ちました。緊張を伴う厳しい日々でしたが、ただ言えることは私たちが今、何かを成し遂げようとしているということです。思うに今こそ、慎重さを捨てて、大胆な行動を起こすときです。ついに何かが始まろうとしているんです。では、その何かとは何なんでしょうか。もし運動が方向性を持っていなかったら、いったいどこに行くのでしょうか。もし運動を行う人々がリーダーを持っていなかったなら、いったいどのように運動の方向性を選択することができるのでしょうか。何であれ、運動の方向性を決める必要があるんです。今、どんどん事態が進展している中で、運動に政治的な目的がなかったとしたら、みんなが集まったことが結局いたずらに消耗されてしまうだけです。手をこまねいていればまた選挙で同じような致命的な失敗を繰り返してしまうだけです。ではどうすればそのような事態を避けることができるのでしょうか。私たちが最初に広場に集まったのはエルコムリ法案（労働法を規制緩和する法案）への反対でした。」

▼ゼネストを呼びかけるフレデリック・ロルドン

フレデリック・ロルドンは絞り出すような声で、労働法の規制緩和を止めるためにゼネラルストライキ（全国での一斉ストライキ）を呼びかけた。その頃、フランス社会党の政府は週35時間労働を保障し、また、解雇を厳格に規制していた労働法を改革して、「フレキシブル」に企業の要求に応えられる労働法に作り替えようとしていた。「立ち上がる夜」が生まれたきっかけこそ、この労働法の規制緩和への反対運動だった。だが、たくさんの組織や運動体に一斉に運動への参加を呼びかけたため

に、多様性を反映して様々なテーマを運動が抱え込むことになった。それで次第に収拾がつかなくなりつつある、とロルドンらは思うようになったらしい。だからこそ、ロルドンは「立ち上がる夜」という運動は１つの明確な政治的目標を持つべきだ、と訴えたのだ。企業経営者が労働者を解雇しやすくなれば労働者は恐怖のもとで生きることを余儀なくされる。そうした「労働法が改正された後の世界の到来を阻止しよう」とロルドンは呼びかけた。フランスは様々な問題を抱えているけれども、一度にあれもこれもできないから、まずは労働法の改革阻止にみんなで全力を尽くして全国の労働者で連帯してストライキをしよう、と提案したのだ。４月初旬のこの頃、ロルドンが語っているように「立ち上がる夜」は急速に社会の注目を集め、フランスの地方都市でも同様の運動が始まっており、また欧州各地でも共鳴する動きが出てきていた。それは欧州全体が同様の状況を抱えていたことにもよる。「立ち上がる夜」の中では確固とした組織を立ち上げ、リーダーを選んで意思決定を行えるようにしなければ政治的成功は何も望めない、という冷徹な認識を持つ人々が一方にいた。だが、もう一方にそうしたヒエラルキー構造あるいは縦型の構造はいらないという人々もいた。縦型構造を否定する人々は自由で水平の関係こそ、新しい社会に必要なのだという認識を持ち、「立ち上がる夜」は単なるもう１つの政治機構などではない、と考えたのだった。オランド大統領とバルス首相が率いる政府を批判しつつも、「立ち上がる夜」はそれ自体の中に運動を巡る大きな亀裂が早くも生まれていた。

　一方、フランスの政治や経済を動かしているエリートたちも「立ち上がる夜」の行方を興味津々に見つめていた。エマニュエル・マクロン（Emannuel Macron）、翌年、フランス大統領に当選して絶大な政治権力をつかむ人物もその一人である。国会議員の経験もなかったマクロンにとって、いかに最短距離で大統領に選ばれるか。その鍵こそ、大衆の心理をつかむことにあった。だから社会党の労働法改正案に反対している人々の心をどうやって把握するかが最も肝要だったに違いない。ニコラ・プリセット著「エマニュエル・マクロン　エリゼ宮への前進」（Nicolas Prissette "Emannuel Macron 〜 en marche vers l'Élysée 〜") によると、2016年４月６日〜「立ち上がる夜」が始まって７日目の夜〜マク

ロンはパリの北方に位置する地方都市アミアンで夕食会を開いた。アミアンはマクロンが生まれた都市だ。マクロンはもしオランド大統領が2017年の大統領選に再選を目指して立候補することがなければ自ら立候補を目指す、として「前進！」という政治グループを新たに立ち上げたのだ。しかし、マクロンはオランド大統領が立候補したとしても大統領選に臨むつもりだった。どの道、支持率の低迷しているオランド大統領が再選される可能性はなかったからだ。エマニュエル・マクロンこそ、ロルドンが阻止することを民衆に向かって叫んだエルコムリ法案（労働法の規制改革案）の生みの親と言って過言ではない。というのはマクロンこそオランド大統領のもとで経済大臣だったからだ。マクロンは自らの政治運動組織「前進！」を立ち上げて7日目の2016年4月12日に労働法の規制緩和を擁護する発言を行っている。

「左翼の人々は私に『労働法の規制緩和は左翼の政策ではない』と言いました。……しかし、この改革によって様々な産業界の中でより多くの企業に機会を与え、若い人たちには就労のチャンスをもっと拡大することができます。つまり、この改革によってより公平に機会を与えることができるのです。実際、これは左翼の政策と言って過言ではないと思いますよ」

しかし、2016年4月のこの時点でほとんどのメディアはマクロンに注目してはいなかった。むしろ、この頃、左翼から敵として見られ、攻撃のやり玉にあげられていたのは社会党の労働大臣だったミリアム・エルコムリと首相だったマニュエル・バルス（Manuel Valls）だったのである。彼らは労働法改正の議論で労働者や庶民の敵と見られ、翌年の選挙では厳しい状況に直面することは明らかだった。しかし、マクロンは労働法改正が可決するはるか以前に経済大臣を辞任し、大統領選への準備に取り組んでいたから、仕掛け人であったとしても自分自身は傷をほとんど受けなかったのだ。一方、大統領候補でライバルになるであろう首相マニュエル・バルスは労働者の恨みや反感を一斉に買うことになった。オランド大統領の時代が始まって間もない頃、次期大統領候補はバルスだろう、と報じられていたものである。

マクロンは与党・社会党のマニュエル・バルス首相が率いる内閣の経済大臣だったが、多くの市民、とくに左派の人々はなぜ労働者の味方で

あるはずの社会党が経営者に利する形で労働法を解体しようとしているのか、と疑問に思う人が多かった。2012年の大統領選でフランソワ・オランドを勝たせ、同年の国会下院選挙でも社会党を大勝させた左派の有権者たちは「裏切られた」と痛感したのである。だが、共和国広場での討論のテーマは「労働法改正」だけではなかった。実に様々な問題について議論が行われたのだ。先ほどのフレデリック・ロルドンの言葉は、共和国広場での議論があまりにも細分化され、バラバラになっているために求心力を欠いていることを危惧したものでもあった。のちに触れるが、「立ち上がる夜」の仕掛け人の一人がロルドンだったのだが、自分が仕掛けた運動があまりにも多様性を持ちすぎたため、労働法改正と言う政治的目標を達成するための機敏な政治活動に収斂できないという悩みを抱えていた。大衆のエネルギーが溢れるほど出ているのに、それが政治行動に生かせられないもどかしさがロルドンの演説には満ち満ちていた。その間にもマニュエル・バルス内閣とミリアム・エルコムリ労働大臣は着々と労働法改正の歩みを進めようとしていた。

　共和国広場の「立ち上がる夜」では様々なテーマのスピーチや議論があちこちで行われていた。ある車座では小柄の男はマイクを渡されると、こう語り始めた。

　「今日、警察が移民労働者の家にやってきたんだ。12区で、サンパピエ（労働許可証のない不法労働者）が何十人といるところだったので、みんな逮捕されて警察署に連れていかれたよ。警察官の50%以上が地方選挙で国民戦線に投票しているのを僕は知っているんだ。……」

　警察官にラシズム（人種差別主義）がはびこっている、と訴える人は少なくない。特に2015年11月の非常事態宣言の後、警察の恣意的な捜査が横行し、裁判所の令状なしで多くの人の住まいに警察が入り、家宅捜索を行っていた。イスラム原理主義テロリストと疑われると、疑いが晴れるまで自宅から出ることを禁じられてしまう。イスラム原理主義勢力のテロと、非常事態宣言、そして難民の問題はパリ市民に大きくのしかかっていた。

▼難民支援を呼びかける

　ある日、共和国広場に突然、黒人が多い一群の人々が隊列を組んで駆

け足でやってきた。「これからパリ市庁舎の前で難民支援集会が始まります。お手すきの方々、ぜひ一緒に来てください！」そう言うなり、また続けて駆け足で去っていった。ついていくとパリ市庁舎前の建物で難民支援のための爆発的な激しい意見表明が行われていた。たとえ彼らが不法労働者（サンパピエ）であったとしても、「サンパピエの人権を守れ」と訴えているのだ。この日の彼らはアフリカから来た人々だった。「立ち上がる夜」の中には移民や難民の問題に取り組むグループもいくつかあった。また、イスラモフォビア（イスラム教嫌悪）の問題を考えるグループもあった。これらの問題は「難民」とか「移民」という社会の中のマイノリティだけの問題ではなく、フランス憲法が保障する自由や人権という市民の誰にも関わりのある問題だったはずだ。だが、今日「テロとの闘い」という名目であれば何でも許されることにもなりかねない。

　2016年のこの頃、シリアやアフガニスタンなどの中東やアフリカから欧州に入った難民たちの多くはフランス北部の港湾都市カレー近くにある難民キャンプに数千人滞留していた。英国に渡るためだ。というのも新自由主義がフランスよりも進んでいる英国では、たとえ低賃金であったとしても就労しやすかったのだ。しかし、英国政府が難民の流入を恐れて、2016年6月に国民投票を行うことになっていた。実際に英国は僅差だったが欧州連合から離脱を選択することになるのである。その結果、カレーに滞留する難民たちが英国に渡れる可能性は絶望的になっていく。「立ち上がる夜」は英国で国民投票が行われる少し前に起きた。だから、難民問題を考える人たちはそうした時代の真只中でどうすればよいのかと、欧州連合自体のあり方を巡る問題と受けとめていた。実は北部のカレーだけでなく、パリ市内でも難民たちがテントを張って滞在していた。パリ市のメトロのジョレス駅やスターリングラード駅の周辺で難民が警察に立ち退きを迫られたりしていると情報が入ったら「立ち上がる夜」の参加者たちは議論を一時中断して難民を応援するためにスターリングラードなどのメトロの駅前に向かっていたものだ。

▼風俗産業、医療・教育現場で働く人たちも

　一方でパリのソーシャルワーカーら20人ほどが車座に集まって、役所

の縦割りシステムでは人々への臨機応変な支援はできないと言った話を繰り広げていた。身体障害者の支援をしている人、子供の世話をしている人、高齢者の世話をしている人など、様々なソーシャルワーカーたちだ。彼らは連絡を取り合って週に一度か二度のペースで共和国広場に集まって議論していた。その中の一人、売春婦や売春夫の支援を専門にしてきたソーシャルワーカーの男はこう述べた。

　「今までソーシャルワーカーはジャンルや地域と言った縦割り組織を越えて出会う機会がなかったんだ。ソーシャルワーカーが組織を越えて横につながって話し合うことで、機能していない既存のシステムを変えることができるはずだよ。革命というのは闘うばかりじゃない。革命と言うのは他人の話を聞いて、自分を成長させることなんだ」

　フランスではフランソワ・オランド大統領の時代に、買春客を逮捕できるように刑法が改正された。そのおかげで、売春がより隠れた闇の世界に潜ってしまう危険があると言う説がある。「客を処罰することには反対する。職業の自己選択を尊重してくれ」と言う風俗産業のプロたち自身によるデモもパリで行われた。売春が地下に潜ることによって一層、搾取される度合が強まったり、身体的な危険が増えたりする可能性があるという。行政の建前と現実が乖離する傾向がある。売春する人々がいなくなるのでなく、単に社会から見えにくくなって行くというのだ。一層見えにくくなる彼らにどう転職を支援したり、生活支援をしたりするか課題は大きい。警察や医療や福祉、雇用など、複数の異なるレベルの行政組織で様々な人々が協働しなくては理想の支援は実現しない。売春する人々の生活支援や転職支援をしている先ほどの男はこう語る。

　「民主主義は一から考え直さないといけなくなっていると思う。政治家はひとたび当選したら、民衆の声に背を向けてしまう。政治家が庶民ではなく、権力や金を持つ人々の話を聞く存在に成り下がっている。でも、『立ち上がる夜』に来ると、僕は嬉しくて涙が出そうになる。というのも一人一人違った考え方なのに、みんなが意見を表明して、他人の話に耳を傾けているからだよ」

　「立ち上がる夜」には医療現場や教育現場の問題を話し合うグループもあったが、皆、現場で解決できない問題を抱え、誰かと話し合いたいと思っていたのだ。一方、学費が得られない若者や、ホームレス、移民

などもやってきて、一人持ち時間2分で群衆の前で入れ替わり立ち替わり話をした。テレビなどの既存メディアのコミュニケーションでは満足できなくなった人々が互いに顔の見える距離に集まってきたのである。フランスの政治も経済も社会もこれ以上耐えられないほど荒んできている。一方でみんな孤立してバラバラになっている。TVもラジオも新聞も自分たちのリアルな声を届けてくれない。そんな痛切な思いが人々を突き動かしていた。

▼百に及ぶ討論の輪

　実際に共和国広場ではあちこちで地べたに円陣が作られていた。総数はだいたい百くらいあると言う。ぶらりと立ち寄って、人垣の後ろから議論に耳を傾けながら、興味がわいたらその場に座り込んでもよかった、誰も拒むことはない。インターネットのサーフィンではなく、リアル社会での彷徨だ。自分の心に響いてくる言葉や顔ぶれを求めて、人々は立ち聞きしてはさらに別の集まりへと動いていく。円陣の真ん中の地面に、段ボールの切れ端などを使って「経済問題委員会」とか、「メディア問題委員会」とか「労働法再構築委員会」などと書き込まれている。喧々諾々の議論もあれば、静かに話し合いを進めている集まりもある。それぞれの輪には「……コミッション（委員会）」という、地べたの車座にしては、いささか仰々しい名前がつけられていたわけだ。訳してみると、ざっと次のようなものだ。

　「移民問題委員会」「抗議闘争委員会」「表現の自由委員会」「広場の民主主義委員会」「法律問題委員会」「オーケストラ委員会」「労働法再構築委員会」「精神障害問題委員会」「科学委員会」「ホームレス問題委員会」「白票委員会」「現代パレスチナ問題委員会」「メディア問題委員会」「手話委員会」「陪審制推進委員会」「反イスラム・ラシズム問題委員会」「フェミニズム委員会」「教育問題委員会」「経済問題委員会」「薬物解禁推進委員会」「障害者差別反対委員会」「デザイナー委員会」「闘争を集結させる委員会」「憲法委員会」「芸術委員会」「建築委員会」「反広告委員会」「アニメーション委員会」「運動の窓口・コーディネート委員会」「広場の秩序保持委員会」「子供と親の委員会」「欧州問題委員会」「全国

デモ委員会」「有機栽培委員会」「グループ討論委員会」「住宅問題委員会」「健康問題委員会」「TV委員会」「ラジオ委員会」「ロジスティック

新しい政治現象となった「立ち上がる夜」を取材に来たメディア。
© Zazoum Tcherev

委員会」「教育問題委員会」「詩委員会」「LGBT委員会」「フランス・アフリカ委員会」「大衆教育委員会」「デッサン委員会」などなど。

　毎日集まっていたグループもあったが、週1度か2度というのもあった。だから毎日、百の輪ができているわけではなかった。討論のテーマを見るとざっと今、欧州でクローズアップしている問題が見えてくる。難民や移民をどう迎えるか、欧州連合から離脱するか、留まるか。自由貿易協定をカナダと結ぶかどうか。ゲイが襲われないためにはどうすればよいか。ホームレスの増加や住宅難をどう解決するか、プレカリテと言われる非正規雇用の増加をどうするか、政治家が公約を守らないことにどう対処するか、さらに原発や地球温暖化、男女の差別、などなど。

　風変わりな委員会もあった。町中に企業の宣伝ポスターがたくさんありすぎることを問題視する「反広告委員会」だ。公共の場所に企業の宣伝が飾られるとそれらが人々を洗脳し、消費主義に誘導すると批判する

のだ。とくに子供への悪影響を止める必要があると言う。彼らはフランスの街角の広告を痛烈に批判するのだが、日本人から見ると、フランスの街角は日本よりはるかに広告が少ない。それでも彼らはところどころのガラスケースにさしはさまれた酒やジュエリーや高級ファッションなどの宣伝を減らそうと日夜、ゲリラ的な手段も含めて、あれこれと取り組んでいるのだ。確かに彼らの主張に耳を傾けてみると、私たちは日常の中でおびただしい広告宣伝の海に生きていて、無意識の中に蓄えられる「情報」は私たちを洗脳し、私たちの行動を支配しているのかもしれない。反広告委員会のメンバーは「広告はお断り」のステッカーも持っていて、みんなに配って郵便ポストなどに張り付けてもらうのだという。彼らは消費社会の中に生きていることを強く意識しており、それをやめなくては人間らしい尊厳ある生き方が奪われてしまうと真剣に考えている。僕はかつて「広告批評」の愛読者であり、CM作家になりたいと思っていたこともあったくらいだから、広告に対する彼らのアンチの姿勢にはついていけない部分もあったが、それでも彼らの話を聞いてみると、実に理にかなっているのだ。

　また、「広場の民主主義委員会」のように、共和国広場での議論をできるだけ民主的な方法で実行するための方法や段取りを考える委員会もあった。個別の委員会とは別に、「立ち上がる夜」には全体の集会があったのである。全体の集会（総会）ではそれぞれの委員会から提案や報告がなされることもあれば、個人が意見を表明することもあった。突然広場に生まれた話し合いの場だから、一人何分話せるのか、反対意見はどう示せばいいのか、多数決は必要なのか、広場での合意形成はどうあるべきなのか。そういった手続きを考えなくてはならなかった。こうした問題を考えるのが「広場の民主主義委員会」である。全体集会を取り仕切っているからと言ってこの委員会が全体の事務局とか、本部などではまったくなかった。驚いたことに「立ち上がる夜」には本部というものはどこにもなかった。本部がないから、広報部もない。書記長とか、委員長みたいなリーダーもいないのだった。「立ち上がる夜」はそうした組織体ではなく、個々の集まりごとに主体性を持って互いに緩く結びついているらしい。

　「広場の秩序保持委員会」は広場の使用に際して問題を起こさないよ

うに自前の治安維持活動を行っていた。任務に就いた人は片手に白い腕章をつけて、周囲で暴力沙汰や喧嘩がないか、見回るのである。これは「広場を独占的に使用せず、暴力を使わない」というパリのアンヌ・イダルゴ市長と結んだ約束を守るための取り組みだった。社会党のイダルゴ市長は意見表明の自由や市民の政治参加に賛成の立場を表明し、人々の権利を守るために「立ち上がる夜」の集会を禁止しなかった。だが、非常事態宣言の最中である。広場の周囲は市民が暴動や革命を始めないように機動隊が包囲していた。もし何か暴力行為が起きたら広場の使用は即座に禁じられてしまっただろう。だから暴力問題が起きないように広場に来る人が酒を持ち込まないように機動隊に協力を依頼し、通行人の持ち物チェックまで頼んでいたのだという。実際、夜、共和国広場に向かう人々は機動隊に呼び止められてしばしばカバンの開封を求められる。広場の前の四方の要所には常時、機動隊員が数人立っており、広場から立ち去る人々は自由に通す一方、広場に向かう人にはカバンを開けてもらって酒が入っていないかどうかチェックしていた。近くには機動隊員の待機できる大型バスが路上に停められていた。彼らは「立ち上がる夜」が広場を独占的かつ持続して占拠しないように目を配ってもいた。「立ち上がる夜」の参加者は毎日機材や物品を配置したら、必ずその夜、午前0時までに広場から撤収することが約束として取り決められていたのだ。

　しかし、深夜になると「立ち上がる夜」と関係のない酔っ払いたちが共和国広場に現れ、機動隊と衝突をしてはテレビで報じられる、ということを繰り返してもいた。それを狙って待ち構えるカメラクルーもいたのだ。「立ち上がる夜」が暴力集団に見られれば市民の支持も得られなくなり、無視された存在になる。テレビ局は大手スポンサーの意向に逆らうことができない。4月半ばになると、Youtubeにも催涙弾やガラス瓶が飛び交うかなり過激な警察隊との衝突シーンがUPされるようになった。これらの映像を見ていると、ギリシアや南欧各地で起きた暴動が思い出されるほど激しい。デジャビュ感があるのだ。

　最初はさぞ緊張感に包まれた討論の場所……と思っていたが、共和国広場は一種のお祭りの熱気をはらんでさえいた。市民が作ったオーケストラも運動の中に存在していたのだ。ある日の曲目はラベル作曲の舞踊

曲「ボレロ」。オーケストラの脇でモデルのように美しい女性ダンサーたちが普段来ている私服のまま踊り始める。パンタロンの上にジャケットを羽織った女性やジーンズにＴシャツ姿の女性もいる。普通に着用するカジュアルな服で踊るのを見る方がなぜか何倍も美しく感じられた。一糸乱れぬ完璧な集団舞踊ではないが、一人一人の表情や身振りには強い官能性がある。集まった人たちは息を呑んで見つめていた。指揮者は女性だった。このオーケストラは「立ち上がるオーケストラ」と呼ばれ、やはり広場の「立ち上がる夜」から生まれたものだ。構成メンバーはプロか、アマチュアかわからない。プロは間違いなく参加しているが、アマチュアも混じっているように感じられる。だが、そんなことは重要ではないのだろう。音楽と舞踊が終わると、ウォーッと周囲から声が響き渡り、ダンサーたちも演奏家たちも指揮者もみな歓喜に沸き拍手で包まれた。庶民の可処分所得が減る時代の今、オーケストラの生演奏を聴くゆとりのあるパリ市民は多くはないのかもしれない。ホームレスの人々も音楽を体験できたのだ。「立ち上がるオーケストラ」の演奏曲目は様々だった。合唱付きのヴェルディの歌劇「ナブッコ」やドヴォルザークの交響曲「新世界から」など。指揮者も入れ替わりで棒を振った。芸術を市民に無料で開放する、ということが理屈でなく体感できるし、政治的変革の運動が立ち上がってわずか２～３週間でこうしたオーケストラや舞踊や合唱の組織を立ち上げて広場で公演を実現できるのはパリの伝統とも言えよう。「立ち上がる夜」が佳境だった2016年４月から５月にかけてこうしたプログラムが時々、行われた。これらが単なる客寄せパンダではなく、誰でも生の音楽や芸術に触れる機会を広場で提供したことは政治運動の中で自主的に形作られ、組織された運動の１つだったのである。

　「立ち上がる夜」は運動が始まった時、「３月31日から家に帰らない」ことを合言葉にしていたという。それもあって、４月１日を３月32日、４月２日は３月33日、４月３日は３月34日、４月４日は３月35日……という風に３月がどこまでも続いていく暦を使用していた。広場の占拠自体は禁じられて、参加者も家に帰ってはまた出かけてくることを繰り返すようになったのだが、それでも解決するまで家には帰らない、という思いがこの暦には込められている。そして、この暦は２年後の今日もな

お、続いて3月731日……というようなことになっている。これは2016年なのだろうか？　それとも、年はもうどうでもよいのだろうか？「立ち上がる夜」はその特異なネーミングも含めて、フランス人の政治闘争が単なる通り一遍の理屈だけじゃなくて、人を刺激したり笑わせたりする表現活動でもありアバンギャルド芸術でもある、という気がする。1968年の五月革命の時、「想像力は権力を奪う」という言葉が流行したが、「想像力」を欠いた権力は人を抑圧するものに他ならないことを知っているのだろう。「立ち上がる夜」を見に何度か共和国広場を訪れたパリの画廊主のコリーヌ・ボネ（Corinne Bonnet）は僕にこう教えてくれた。実はこれには2つの表現があるようだ。"L'imagination au pouvoir"（権力には想像力を）と "L'imagination prend le pouvoir"（想像力は権力を奪う）である。いったい何が違うのだろうか。

"L'imagination au pouvoir＝slogan de mai 68, déjà beaucoup entendu. L'imagination prend le pouvoir＝on est en train de le faire, on agit, on attend plus. Je préfère！"

(「権力には想像力を」は1968年革命のスローガンです。すでにあまりにも聞きなれたフレーズです。一方、「想像力は権力を奪う」は今現在、私たちが行っていることであり、そのために私たちが行動し、私たちが強く待っているものです。ですから私は「想像力は権力を奪う」という言葉の方が好きなんです)

　ボネについては後の章で触れることにしたい。さて、別の人によればこれら2つの言葉は同じだとも言う。ともかくフランス人が権力という政治的な力を想像する時に、それに対抗する力として「想像力」が想起されるらしいことは重要なことではなかろうか。だから「立ち上がる夜」で様々なポスターが作られたり、音楽や踊りが行われたりしたことは決して客寄せパンダのようなものではないのだと思えるのである。人間や生き物に対する想像力のない人たちが権力を握ればその政治は必ずや非人間的な世界を作り出していくと考えるからだろう。

▼知識人も多数参加

　「立ち上がる夜」が行われていた期間に共和国広場には著名な研究者や知識人が多数訪れた。もともとフランスではサルトルやボーヴォワー

ルなどの時代から知識人がデモの先頭に立つことは珍しくなかった。「立ち上がる夜」に関して言えば、「社会共和国」のための新憲法を書こうとアジテートした経済学者のフレデリック・ロルドン、富裕層や権力者の研究をしている社会学者、モニク・パンソン＝シャルロ（Monique Pinçon-Charlot）、若者の研究をしている社会学者のミシェル・フィズ（Michel Fize）、フランス革命に詳しい歴史学者のソフィー・ヴァニシ（Sophie Wahnich）と言った人々が広場に足を運んだ。これらの研究者は国立の研究機関CNRS（フランス国立科学研究センター）で長年、働いてきた人々で、テレビやラジオでもよくお目にかかる著名人たちである。CNRSは様々な分野の研究者が一堂に会しており、非常勤も合わせると総勢3万1千人に及ぶ大組織だ。

モニク・パンソン＝シャルロは夫のミシェルとともにますます激しくなるフランスの格差社会化を批判してきた。夫婦で研究している割には夫のミシェルは寡黙で妻の後ろに控えているかの印象があり、モニクが前に立ってどんどん発言をしている。「立ち上がる夜」が始まって10日目の4月9日（ロルドンがゼネストを呼びかけた日だ）、モニク・パンソン＝シャルロもまた共和国広場を訪れた。小雨のぱらつく悪天候だったが、集まった人々の前に立ち、用意していた原稿を握りながら語りかけた。

「大富豪たちは階級闘争をしているのだ、と彼ら自身言っているのです。そして彼らは勝ちつつあります。なぜなら富豪たちはとてもよく組織立っていて、非常によく連帯しあっているからです。では私たちはどうすればいいのですか。みんなで連帯を続けてすべての抵抗活動において協力し合うのです。」

モニク・パンソン＝シャルロは演説の中でさらに続けて、大富豪たちが税金を払わず、税の楽園に資金を移している実情を嘆いた。原稿をゆっくりと力強く読み上げる彼女の脇に立って彼女に傘を差しだしていた男はフランソワ・リュファン（François Ruffin）という名前のジャーナリストだった。実は「立ち上がる夜」の仕掛け人であるこの男、フランソワ・リュファンについてはまた後で述べることにする。モニク・パンソン＝シャルロと夫のミシェルの共著には"Grandes Fortunes. Dynasties familiales et formes de richesse en France"（大財産　フラン

スにおける大富豪家族と富の形態）や"Le président des riches: Enquête sur l' oligarchie dans la France de Nicolas Sarkozy"（富裕層の大統領〜サルコジ大統領のフランスのオリガルヒ（寡頭資本家）の研究〜）、さらに"La violence des riche"（富裕層の暴力）などがある。モニク・パンソン＝シャルロは広場で演説を行うだけでなく、TVのトークショーにも出演し、フランス社会の格差の拡大ぶりを批判していた。経済的不平等が広がる構造を税に着目して研究をしてきたトマ・ピケティ（Thomas Piketty）の「21世紀の資本」（Le Capital au XXIe siècle）が2013年に出版され、さらに2016年の丁度この春にパナマ文書が公開された。政治家や富裕層や大企業がケイマン諸島などに送金して税金逃れをしている実態が暴露され、フランス庶民の怒りが沸騰していた頃でもあった。

　一方、社会学者のミシェル・フィズは若者たちが正規雇用につけない実情や困窮ぶりを研究してきた。フィズの著書も多数に及ぶが、"Jeunesse à l'abandon：La construction universelle d'une exclusion sociale"（見捨てられた若者たち〜社会的排除の広がり〜）や"Radicalisation de la jeunesse：La montée des extrêmes"（ラディカル化する若者たち　過激主義の台頭）などがある。2016年春、フランスでは労働法改正を政府が行おうとしており、その建前として政府は「若者たちが就職しやすくなる」ということを挙げていた。だが、それを若者は実際にどう受け止めているのか。フィズは広場を訪れて歩き回りながら、若者や大人の言動を社会学者らしく観察していた。時には共和国広場でフランスのテレビメディアからインタビューされてもいた。彼はよく通る声優のような声の持ち主だ。5月初旬にラジオ放送局Europe 1で行われたフィズへのインタビューで、彼は「立ち上がる夜」は人々が思っているような「不快感の表出」などではなく、逆に「立ち上がる夜」は「希望の表明」なのだと述べた。

　「今、みんな不満で爆発寸前に至っています。非常事態宣言のもとで、多くの人が緊張した日々を強いられているのです。身近に目にしたり、兆しを感じたりすることがなかったとしても、テロの脅威はあるのです。そして、生活が多くの人々にとって耐えがたいほど厳しいものになっています。どうやって生計を立てていったらいいのか。どうやって子供を育てたらいいのか。どんな未来を政治家たちは描いてくれるのか、そし

てまた自分たち自身が描けるのか。まったくもって恐ろしい事態に至っているんです」

　フィズはインタビューでこのように語り、若者をはじめとして今のフランスが置かれた経済や政治、社会の状況が人々の許容範囲を越えつつあり、そのことが「立ち上がる夜」という異議申し立て運動を起こしたのだと話した。フィズの言葉の裏にあることは2012年に社会党候補のフランソワ・オランドを大統領に選んだ人々はオランド大統領がこうした耐えがたさから救い出してくれる、と期待したのだが、その期待が裏切られたことを意味している。だから、もう自分たちで何かを始めなければと市民が立ち上がっているのだ。

　「今の民主主義は完全ではありません。ミリアム・エルコムリ労働大臣が改正したいと言っている労働法ですが、世論調査の結果では国民の４分の３が反対しているのです。署名も200万筆を越えているんですよ。それなのに政府は議会での投票すら飛ばして憲法49条３項という特殊な手段を取って法を通すことができるんです。政府がそんなことはしない、と言ったとしてもできるんです。ですから、こういう時は国民が何か運動を起こさないといけないのです。人々が声をあげて抵抗していくことが大切です。デモを行い、50万人の市民が参加する、と言った運動を起こす必要があるのです」

　フィズは強いリーダーがみんなを引っ張っていく形ではなく、一人一人が平等に声をあげられる平等を大切にした「立ち上がる夜」に賛成の立場だった。フィズに「立ち上がる夜」についてどう思うか、と聞いてみると、彼はこう答えた。

　「もともと『立ち上がる夜』は若者たちが始めたんです。最初は多くの高校生や大学生が何か運動を起こそうと広場に集まってきたんです。それからいろんな年齢の大人たちも集まってきました。郊外の若者たちは中々参加できないので残念ですが、郊外にもこの運動の声が届くといいと思います。『立ち上がる夜』はフランスの縮図と言って過言ではありません。『立ち上がる夜』は若者と年長者の対立ではありません。男女の対立でもありません。あくまで個々の人々が平等であることに基礎を置いているのです。今、世界的に若者に対して状況が厳しくなっています。日本では学歴で将来が決まってしまいますよね。『アラブの春』

は若者が始めました。若者の力が世界を変えていくものだと思います。にもかかわらず、若者は失業率が高く、医療を受けられないとか、薬を買えないとか、家がない、お金がないという状態にあります。ですから若者たちの問題はフランスで最も大切な問題なのだ、ということを前面に打ち出して、若者たちが将来を信じられるような未来を作り出していくことが私たちの役割だと思っているんです」

フランス政府は若者たちが就職しやすくなるためには既得権を持つ年長者の解雇を容易にする必要があると盛んに訴えていた。しかし、その言葉に嘘を感じる若者が少なくなかった。というのも、若者もいつまでも若者でいられるわけでもなく、解雇が簡単な社会になってしまったら、将来自分の身にも同じことが及ぶことを理解しているからだ。解雇が簡単な社会と言うのは言論の自由が奪われた世界のことだ。だから、「立ち上がる夜」が起きる数か月前から大学や高校の学生たちは政府の労働法改正の動きを察知して学生組合などを中心に反対運動を組織しつつあったのである。2016年3月に入り、労働法改正の国会審議の準備が整いつつあったまさにその時、「立ち上がる夜」という運動が共和国広場で始まり、若者たちもどっと駆け込んできた。

フランス革命に詳しい歴史学者のソフィー・ヴァニシ（Sophie Wahnich）も広場にやってきた。4月17日、ヴァニシは共和国広場で「立ち上がるTV」からインタビューを受けた。市民インタビュアーのピエールはこう切り出した。

ピエール　「『立ち上がる夜』とフランス革命の比較をする人がいます。とくに革命の暴力的な側面です。今、フランスの主要メディアは暴力的な側面に注目しているので、『立ち上がる夜』の参加者たちも不安に思っているのです。」

ヴァニシ　「私が共和国広場を訪ねたのは今回が4回目になります。最初の週の日曜日、その次が木曜日でした。その時は深刻な不安を感じました。というのは機動隊が抗議デモを鎮圧するために催涙ガスをたくさん投じていたからでした。私たちは一目散に共和国広場から退散しました。でも金曜日は逆に面白い運動を作っていけるのではないか、という希望を持ちました。私は市民としてここにやって来るのですが、同時

にミリタント（活動家）でもあります。というのは研究員という私の仕事柄、過去の政治と現在の政治をどう見るか、それに対する考え方を私は持っていて研究成果を社会に発信しているからです。私はこの政治状況にある程度、自分で飛び込んだと言えますが、そのことは自分が研究してきたフランス革命と現代の関係を探る私の研究テーマと通じるところがあるわけです。私は『立ち上がる夜』は本当に素晴らしいものだと思います」

▼フランス革命は神話ではない

　ソフィー・ヴァニシが書いたフランス革命に関する著書は多数に上る。"La Révolution française n'est pas un mythe"（フランス革命は神話じゃない）や"Histoire d'un trésor perdu : Transmettre la Révolution française"（失われた歴史の宝　フランス革命を伝える）などだ。これら革命に関する本を通してヴァニシはフランス革命を干からびた博物館の遺物にとどめるのではなく、今日も活かすことができる貴重な遺産なのだという考え方をしている。ではヴァニシの語る「フランス革命は神話じゃない」はどういうことか。2015年のリベラシオン紙のインタビュー記事によると、昔から「フランス革命は神話だ」と右翼は好んで語ってきた。ところが1960年代に行われたサルトルとレヴィ＝ストロースの論争以後、左翼知識人も「フランス革命は神話だ」という言葉を頻繁に使うようになったという。特に、レヴィ＝ストロースと思想的に近い構造主義の哲学者ミシェル・フーコーが一連の近代批判の中でフランス革命の欠陥を手厳しく批判したことが決定的だったらしい。以来、フランス革命は後世によって美しく作り上げられた神話に過ぎない、という風に多くの人に見なされるようになってしまった。ヴァニシにはフランス革命の暴力やテロルについて書いた"La liberté ou la mort : essai sur la Terreur et le terrorisme"（自由か、死か〜恐怖政治とテロリズム〜）という本もある。暴力はフランス革命の負の部分である。しかし、本書で彼女は1793年から1794年にかけて起きたロベスピエールらジャコバン派による恐怖政治が今日、あまりにも安直に20世紀のソ連やナチスなどのファシズムや全体主義あるいは今日のテロリズムと結びつけられて語られていると指摘する。フランス革命がそれらすべての元凶であるように

語られるのは歴史に目を背けることに他ならない、と言うのだ。ヴァニシは「フランス革命は神話などではなく、実際に人々がその中を生きた歴史である」と言う。確かにフランス革命にはギロチンや秘密警察に象徴される暴力を生み出してしまった欠陥はあった。しかし、歴史を学んで注意をすれば、これからもフランス革命はフランス人の政治的な文化遺産としてそこから霊感を得たり、ヒントを得たり、常に立ち返っていける歴史であるというのである。

先ほど、1960年代のサルトルとレヴィ＝ストロースの論争を機にフランス革命に対する批判が左翼の間にも広がったと書いたが、さらに1970年代から1980年代にかけてソ連の強制収容所の実態が次々と暴露された。フランスの左翼はさらに衝撃を受けた。特にソ連共産党との関係の強かったフランス共産党にとっては致命的だった。左翼の間にも革命への嫌悪感と言うものが一般的になっていった。だが、ヴァニシは18世紀末に恐怖政治が起きたのはフランス革命をつぶそうとした周辺国の軍隊がフランスの包囲を行っていたためであり、歴史のダイナミズムを忘れて安易に時代を越えて同一視することはできないと言うのである。いずれにせよ、フランス革命の負の歴史も知悉するヴァニシのような知識人が「立ち上がる夜」の脇を支えていたことは、この運動が暴力集団に転落しなかった１つの要因ではないだろうか。共和国広場に足を運んだ学者は他にも様々な人がいる。遠方から訪れた人にギリシアの経済学者で元財務大臣のヤニス・バルファキス（Yanis Varoufakis）がいるし、アルジェリア生まれの歴史学者で、アルジェリアの独立史や移民史の研究で知られるパリ大学教授のバンジャマン・ストラ（Benjamin Stora）も訪ねてきた。バルファキスはアテネでの市民集会を経験していたし、ストラは1968年のパリ五月革命を17歳で間近に見ることになり、後には自分自身も政治運動を経験している。国際的に著名なこうした知識人が共和国広場を訪ねて話をすることで、「立ち上がる夜」は海外の人々の注目も集めることになったのである。

当時まだ30代の若手の経済学者、トマ・ポルシェ（Thomas Porcher）も共和国広場にやってきた。テレビで最近、しばしば顔を見るようになったポルシェは自由貿易協定を批判する立場に立っている。ブリュッセルの欧州連合本部が締結しようとしていたCETA（欧州連合とカナダ

の包括的自由貿易協定）や米国と欧州連合の自由貿易協定となるTAFTAをポルシェは猛烈に批判していた。ポルシェはParis School of Businessの准教授であり、"Les Économistes atterrés"（びっくり仰天したエコノミスト）という経済学者のグループのメンバーでもある。「びっくり仰天したエコノミスト」とは何かと言えば、金融バブル崩壊で世界を震憾させた2008年のリーマンショックからわずか2年しか経っていないにも関わらず欧州でまったく同じ金融の構造が作り出されていることに驚き、呆れ、立ち上がった左派の経済学者のグループである。先述のフレデリック・ロルドンはそのリーダーの一人である。欧州連合の政策を決定しているブリュッセルの本部には金融界を筆頭に農薬業界や自動車業界、食品業界などの多数の産業ロビイストが多額のマネーを投じて裏で活動し、多国籍企業に都合の良い政策を進めている。ロビイスト監視団体のCorporate Europe Observatoryによればブリュッセルには金融産業だけで1700人ものロビイストが欧州委員会などの高官に影響力を行使しようと日夜、暗躍しているのだという。欧州委員会の高官たちは産業界の意向を汲んだ決定をすれば、そのご褒美として退官後に多国籍企業の重役の椅子が待っている。これを「回転ドア」と呼んでいる。官僚時代に規制対象だった大企業に退官後、重役として着任し、その後、再び官僚に戻って、さらにそののち再び企業幹部となる……というような状態を意味する言葉である。「回転ドア」の最大の象徴は2004年から14年まで欧州委員長だったジョゼ・マヌエル・バローゾだ。バローゾは2016年夏に米銀大手ゴールドマン・サックスに迎え入れられた。欧州連合の政策を決定する機関のトップだった男がのちに規制対象だった米金融会社に雇われたのである。欧州委員会のメンバーは選挙で選ばれた人々ではないが、欧州連合の政策の行方は彼らが決めてしまうと言って過言ではない。欧州委員会のメンバーたちは選挙で選ばれた各国の欧州議員たちよりもはるかに大きな権力を握っている。そうしたトップレベルの官僚たちが産業界に牛耳られているのであれば欧州の民主主義は危機に瀕しているし、さらに欧州連合そのものの正統性すら失われる。実際にそう見る人が増えており、欧州連合から脱退すべきだという声の根拠となっている。欧州経済が不況に陥った最大の原因こそ金融界の規制緩和と腐敗にあるのだが、その原因がほとんど除去されていない有様に

トマ・ポルシェら "Les Économistes atterrés"（びっくり仰天したエコノミスト）の経済学者たちは怒りを越えて驚いたのだった。

▼見えない分断線

　共和国広場を訪れた知識人の中には「立ち上がる夜」は運動として成功しないだろう、と批判的に見た人もいた。社会学者で哲学者のジャン＝ピエール・ルゴフ（Jean-Pierre Le Goff）もその一人である。ルゴフは自分の研究テーマである1968年の五月革命と比較しながら、「立ち上がる夜」は成功しないだろうとスイスの放送メディアRTSで語った。「立ち上がる夜」には公務員や教員こそ多数参加しているが、社会の多数を占める工員や民間企業の労働者らがあまり参加していない。社会の中核となる労働者の参加なくして、運動の成功はない、というのがルゴフの見方だった。ルゴフによると「立ち上がる夜」は先述のようなCNRSなどの研究員や大学教授らや公務員、そして高校生や大学生ら若者の集まりになっており、構成する人々が偏っている。芸術家や知識人、公務員と学生などが中心となっているとすれば文化資本を豊かに持つ豊かな階層の集まりと見ることもできるだろう。労働組合や政党などの既存の組織のヒエラルキーに縛られず、自由に平等な個人として参加して話し合う、というのが「立ち上がる夜」だった。だが、平等にこだわるあまり明確な組織やリーダーが不在であれば、ルゴフの考えでは運動が大きな成功を政治的におさめる可能性はありえない。これは「立ち上がる夜」という運動のあり方を巡る最大のテーマだったものだ。しかし、労組から政党まで、既存の大組織が機能不全を起こしていることが問題の根源にあると考える人々が、既存の組織とともに運動を組織できるか、ということなのである。

　とは言え、もし「立ち上がる夜」が工場労働者や民間企業で働く普通の労働者を無視していた、と言ったとしたら、それは当たってはいない。実際、運動を広げるために工場の門まで行き、労働者たちに労働法の規制緩和のことや「立ち上がる夜」という運動について知ってもらおうとしていたグループもあった。しかし、生産施設で体を使って時間に追われて働く労働者たちに勤務の後に共和国広場に通って政治や経済のまじめな議論に参加して欲しい、と言っても皆疲れてもいるし、実情として

は中々難しいとオルグに出かけていた女子学生は言っていた。ここは五月革命と大きく違った点だっただろう。さらに言えば1968年の五月革命の時代と比べて、今日では経営者は労働者が難しい要求を突きつけるなら工場を海外に移転する、と脅すこともできるのである。ある程度身分が保証された公務員や教員、あるいは学生と、民間企業の労働者との間に見えない分断線が存在していたということはあったのではなかろうか。さらにまた、豊かな文化資本に富むパリの市民と比較的文化資本に乏しい地方都市での運動のあり方の違いも「立ち上がる夜」が本来秘めていた大きな可能性の一歩手前で収束してしまったことと関係しているようにも思える。

▼広場に生まれたミニTV局

バルファキスの通訳をするマラマク（左）Ⓒ TV Debout

　広場にはミニTV局のTV Debout（立ち上がるTV）やミニラジオ局のRadio Debout（立ち上がるラジオ）も生まれ、毎日インターネットに番組にまとめたものを放流していた。「立ち上がるTV」は日本で買えば4〜5万円程度の小型民生用ヴィデオカメラ2台を中継用ソフトの装填されたノートパソコン2台につなげていた。ソフトがあれば画面の切り替えと音の調整と編集ができた。スタッフは午後4時ごろになると毎日、広場にテントを立て、机や機材を搬入して組み立てる。だが午前0時までに必ずばらして撤収しなくてはならなかった。これもイダルゴ市長との約束だった。テントの中の簡易スタジオには小さな椅子が3つ、4つあるだけだ。そこにマイクを手にしたインタビュアーとどこかの委

員会から呼ばれたゲストが座って、対談するのである。エコノミストが話すこともあれば、ホームレスの人が話すこともあり、大学生が話すこともあった。「立ち上がるTV」で司会とインタビュアーを担当していた女性に後日、話を聞いた。当時36歳だったマージョリー・マラマク（Marjorie Marramaque）だ。インタビュアーとして手慣れた感じだったから、放送局のプロの女性がボランティアで参加しているのかと思ったが、聞いてみるとインタビュアーをしたのは生まれて初めてのことだったと言う。

　マラマク　「私は『立ち上がる夜』が始まる少し前に、家族の事情で実家のある南仏のニースに帰っていたのですが、そこで『立ち上がる夜』のことを話している人がいたんです。私はパリのペールラシェーズ墓地の周辺に住んでいますが、共和国広場から遠くありません。シャルリ・エブド襲撃事件やバタクラン劇場への襲撃事件などが起きてから、追悼のためによく共和国広場に行くようになったのです。みんなが集まって蝋燭に火をともすのです。ニースから帰ってきてから、共和国広場で行われていた『立ち上がる夜』の総会に参加し、そこでの話に耳を傾けました。私はその時、何かを感じ、大きなエネルギーに触れたんです。とても素晴らしい思いがしてきて、私は孤独ではないと感じられました。いろいろな委員会を訪ねてこの運動の手伝いをしたい、と申し出ました。最初は広場のテントの設営などを担うロジスティックを担当しましたが、そのあと市民テレビ局『TV Debout』（立ち上がるTV）に参加するようになりました。運動が水平組織であることを強く求めていたおかげで作業効率は悪かったのですが〜というのもコーディネーションには垂直的な構造が多かれ少なかれ必要だからですが〜ともかく、私は広場の様々な委員会の人びとの名前や連絡先をメモし、彼らを市民TV局に招いて話せる場を用意しました。」

　マラマクが語っているように、「立ち上がる夜」に来れば「私はもう孤独ではない」と感じることができた人は多かった。これを聞いて思い出したのは以前話をしたことのあるマラマクとほぼ同年代のパリの女性画家のことだった。彼女はいつも淋しい絵を描いていた。絵の中のパリジェンヌたちは孤立していて、小さな箱に一人ずつ閉じ込められ、互い

に分断されているのだ。頭にはコードがつけられていて、マスメディアの情報によって洗脳されている。それらの絵画は衝撃的だった。そこにはルノワールの林檎のような芳醇な女性たちも、マティスの静謐で満ち足りた女性たちも存在しない。「立ち上がる夜」の背景にはパリジェンヌたちのこのような寂しさや閉塞感があるらしい。だが、共和国広場に来れば誰でも受け入れてくれ、討論の輪に参加できたのだ。顔のないインターネットのチャットとは異なる人間の顔の見える場所だった。

▼ホームレスも話し合いに参加

「立ち上がる夜」にはホームレスの人々も参加していた。その中の一人ステファンという人が語っていた話は忘れられない。ステファンは40代初めの中年男だったが年齢よりかなり老け込んで見えた。頭髪も後退して痩せこけている。ステファンが「立ち上がる夜」に参加したのは偶然のことだった。もともとはレストランの料理人だった。ところが病気になりレストランを辞めることになった。すると、家賃が払えなくなってしまい、路上生活に陥ってしまったという。路上生活に陥るということは住所を失ってしまうことで、住所を失うということは正規の仕事につけなくなることを意味する。非正規の仕事に転じると、月収が格段に下がってしまい、もはや家賃は払えないから住まいを定めることができない。このような悪しきスパイラルはよくあるらしい。たとえ完全な路上生活者に陥らなかったとしても、知り合いの住まいを転々としながら暮らす「住所不定」の人はパリではかなりの数に上るという。だがある調査によると、たとえ住所不定でもそのうち３割近くの人々は何らかの仕事を持っていて収入を多少なりとも得ているというのだ。

ステファン「僕が最初に共和国広場を訪ねた日はホームレスの実情を話したよ。住宅で苦労することや、非正規雇用の厳しさなんかをね。人々がホームレスに抱く通念を壊したかったんだ。翌日僕はもう一度、共和国広場を訪ねた。僕はこう思ったんだ。『僕のレベルでも何か役に立てることはないんだろうか』って。」

共和国広場を訪れたホームレスのステファンはテントづくりの小さなレストランが設置されているのを見た。これも「立ち上がる夜」の運動の１つだったのだ。仕事を終えて早々に駆けつけてくる人々に安価な食

事を提供しようと言うものである。この簡易レストランはテントの下に長机を置いて、その上でバゲットにハムやチーズを挟んだサンドイッチとか、トマトや玉ねぎなどを刻んだサラダなどを提供していた。食事を受け取る人は払えるだけのお金を箱に入れる投げ銭方式。金のない人は1ユーロの100分の1の1セント硬貨一枚でもよい。4〜5人のスタッフが玉ねぎを刻んだり、コーヒーを入れたり、食品の受け渡しをしたりしていた。ホームレスのステファンは広場を訪れた2日目になんと10年ぶりに他人のために調理をする機会を得たと言う。彼はこの簡易食堂のスタッフになったのだ。ホームレスは不潔だから厨房には入れない、という発想は簡易食堂委員会のスタッフたちにはなかった。

　ステファン「僕は自分が持っている技能を使いたい、という渇望があったんだ。たとえホームレスであっても、社会に貢献できることを見せたかったんだ。その時、簡易食堂にいたスタッフから、リーダーがもうじきやって来るから待っていてほしい、と言われたんだけど、その人がなかなか現れなくて。そうこうするうちに偶然、食堂に食材としてオマール海老が届いたんだ。誰かが寄付してくれたんだろう。でも簡易食堂のみんなはどう捌いていいかわからなかった。でも僕が料理人だったと知っていたから、みんな僕に任せることにしたんだよ」

　その後、ステファンは食堂のスタッフになっただけでなく、住宅難の問題を話し合う委員会にも参加するようになった。ホームレスが自ら住宅問題の話し合いに参加するようになった、ということは興味深い。というよりも、むしろ、このことこそ「立ち上がる夜」という運動の本質を表しているように思える。そして僕はそこに感動してしまうのだ。

▼哲学者も参加した

　ツイッターやフェイスブックなどのソーシャルメディアや新聞などで「立ち上がる夜」のことが拡散されていくと、様々な市民が「何だろう？」と思って最初は興味本位から広場に集まってきた。その中には哲学者もいた。パリ大学ナンテール分校で教鞭を執る当時42歳のパトリス・マニグリエ（Patrice Maniglier）である。マニグリエは総会と呼ばれる一番大きな人の輪の中で、ある日こう話し始めた。

「皆さん、今の総会のシステムを実験的に変えてみたらどうかと思うんです。自分たちが新しいことができないんだったら、誰が新しいことができると言うんでしょうか。うまくいくかわからないけど、試して見ませんか。この総会の人の配置について多くの人が良くない、と言っています。話す人が前に立って、聞く人が後ろで聞いていますが、こういう形になると、話し手が優位に立ってしまいがちです。でも総会の目的はそこにはなかったはずですよ。総会の目的はみんなが何かを一緒にすることを感じることにあると思うんです。誰か一人が一方的に話すのではなくて、みんなが参加して決めていくことの方が大きな力を持つ、ということを感じることが大切だと思うんですよ。ですから、いろんな委員会が車座になって話しているように、総会も車座になってみたらどうでしょうか？」

パトリス・マニグリエ

マニグリエは座っている人々の間に通路を作り、円形劇場を作り出そうと動き始めた。現代哲学を講義している大学の哲学者が民主主義の形を創り出そうとして懸命になっていた。そこに彼の若さを感じたのは僕ばかりではなかったろう。マニグリエに共和国広場での討論に参加することと、彼が専門にしている哲学がどう関わるのか、話を聞いた。

パトリス・マニグリエ 「『立ち上がる夜』の取り組みは私にとっては哲学という概念とぴったり合致するものです。私にとって哲学とは自分にとって反省を強いる何かとの出会いを意味します。つまり、私の考えに足らないところがあることを気づかせてくれる、そんな何かとの遭遇なのです。これはドゥルーズが考えた哲学のあり方です。私にとって、『立ち上がる夜』はまさにそれなのです。

共和国広場においてはレディメードな二分法は全然重要ではありません。たとえば水平か、垂直か。改革か、革命か。熟慮か、行動か。特殊性か、普遍性かといった区分の仕方のことですが。そうではなくて、参加者はまず問題が何なのかということから、問題を一から明らかにしていかなければならないのです。そういうわけで私にとってこの運動は哲学におけるもっとも高度な意味合いにおいて、『思考上の実験』という

ことになるのです。さらに、付け加えるなら、『立ち上がる夜』は新しい運動の形を示すものです。というのはこれまで労働組合や政党が中心になって取りまとめてきた民衆の動員が機能しなくなっているからです。そのため、『立ち上がる夜』は新しい形の政治の力を生み出そうとする一種の実験と言えます。これは哲学的に見て非常に面白い試みと言えます。私が大学で教えている哲学は1960年代から70年代のフランス現代哲学です。フーコーやドゥルーズ、構造主義などです。これらは1968年の五月革命に深くコミットしています。私がこれらの哲学者たちから受け継いだ考え方はものを考えるということは一種の闘争であり、闘う方法に他ならないということです。これはつまり造反につながる思想です。どのような形態であろうと権力にノーをつきつけることです。考えることは本質的に立ち向かうことである……私はそう深く信じています。私はずっと1968年5月と同様の出来事〜政治的かつラディカルな〜が起こるのを待っていたと言えます。みんなが隷従することにノーを突きつけることです。私が『立ち上がる夜』にコミットした理由はこれで十分と言えるでしょう。」

　マニグリエの話の核心はたとえ反政府運動であっても、その運動が権力性をはらみ、上下関係に人間を縛りつけるなら、そのような運動自体もまたノーを突きつけられる、ということになるだろう。かつて権力を掌握した左翼の指導者の多くはカストロにせよ、毛沢東にせよ、レーニンにせよ、暴力を持って権力を奪取し、後に自ら権力構造を作り出し、民衆を何等かの形で隷従させたとも言える。冷戦終結で露になった左翼運動の負の歴史を書き換えることは可能なのだろうか。左翼という政治運動が衰退を吹き飛ばすためにはこの負の歴史と向き合う他ないだろう。それは昔のことだけでなく、今、広場で起きている運動そのものに関係することでもある。しかし、また同時に、指導者も組織もない運動体が政治的に成功をおさめることができるのかという問題もある。

　パトリス・マニグリエは哲学者であると同時にジャーナリズムにも片足を突っ込んでいる。1945年に哲学者のジャン＝ポール・サルトルとシモーヌ・ド・ボーヴォワールが創刊した「レ・タン・モデルヌ」（Les Temps Modernes、現代）という評論誌があるが、マニグリエは編集者の一人だ。アカデミックな意味での思想や哲学だけでなく、むしろ、現代

ルイーズ・ムーラン(中央)と後ろにフリデリック・ロルドン(経済学者)
© Stephane Burlot

社会の生々しい現場から問題提起をしている。現在この評論誌はホロコーストの証言を集めた大作「ショア」(Shoah)を監督したドキュメンタリー映画監督でもあるクロード・ランズマンが編集長をしている。マニグリエは熱い論争の現場に足しげく通うタイプのようだ。

▼「立ち上がる夜」を立ち上げた人々

「立ち上がる夜」はいったいどのようにして始まったのだろうか。立ち上げの時期を知る女性に話を聞くことができた。ルイーズ・ムーラン(Louise Moulin)は書籍のカバーを作るデザイナーだという。

ルイーズ・ムーラン「私は2013年から環境問題や社会問題、人々の連帯などに取り組む市民運動に参加してきました。運動の中で私は自分のデザイナーとしての職能を生かし、人々とのコミュニケーションを深める分野で活動していたんです。運動がクリエイティブであるためにはどうあるべきか、コミュニケーションは具体的にどういうツールで行えば効果的か、ソーシャルネットワークをどう活性化するか。こういったことが私のテーマでした。しかし、ギリシアの運動であるシリザ(Syrioa)が挫折したり、フランスで非常事態宣言が出されたり、人権を制約する対テロ法案が可決されたりといった悪い事態が続きました。

こうした中で私は2016年2月23日に『彼らを恐れさせよう』と銘打たれたフランソワ・リュファンと彼が創刊した「ファキル」という新聞のスタッフが呼びかけた集会に参加することになったのです。後にわかったことですが、この集会を開くようにジャーナリストのリュファンに勧めたのは経済学者のフレデリック・ロルドンでした。リュファンが監督した新作のドキュメンタリー映画『メルシー・パトロン！』が素晴らしい出来だったからです。

　その晩、市民組織や労働組合などの活動家たちは現実の社会や政治の領域で自分たちが抱いている激しい怒りを話しあいました。反テロ法のこと、非常事態宣言のこと、不定期の就労者に対する社会保障制度の改悪、エール・フランスやグッドイヤーなどの労働者に対する待遇、政府が労働組合活動を犯罪化しつつあること、学校制度の改悪、そしてもちろん、労働法の改悪についてです。私たちは3月31日に全国で労働法改悪反対のデモが予定されていることは知っていました。この夜、最終的に参加者の間であることをすることに決まりました。それは、それぞれ異なる社会活動をしてきた人たちが31日に集結して闘う、ということでした。（これは3月31日のデモの呼びかけにもあったわけですが）私たちはデモの後にどこかの場所を占拠して、以後は家に帰らずそこに留まって闘い続ける、ということです。デモの後にある場所を占拠する、というのは様々な社会運動や政治運動を集結させるには成功できる方法ではないか、と私たちは考えたんです。

　私たちは3月31日に行われる予定のデモの後の『占拠』に備えて、呼びかけを始めました。私は先述の通り、様々な組織や個人のコミュニケーションを担当することになりました。具体的に言えば次のようなことです。占拠を行うことを告知するチラシやポスターの作成。印刷、配布、壁への貼り付けを担当してくれるボランティアの募集と作業の割り振り。またメーリングリストの作成。占拠の段取りを行う私たちのグループには名前がありませんでした。ただ、"la convergence des luttes"（闘争を集結する）ということが肝心であり、私たちを1つに結びつけるものでしたから、チラシ、ポスター、ウェブサイト、フェイスブック、ツイッターなどでは"Convergence des luttes"（闘争の集結）と書き込んでいました。

『赤い夜』は私たちが３月31日の占拠のために最初に選んだ名前です。パリの文化的伝統として夜通し何かの催しをやる場合に『白い夜』（Nuit Blanche）と呼んでいますが、『赤い夜』はこれにもじったものでした。しかし、フレデリック・ロルドンがすぐに『赤い』という言葉には抵抗を感じる人たちも出てくるかもしれないぞ、と注意をしてくれたのです。そこで再び話し合いをした結果、人文主義者で詩人のエティエンヌ・ド・ラ・ボエシ（Étienne de La Boétie 1530-1563）に敬意を表して"Nuit Debout"（立ち上がる夜）にしたんです。ボエシが『自発的隷従論』の中に書いた"Les tyrans ne sont grands que parce que nous sommes à genoux"（暴君が強大になるのは私たちが脆くからだ）という言葉は私たちにとって非常に大切だと思っているのです。脆くのをやめて、立ち上がる、という意味の Debut という言葉を Nuit（夜）という言葉につなげたわけです。」

　「立ち上がる夜」が始まったのは2016年３月31日だ。ルイーズ・ムーランが言うように、この日、パリで大規模なデモが行われた。マニュエル・バルス首相が率いる社会党内閣の労働法改正案に対する反対デモだった。フランスの労働法と言えば週35時間制が基本で、労働者の権利を手厚く守ることで知られてきた。だが、2007年に国民運動連合（UMP、現在の共和党）のニコラ・サルコジが大統領選で「もっと働き、もっと稼ごう」（Travailler plus pour gagner plus）をモットーに当選して以後、フランソワ・フィヨン首相らが企業の都合で１週間に最長48時間まで労働してもよいように様々な法の抜け穴を作った。ちなみに、日本の法定労働時間は週40時間で、それを超える分は基本的に25％以上の割増賃金を、さらに月間60時間を超える残業分には50％以上の割増をしなくてはならない。フィヨン首相は残業時間の賃金は残業８時間まで（つまり43時間まで）は25％の割増、８時間超で限度の13時間までは50％の割増を義務付けた。だから経営者から見れば労働者に残業させづらい制度にはなっている。ところが、2016年のバルス内閣の労働法改革案では経営者と労働者組織が合意すれば残業の割増は10％にまで下げてもよい、としている。これは大幅な残業手当のカットである。さらに社会党内閣は労働者の権利を大きく削る法改正を目指していた。週35時間制を2002年に実現したのは社会党だった。だから2012年に社会党のフランソワ・オラ

ンド候補を環境政党なども含めて左派政党が団結して大統領に当選させたのに裏切られたと多くの人が感じたのだ。「立ち上がる夜」の共通のテーマは労働法改正を阻止しようという運動だったが、そのために"Convergence des luttes"（闘争の集結）を掲げたため、労働問題に限らず、難民問題やジェンダーの公平性の問題、あるいは教育問題など様々な運動をしている人々が広場に集まってきたのである。

▼運動の仕掛け人フランソワ・リュファンとフレデリック・ロルドン

この「立ち上がる夜」は3月31日に自然発生したわけではなかった。先述の通り、参加者のルイーズ・ムーランによによれば年明け早々大衆運動を起こさなければならない、と考えていた人たちがいたのである。最初の呼びかけ人がジャーナリストのフランソワ・リュファン（François Ruffin）だ。リュファンはパリの北方のアミアンという町で「ファキル」（Fakir）という左翼新聞を出版しているジャーナリスト兼発行人で当時40歳とまだ若かった。2016年の初頭、リュファンは初めて作ったドキュメンタリー映画「メルシー・パトロン！」（Merci, patron!）の公開を間近に控

フランソワ・リュファン

えていた。この作品はたちまち50万人を動員し、フランスの「アカデミー賞」と言えるセザール賞の最優秀ドキュメンタリー賞に輝くのである。その中身が革命的だった。フランスの豊かさ、豪華さの1つの象徴がルイ・ヴィトンやディオール、ケンゾー、セリーヌ、フェンディ、ジバンシーといった世界的なファッションブランドである。これらを束ねるLVMHモエヘネシー・ルイヴィトン・グループの総帥ベルナール・アルノーを監督のリュファンが執拗に追いかける映画なのである。その理由はフランスーの大富豪であるアルノーが、利益を追求するために傘下のフランス国内のテキスタイル工場を労賃の安いポーランドに移転したからだ。リュファンは工場閉鎖で疲弊する労働者の家族のために自ら

映画に登場してゲリラ的な闘い方を指南し、隠し撮りを多用しながら、家族のために補償金と正規雇用を勝ち取るのである。笑いと皮肉とともに、一見無力な人間でも闘えば勝てる、というメッセージがこの映画には込められていた。3月31日に「メルシー・パトロン！」は共和国広場に特設されたスクリーンの上に上映され、見た人々に大きな覚醒をもたらすことになった。

　リュファンは映画の劇場公開の前日に当たる2月23日に仲間内で「メルシー・パトロン！」の試写を行い、「彼ら（政治経済を支配するエリート層）を恐れさせる」(Leur faire peur) と銘打って討論会を催した。この時、リュファンが集めた仲間にはフランス国立科学研究センター (CNRS) 所属の経済学者フレデリック・ロルドン、住宅問題に取り組む活動家のレイラ・シェイブ、左翼劇団「ジョリ・モーム」のロイク・カニトゥル、出版業界のグラフィックデザイナーのルイーズ・ムーランなど様々な分野の手練れの左翼活動家たちがいた。経済学者のフレデリック・ロルドンは資本主義の批判者であり、「選択的な保護貿易は必要である」という保護貿易論者としても知られる。francetvinfo などの記事を読むと、ロルドンは富裕な会社経営者の家庭に1962年に生まれている。大企業の経営者を輩出するパリ近郊の名門ビジネススクール HEC (École des hautes études commerciales de Paris) で MBA を取得し、末は社長か大臣かという秀才だった。ところが、在学中にマルクスの「資本論」に魅せられてしまったのだ。フランス人のマルクスの研究者であるルイ・アルチュセールにものめり込み、ロルドンは気がついたら左翼の経済学者になっていた。「立ち上がる夜」の立ち上げにロルドンの存在は大きかった。リュファンやロルドンらは目下緊急の課題になっている労働法改革の阻止を第一に掲げた。そのため様々な問題に取り組んできた組織を束ねて闘争の力をまずはその一点に集中させようとしたのである。これをロルドンたちは "Convergence des lutes"（様々な闘いを結束させること）と呼んだ。リュファンは "Le jeudi 31 mars : On ne rentre pas chez nous !"（3月31日木曜日、私たちは家には帰らない！）と記し、3月末日にデモを行うから参加して欲しい、と「ファキル」のウェブサイトで呼びかけた。労働組合以外にもホームレスや非正規雇用者、学生らにも呼びかけた。ただ、リュファンの初期の呼びかけ文では「立ち上がる

夜」ではなく、「赤い夜」(Nuit rouge) と称していた。当初は運動の名称が複数存在したのだった。みんな好きな呼び方をしていたそうである。ただ、マルクス経済学者のロルドンも、さすがに「赤い夜」というのは多くの人々を集めるにはまずいんじゃないか、と苦言を呈した。そこで「立ち上がる夜」という名称に決まったのだと言う。

　3月31日、雨模様だったにもかかわらず共和国広場には合羽やレインコート、ジャンパーを着た人々が集まった。映画「メルシー・パトロン！」の上映やロルドンらの運動の宣言が行われ、広場は共感と熱気のるつぼとなった。さらにツイッターやフェイスブックをその日見た人々も集まってきた。こうして「もう家には帰らない！」という闘いが始まろうとしていた。しかし、フランス政府が非常事態宣言を出していたため、警察が社会秩序を乱し、市民の安全を脅かす集会は禁止することができる状態にあった。夜から未明にかけて機動隊が共和国広場に集結してきた。緊張は高まった。だが間一髪のところで運動の呼びかけ人たちはパリ市当局と交渉し、一度広場を撤退することにした。パリ市長は社会党のアンヌ・イダルゴ！(Anne Hidalgo)だった。イダルゴはのちに広場での平和な議論であれば許可する、と判断を下すことになる。ただし、集会は午後4時から午前0時までに制限し、テントなど設置したものは毎晩必ず撤収し、「占拠」しないことを条件とした。広場は誰でも行きかう場所として独占的に使用するのではなく、公共空間として保たれることも条件となった。当初の意気込みからやや後退する形とはなったが、「立ち上がる夜」は共和国広場で運動を継続できることになったのである。イダルゴ市長は共和国広場の占拠が始まって2日後の4月2日の夜、パリ市内の教会を使って行われた "La Nuit des Débats"（討論の夜）と銘打った集まりに出席し、討論相手のジャーナリストであるエドウィ・プレネル（Edwy Plenel）や聴衆に向かって「私はあらゆる形態の表現の自由を尊重しますし、市民が抗議デモを行ったり、意見を述べたりすることは民主主義の1つの形だと思っています」と語り始めた。公共の場所を占拠して政治改革運動を行うのは近年の流行で、ニューヨークの「ウォール街を占拠せよ！」や議会を占拠した台湾のひまわり運動、香港の雨傘運動などで実行された。公共の広場を占拠すれば多くの人の関心を集めることができ、大きな問題があることを世界に示すことができ

るのだ。「立ち上がる夜」にとっても、そのことが重要だった。アンヌ・イダルゴ自身は労働法改正に反対していたらしい。実際、彼女の経歴を見ると、スペイン市民戦争で敗北したスペイン人の社会主義者の祖父を持ち、2歳の時に家族に伴われてフランスに移住した人である。のちに所属したフランス社会党では35時間労働制を実現した雇用担当大臣のマルチーヌ・オブリの側近だった。そういう意味では同じ社会党であったとしても、社会党右派のマニュエル・バルスらが進める労働法の規制緩和にすんなり同調することもできなかったのではなかろうか。しかし、パリ市長の立場として公共の広場の占拠を容認するかどうかは難しい政治問題になる。イダルゴ市長は「立ち上がる夜」が公共の場所を「私物化している」として継続的に共和国広場を占拠することは認めない、とラジオで宣言したそうだ。そのため4月2日のこの「討論の夜」に「立ち上がる夜」の運動家たちが広場から駆けつけてきて、憤りや抗議をぶちまける一幕があった。外は雨が降っていたため、駆けつけた人々はレインコートを着ていた。マイクをつけて聴衆の前で公共について論じているイダルゴ市長やプレネルらに対して一人の女性が現れ、少しだけ話をさせて欲しいと言った。エドウィ・プレネルのネクタイについていたピンマイクを借りて女性は話し始めた。

「この『討論の夜』で発言するにはネクタイにつけるピンマイクをつけられる必要があります。つまり、脚光を浴びた人だけが発言できる場なのです。発言に許可を与える（求める）ということはやめなくてはいけません。それは民主主義ではありません。集まった会場の皆さんがいくら待っても、ここでは発言するチャンスはありませんよ。しかし、共和国広場ではみんな自由に話せます。みんながマイクを持つのです。発言に許可など必要ありません！」

会場から歓声が上がった。彼女は左翼の元欧州議会議員で放送ジャーナリストのアリーヌ・パイエ（Aline Pailler）だ。ルモンド紙の元敏腕記者で今はMediapartというインターネット新聞の編集長をしている髭のプレネルはもちろんパイエのことを知っており、討論の夜の会場の人々に彼女のことを紹介したのだったが、パイエのいささか鼻息の荒い発言には苦笑していた。エドウィ・プレネルもまた左翼である。新自由主義のサルコジ大統領の腐敗を暴く記事を多数手がけてきた。また、コ

2016年4月2日の「討論の夜」のプラカードには「共和国広場は公共の場だ！」と書かれている

ロンブスが新大陸を発見した500年後にそれがその地で生きる人々に何をもたらしたかを旅をしながら検証した"Voyage avec Colomb"（コロンブスの旅）と言った本も出しており、フランス国家の中にある植民地主義や人種差別主義を批判する立場に立っている。しかし、エリートで花形ジャーナリストだった彼はまた常に脚光を浴びる特権的な立場にあると言われればまたその通りでもあった。

放送ジャーナリストのアリーヌ・パイエ

　この会場には"République, c'est publique!"（共和国は公共の場だ！）とダンボール紙に書いたプラカードを掲げる若い女性もいた。これはアンヌ・イダルゴ市長が「立ち上がる夜」が公共の場所を「私物化している」と発言したことへの抗議の意思表示だった。プラカードを掲げたこの女性は山本百合という名前のフランス人である。僕はその後、これらの女性たちに話を聞くことになる。さて討論の予定時間も終わり、「皆さん、討論の続きは共和国広場でしましょう」とやはり広場から雨の中を駆けつけて来た男が語った。「立ち上がる夜」からの乱入組に困惑したようなイダルゴ市長を残して討論の夜は幕を閉じた。先述の通り、イダルゴ市長は広場の「私物化」は認めなかった。だが、毎晩、機材やテントなどを午前0時までに撤収するなら広場で議論をしても構わないと判断したのである。

そもそも政治的に左派に属する人々が広場に拠点を構えて、左派政党である社会党政権に異議申し立てをすることは異例のことだった。1968年の五月革命で学生や労働者が闘っていた時の政権は、ドゴール大統領とポンピドー首相による右派の政府だった。しかし、「立ち上がる夜」では左派の人々が社会党の政権に異議をつきつけたのである。フランスの左翼は大きな亀裂を抱えており、その亀裂が「立ち上がる夜」という異議申し立ての形で噴出してきたのだ。

▼衝撃の「パナマ文書」

「立ち上がる夜」が始動してすぐに運動の火に油を注ぐ出来事が起きた。「パナマ文書」が報道されたのだ。ケイマン諸島などいわゆるオフショア金融センターに法人を設立して口座を開設し、そこに各国で儲けた金を送りこめば課税を逃れることができる。それは「タックスヘイブン」と呼ばれている。その取引に携わってきたパナマの法律事務所モサック・フォンセカの関係者が21万に及ぶ顧客のリストを南ドイツ新聞に送り付け、それを世界76か国の新聞業界人が手分けして分析して、公開した。そのリストには世界の大富豪や大企業が並んでいたが、フランス人も1000人ばかりがリストアップされていた。オランド大統領の下でかつて予算担当大臣だったジェローム・カユザックの名前もそこにはあった。カユザックは本来、タックスヘイブン対策をすべき立場の大臣でありながら、20年もの期間に60万ユーロ（約7740万円）の金をタックスヘイブンに預金していたのだ。カユザックはすでに海外に税逃れをしていた疑いで辞任していたが、「パナマ文書」で名前が明示されていたため、ついに言い逃れができなくなってしまった。フランス財務当局は500以上の口座の名義人や法人の捜査に乗り出すことになる。庶民の暮らしがますます貧困化する中、富裕層は海外に送金し税金を払わない、こんな不公平な世界でいいのか、と庶民は怒りで震えたのだった。

第2章　社会党内閣がなぜ労働法の改正を？

労働法改正をめぐる報道。首相のバルスと労働大臣のエルコムリ、そしてオランド大統領

「立ち上がる夜」が始まる引き金となったのが、社会党のマニュエル・バルス首相が率いる内閣が提出した労働法を規制緩和する法案だった。フランソワ・オランド大統領が来年に控える大統領選に再出馬するかどうかを決める試金石として掲げたのが失業率を10％以下に下げられるかどうかだった。2012年の就任以来、様々な景気浮揚策を試みたが2016年に入っても未だ失業率は10％の大台を切ることができなかった。フランスの失業率が高止まりしている理由は「フランスの労働法が労働者の権利に手厚いために労働市場が硬直化していることだ」と多くの新聞が報じてきた。だから労働法を経済状況に即応できるフレキシブルなものに作り変えれば失業率も下がり、オランド再選の可能性も出る、と報じられた。労働法改正法案は労働大臣の名前を取ってエルコムリ法案（loi El Khomri）とも呼ばれた。以下は共産党系のリュマニテ紙の特集を中心に、ルモンド紙やフィガロ紙などフランスメディアの報道をもとに簡単に2016年4月当時の改正の重要なポイントをまとめたものである。

労働法の規制緩和反対集会に現れた左翼党党首ジャン=リュク・メランション議員
ⓒ Réjane Boyer

▼労働時間の長時間化を可能にする

フランスでは週35時間労働が基本になっている。この35時間制を進めたのは1997年に保守政党である国民運動連合（UMP）のジャック・シラク大統領と保革連立政権を組んだ社会党のリオネル・ジョスパン首相の率いる内閣だった。この時、雇用担当大臣に抜擢されたマルチーヌ・オ

ブリ（社会党）が週35時間労働法制に力を注ぎ、2002年に最終的に実現した。これはワークシェアリングによって失業率を下げようという試みだった。

　しかし、2007年に右派政党であるUMPのサルコジ大統領が当選した。UMPのフランソワ・フィヨン首相の内閣は週48時間までの労働時間なら企業の事情で特別に認めるという法改正を行った。週48時間というのは欧州連合の上限になっているのである。フィヨン首相らは週35時間制を残しながらも、いろいろな例外を設けて穴をあけたのである。ただ週35時間以上働く場合の賃金の割増率が定められた。残業の最初の8時間までは25％の割増、それを超えると50％の割増を課せられたのだ。残業する労働者の側から見れば割増料金は残業をするインセンティブとして働く。一方、経営側からすればできるだけ残業させないようなインセンティブとなる。こうして労働時間の長時間化には一定の超過料金をつけ逸る、という形で労働法改正を実現したことになる。

　2012年に今度は社会党のオランド大統領が誕生した。マニュエル・バルス首相は労働法のさらなる規制緩和を進めようとした。法案では残業の割増料金をさらに下げる方向だ。もし経営者と労働者団体の間で合意があれば25％あるいは50％の割増率にこだわる必要がなく、10％を下限として割増率を自由に取り決めてよいことにしたのである。さらに1週間で見れば最大48時間まで働くことが特例として認められたとしても、サルコジ大統領の時代には12週間単位では週平均44時間あるいは労使間の合意がある場合でも週平均46時間を超えてはならないという制約がつけられていた。しかし、最初のエルコムリ法案ではこの規制をより緩めるために16週間単位に広げようとしたのである。これは企業の生産活動にはしばしば忙しい時期とそうではない時期と周期があるから、忙しい時期には労働者により長時間集中的に続けて働かせることを可能にするものだった。

▼解雇をより簡単にする

　フランスでは労働者をなかなかクビにできない。フランスは解雇要件の厳しさで世界的に知られている。フランスには"Conseil de prud'homme"（労働審判所）という労使間の訴訟や調停に関し労働に特

化した司法機関がある。企業が労働者を解雇する場合にはその労働者が怠業の常習犯であるとか、暴力行為を起こすといった特別な人格や能力上の問題がある場合とか、あるいは経営が厳しく、これ以上今の雇用体制では経営が維持できないといった経営難がある場合などに限られ、その場合でも解雇する経営者の側でその正当性を証明しなくてはならない。逆に、解雇された労働者は労働審判所に不当解雇であるとして訴えることができる。その場合は労働審判所で労使を交えて話し合い、その結果次第では解雇を撤回させる場合もあれば、相応の補償金を企業に支払わせる場合もある。そして、審判が長期に及ぶ場合もある。バルス内閣は解雇が厳しい実情があるために、企業が正規雇用を控える傾向にあると訴えた。いったん正規雇用したらなかなか解雇できないし、その補償費用も高額になるのであればできる限り短期雇用の形で雇用することが増えている、と言うのである。そこでエルコムリ法案の最初のバージョンでは労働審判所に訴訟が持ち込まれた場合でも補償費用に上限をつけ（これは勤続年数に応じて毎月の給料の何か月分という風に明確にする）、プロセス自体を簡略化する方向にしようとした。しかし、補償費用に上限を設ける、という条文に世論の反対が強かったため、その部分は改め、次のバージョンでは補償費用の上限は設定しないが、補償費用の明解な基準を示した料金早見表を設定することを盛り込んだ。解雇のプロセスを明瞭にして、アメリカのようにビジネスライクかつドライに雇用も解雇も必要に応じて素早くできる仕組みを目指したのだ。

　経営環境の悪化が原因で解雇する場合に企業の正当性が認められることも盛り込まれた。多国籍企業の場合はグループ全体の業績悪化は正当化の要件とされず、ある一国あるいはある地域で採算が取れなくなっただけで要件を満たすことになった。このことはグローバル化が進む現代では経営者が経営環境の悪化を原因とした工場の海外移転をしやすくすることになる。人件費の高い国（フランス）でモノづくりをしては採算が取れないから、東欧など人件費の安い国に工場を移転する、というようなケースが経営陣にとってはより楽にできるようになる。グループ企業の本社が巨額の収益をあげて株主に多額の配当をしていても、地域単位で見れば「経営環境の悪化」を理由に労働者を容易に解雇できるということになる。

ミリアム・エルコムリ労働相やマニュエル・バルス首相らが解雇の簡略化の必要性を訴えたのは、近年フランスでは "Le contrat de travail à durée déterminée"（CDD）と呼ばれる短期雇用の契約が増えており、"Le contrat de travail à durée indéterminée"（CDI＝無期限雇用）が減っているという問題があることだった。特に若者では大学を卒業しても短期雇用であるCDDを繰り返すケースが増えている。短期雇用の期間は契約次第だが、1か月くらいの短い採用も少なくない。企業側としては雇用してもその人がどのくらい能力があるか未知数だし、勤勉かどうかとか、共同作業ができるかどうかといった性格なども含めて人を雇うことには大きなリスクがある。特にこれから初めて職業人になるという場合は実績がないだけに企業としてもリスクが高い。だからCDDという形でまずは試用期間を設ける。これ自体は理由がないわけではない。ところがグローバル競争が激化した結果、できるだけ人件費を節約したいと言う企業側の本音もあり、能力の有無に関わらず短期雇用ばかり受け入れ、労賃や経費のかさむ正規採用のCDIではできるだけ採用しないケースが増えているというのだ。エルコムリ労働大臣らが訴えるのは若者たちが正規雇用につくためには労働法規を柔軟化する必要があり、解雇規制を緩和すれば経営者も安心して正規雇用を増やしやすくなる、というのである。

▼労働者の投票制度の変更で主要労組の影響力を削ぐ

　さらに労使間が労働協約を決める場合の手続きの変更である。エルコムリ法案が目指したものに労働者の投票制度の変更がある。経営者と労働の取り決めを交渉する際に、労働者の意思をどうまとめるか、である。これまでCGT（労働総同盟）のような大きな労組の声が労働協約の交渉の場で圧倒的な影響力を持っていた。仮に労働者の中に「もっと働き、もっと稼ごう」と思っている人が一定数存在して（規定では最低30％の組織率）、そういう内容の労働協約を経営者と取り決めたとしても、労働者の半数以上を組織する労働組合が別に存在していてその組合のリーダーがその協約に反対なら、一方的に協約を無効にできたのだという。そこでこのような大手労組の力を削ぐために、30％以上の加入率を持つ労働組合は経営者と取り決めようとしている労働協約を労働者全体

の意思を問う投票にかけ、過半数の賛成を得ることができれば仮に50％以上の組織率を持つ組織のリーダーが反対したとしても、投票結果を優先できる、という変更である。これは最大労組CGTの力を弱めることを狙ったものだろう。労働時間などの条件を決める労使間の労働協約は個々の企業ごとに行われるが、CGTのような全国組織の巨大労組の場合は全国レベルで方針を決めているため、個別のケースで妥協の余地が少ない。だから、こうした職場での自由投票で労働者の意思を決める制度を導入していけば、主要労組のリーダーたちの影響力は減少していくことになる。

　総じてこうした方向性は「フレキシブル化」と呼ばれる一連の改革であり、ブリュッセルの欧州連合本部がフランスに圧力をかけてきたことに起因している。

　2016年2月23日にフランソワ・リュファンやフレデリック・ロルドンらが「立ち上がる夜」の準備に入ったのもまさにこうした時期だった。約70万人の組合員を擁するフランス最大の労働組合、Confédération générale du travail（CGT＝労働総同盟）やForce ouvrière（FO＝労働者の力）、大学生の組合 L' union nationale des étudiants de France（UNEF＝全国大学生組合）などの組合組織は労働法改正案の修正を求めるのではなく、法案を丸ごと撤回することを要求した。彼らはまず3月9日に最初の大きな反対デモを全国で行った。一方、民間企業に最大の組合員を擁する労働組合のConfédération française démocratique du travail（CFDT＝フランス民主労働総同盟）は法案を批判しながらも撤回は求めず、政府と交渉する余地を見せた。労組と言っても官公庁に組合員が多いCGTと民間企業に組合員が多いCFDTの二大労組では基本的なスタンスが異なっている。CFDTはこれまでにも経営者に協力する姿勢があり、リーダーのロラン・ベルジェも労働法改正自体には反対ではない、という姿勢を取った。だから、バルス内閣はたとえCGTが反対でも二番目に大きな労組であるCFDTの了解をてこにして、国会通過を狙ったのである。

　フランスでも正規雇用（期限なし）のCDIが減り期限付き雇用のCDDの契約が増えており、今では新規の10件の雇用契約のうち8件まではCDDの短期雇用と言われている。「フランス社会は正規雇用の人々

フランスで最大の労組 CGT による労働法改正への反対集会。2016年春。
ⓒ Réjane Boyer

の権利の保護にはてんこもりで手厚い反面、非正規雇用の人々は救いがないまま放置されている」。こうした声は多くの人の心に浸透しやすい。若者や移民、女性が最も厳しい世界にさらされている、とも言われている。そう言われれば確かにそうなのである。しかし、「だからと言って解雇を簡単にする法改正が本当に非正規雇用の人々を減らすことにつながるのか？」という疑問の声もあり、これもまた真実味がある。正規雇用の人を解雇しやすくしたからと言って、期限つき雇用である CDD の割合が減少するかどうかは確証がない。冷徹に見ればこの法改正で最大の利益を受けるのは経営者に他ならない。

　CGT の議長、フィリップ・マルチネス（Philippe Martinez）はエルコムリ法案への反対表明の中で「長時間化を可能にする改正は逆に正規雇用を減らすことになる。むしろ、労働時間を32時間に減らして仕事をもっとシェアすることが正規雇用の増加に大切だ」と訴えた。ワークシェアリングの考え方である。

　この頃、先述の通りエルコムリ法案を細かく検討する労働法改正の特集をリュマニテ誌（l'Humanité）が出したのだが、労働法改正に対する批判的な論者の視点が多数掲載されていた。中でも目を引いたのが Centre d'etudes de l'emploi et du travail（雇用と労働の研究センター：CEET）で雇用の研究をしている経済学者のアンヌ・エイドゥ（Anne

Eydoux）である。エイドゥは「（労働者の権利に手厚い）労働法があるためにフランスは失業率が高い、ということを実証するデータはない」と言い切っている。「むしろ、（リーマンショックに伴う）2008年の欧州経済危機の時、労働者の権利を削って労働法を規制緩和したスペインやポルトガルのような国々では失業率がうなぎのぼりに急上昇した」と指摘する。不況でもフランスの失業率が一定程度に収まってきたのは労働法制が労働者を解雇から守ったからだという意見だ。そして、アンヌ・エイドゥはフィ

経済学者アンヌ・エイドゥ

リップ・マルチネスと同様に「週の法定労働時間を32時間にしてなぜいけないの？」と呼びかけている。「不況の時代に雇用を守る唯一の手立ては労働時間を削減することなのです。週35時間労働制の導入によってフランスは過去の『黄金の30年』よりも多くの雇用を生み出したのです」

　確かに景気がよくなればフレキシブルな労働法制の方が失業率が減る可能性はあるが、景気が悪くなると簡単に解雇できるから失業率が急上昇する可能性もある。つまり、フレキシブルということは不安定性でもある。

　僕はこの分野におけるフランスの著名な研究者であるエイドゥにコンタクトを取り、インタビューをお願いした。知りたかったのは労働市場の規制緩和と失業率の関係だ。マクロンたちが訴えているように労働者の解雇規制を緩和すれば失業率は減少するのだろうか。また、特に若者たちの雇用状況は改善できるのだろうか？　この理屈はフランスのみならず、日本でもしばしば耳にする話である。そのあたりをエイドゥに尋ねた。

　エイドゥ「私たちは過去30年に及ぶ労働市場の規制緩和が何をもたらしたかを参考にする必要があります。そしてまた欧州の周辺国のそのあたりの市場もです。まず労働市場の規制緩和は決して失業率の改善に

資するものではなかったことです。フランスの労働法は雇われる人々を守るように精巧に作られたものです。労働法が雇用を妨げる役割をしている、ということはありません。過去を振り返ると、長い間、労働法によって雇用は規制に準じてきましたが、ほぼ完全雇用に近い状態を実現しました。そして過去の労働法は経営者にとっても悪いものではなかったのです。というのは労働法のおかげで他社との間で不公平な競争にさらされることがなかったからなのです。たとえば労働法における雇用と労賃の規制があったおかげで、労賃の切り下げ競争に陥る必要がなかったのです。

次に、一連の労働法の改革（労働法の規制緩和）は不安定な雇用を増やし、それ以外にも経済にマイナスの影響をもたらしました。1980年代に起きた失業率の高まりは労働市場における経営者の力を高め、その結果、経営者たちは労働法の改革を求めるようになりました。変則的な雇用の形を認めるように求めたのです。こうしたことによって、労働法が複雑さを増すことになったわけです。その結果、パートの仕事や短期間の雇用が増大することになりました。特に影響を受けたのが女性や若者たちだったのです。ところが、こうした改革を行ったけれども失業率自体はずっと高止まりしていたのです。

OECD（経済協力開発機構）は1990年代半ばから新自由主義的な労働市場改革の旗を振っていたのですが、そのOECDですら失業率の改善を達成することができず、2000年代の初期から労働市場の規制緩和導入策についてはトーンを下げるようになりました。欧州数か国で行われた最近の研究では労働市場の規制緩和が雇用の質を劣化させるだけに留まらず、生産性や競争力をも下げていることを実証しています。そうした中でフランスがさらなる労働市場の規制緩和と労組の弱体化を、失業率の改善のためと歌って進めていることは実に愚かなことなのです。

私たちは長年にわたる不必要で、有害な改革から教訓を得るべきなのです。今必要なのは逆に、労働法において再び規制を設けることなのです。労働法は労働者を守るように改められる必要があり、その逆ではないのです。長年の規制緩和によって不安定な雇用に陥っている労働者たちは雇用が安定するようにならなければなりません。同じことは"self-employed"（自営業）の労働者にも言えます。これらの労働者について

は経営者が使用者としての責任を取る必要がなく、労働力の時どきの需要の変化によって調整弁の役割を担わされているのです。ですからこうした"self-employed"（自営業）の労働者も守られなくてはなりません。あるいはむしろ、賃労働者と同等に見なされるべきなのです。

また、労使関係や労使交渉についても規制を再導入する必要があります。労使交渉を労組の全国組織のレベルから、個々の企業で行わせる改革は労働者にとって不利に作用するはずです。というのも労働組合は個別企業レベルでは経営者に対して弱い存在だからです。このことは経営者にとっても同じことが言えて、経営者たち自身も競争が激化すると不利益を被るはずなのです。労働法の規則と言うものは経営者と労働者の間の力の格差を改め、労働者が経営者に脆くことがないように保護するためのものです。そしてまた労働法は経営者たちの組織が決める様々な事柄に対して労働者たちが従属させられることがないように資するものなのです。」

Q　経済大臣だったマクロンや労働大臣だったエルコムリらは、高額の報酬を得て権利が守られた中高年の正規雇用をもっと解雇しやすくすれば若者たちが正規雇用につくチャンスが広がると言って労働法の規制緩和を進めてきました。同様の話は日本でも財界側の話として耳にします。これについてどうお考えですか？

　エイドゥ　「この議論は宣伝に用いられているお決まりのものです。この種の話の起源は『雇用と失業をめぐるインサイダーとアウトサイダーの理論』と言われているもので、新古典派で新自由主義の二人の経済学者、アサール・リンドベック（Assar Lindbeck）とデニス・J.スノワー（Dennis J. Snower）が1988年に説明したものです。この理論によると、正規雇用の労働者（インサイダー）と労働組合が自分たち既得権者の利益を守るために労働市場が分断されているということになります。彼らの理論ではインサイダーたちは経営者に自分たちの雇用を守るように圧力をかける力があります。その結果、正規労働者たちの雇用は守られ、労働市場の需給曲線の均衡点よりも高い賃金を得ることができるというわけです。ですから、この理論によると、インサイダーこそ失業を生み出す原因になっており、非正規雇用の人々の不安定な就労を生み出

しているというのです。正規雇用者の権利があまりにも守られているが故に、経営者たちはいったん正規雇用すると解雇しにくいため、新規採用を控えることになるという説明です。

　しかし、これは単なる理屈に過ぎません。実際の雇用の現実とは遠くかけ離れているんです。フランスでは労働者は経営者に対して雇用を守ったり、高い賃金を守ったりするような位置にはいないんです。というのはまずもって一般の雇用契約において労働者は経営者に対して下位に立っているのです。とはいえ、確かにある時期、フランスでも経営者に対して労働者が多かれ少なかれ、圧力をかけた時期もありました。正規労働者が経営者に対して雇用を守ることができた時期は1950年代から70年代にかけてでしたが、この時代はほぼ完全雇用だったために、正規労働者が非正規雇用を増やしたと言ったことはなかったのです。この30年ほどの時期は失業率がとても低く、正規雇用の権利が守られていたが故に、不安定就労も減少していたわけです。

　1970年代の後半以後、失業率が高まり、経営者たちは力を得るようになったんです。彼らは『柔軟さ（フレキシビリティ）』をキーワードにして政府に労働市場の規制緩和をさせ、労賃の削減を行うようになったのです。その結果、失業率は高止まりしたまま、不安定雇用が増える結果となりました。ところが労働法を改革しようとするときによく出る議論と言うのは、フランスでは正規雇用者が保護され過ぎているから労働市場が硬直してしまう。だから、労働市場をもっと規制緩和したら、アウトサイダーの人々（失業している若者や女性、移民など）がもっと雇用の機会を得られるようになる、と言うものです。マクロンもまたこのような話をしています。しかし実際には、アウトサイダーの人たちと言うのはこのような規制緩和が行われた時に真っ先に犠牲になる人たちなんですよ。というのも女性の場合はパートタイムの仕事、若者の場合は補助金のおかげで得られた短期間の雇用契約など、非正規雇用にずっと漬かっていたためです。」

　エイドゥが教えてくれた二人の新自由主義の経済学者、アサール・リンドベック（Assar Lindbeck）とデニス・J.スノワー（Dennis J. snower）には"The Insider-Outsider Theory of Employment and Unemployment"（雇用と失業をめぐるインサイダーとアウトサイダーの理論）

という共著があり、1988年に米国で出版されている。1980年代と言えばまさにサッチャーとレーガンが起こした新自由主義革命の真只中であり、その時代にこうした労働市場の規制緩和を呼びかける経済学の理論書が書かれていたのだ。1990年代以後、日本は長い不況に突入し、労働市場は規制緩和され、新自由主義経済学者の竹中平蔵らのもとで派遣労働が次々と解禁され、非正規労働者が激増していくことになる。僕はエイドゥにもう一つ、聞きたいことがあった。それはフランスの失業率と労働法の関係だ。労働法は規制があった方が失業率は下げられるのか、それともマクロンたちが言っているように解雇規制を緩和するなど、労働法を規制緩和した方が下げられるのか？ということだ。

　エイドゥ　「フランスの失業率を長期的に俯瞰してみましょう。過去数十年の間でフランスで失業率が高まっていったのが1973年に起きた不況だったんです。そして1980年代に入ると、失業率は相当に高まりました。その後、GDPが上昇して失業率が再び低下していくんです。その頃、つまり1997年から2002年にかけてフランスは好景気で、200万人近い雇用が創出されました。丁度、この時期に労働時間の削減も実現していったのです。1998年から2000年にかけて週35時間労働が導入されていったのですが、これもまた失業率の減少に役立ったわけです。労働時間を規制緩和することではなく、規制を強めたことで失業率がさらに下がったわけです！　ある調査資料によれば、労働時間を短縮して週35時間労働制にしたことで少なくとも35万人の雇用が創出できたのです。1998年から2002年にかけて失業率は大幅に低下しましたが、特に著しかったのは若者の失業率の減少だったのです。その後、2008年に不況が訪れ、再び失業率が上昇していきました。最近、やや経済が復調し、雇用が創出された結果、多少なりとも失業率が下がりましたが、それでも不況前の水準には戻っていません。」

　1970年代初頭までは失業率も3％くらいだった。しかし、エイドゥが述べているように1973年の不況突入から右肩上がりに失業率が上昇し、1990年代後半には12％まで高騰してしまう。しかし、そこから失業率が大きく下がるのが、社会党のリオネル・ジョスパン首相の内閣の時代で、この時、雇用担当大臣のマルチーヌ・オブリが週35時間労働制を導入し、失業率は9％くらいまで下がっていく。とはいえ、この時代はグローバ

リゼーションで製造業が空洞化していく時代でもあり、労働者が行き場を失っていく時代に入っていたのだった。

　余談になるが、パリで「立ち上がる夜」のリサーチをしていて１区にあるジュンク堂を訪れ、参考になりそうな日本の本をまとめて買ったことがあった。その時、「現代フランスの病理解剖」と題する本が目に留まり、買うことにした。著者は法政大学大学院の長部重康教授（経済研究科）だった。驚いたことに長部氏の病理解剖はまさにエイドゥが指摘したアウトサイダーとインサイダーに労働市場が分断されている、という分析に沿ったものらしかった。少しこの本から引用してみよう。

「不況時の雇用調整が困難なために、企業は好況期の雇用拡大は避けて合理化や機械化に励み、アウトソーシング（外注）への依存を高める。この結果、雇用を維持できた者は高賃金、好条件を享受できるが、一旦失業してしまえば再就職は困難になる。また不熟練の若者には、正規の働き口が見つからない。『インナー』と『アウター』との分断、『社会的骨折』である」

　長部教授はこのように、フランスの「労働市場の硬直性」を痛烈に批判するのである。長部教授によればこれがフランスの病理ということになるらしい。「あとがき」で長部教授はコロンビア大学でアメリカ人の研究者たちから支援を受けたことを綴り、「フランス社会モデル」を改革することの必要性を訴えて2006年春に筆を置くのだ。しかし、その２年後、長部教授が評価したアメリカ型市場経済は皮肉にもリーマンショックに揺れることになる。

　さて、エルコムリ法案の提出者であるミリアム・エルコムリ労働大臣について少し記しておきたい。フランスの新聞報道や本人のインタビューなどによればエルコムリは1978年にモロッコの首都、ラバトで生まれている。父親はモロッコ人の商店経営者で、母親はブルターニュ地方出身のフランス人である。小学校時代に家族がフランスに居を移したため、以後、フランス社会で教育を受けた。その後、パリ大学（第一分校、パンテオン＝ソルボンヌ）で公法の勉強をした。卒業後はパリ18区の役場に研修として就業し、政治の世界に入った。2002年に社会党に入党、2008年には社会党員のパリ市長、ベルトラン・ドラノエの助役（adjoint）に選ばれ、地道に地域の行政に携わった。そんな彼女が脚光

を浴びたのが2014年に secrétaire d'État à la Politique de la Ville（地域行政担当相）という大臣に任命されたことだった。

　エルコムリを抜擢したのは首相のマニュエル・バルスだった。さらに翌年にバルスは彼女を労働大臣に抜擢した。しかし、華々しい出世と引き換えに労働法改正という労働者に最も嫌われる仕事をモロッコ出身の混血である彼女が担当させられたように見えてしまうのは僕の偏見だろうか。首相のバルスもまたスペインのバルセロナ生まれだ。バルスは家族とともにフランスに渡り、1982年に帰化している。首相と労働大臣がともに移民という出自を持ち、彼らが戦後のフランス社会を特徴づけた労働法の抜本的改正を行うのは偶然なのだろうか。最近のフランスには「フランス人の平均失業率は10％、若者は20％、ムスリム移民の子弟は30％」という言葉がある。不況の一番のしわ寄せを受けているのが移民であり、特にモロッコも属する北アフリカのマグレブ地方などのイスラム教徒の移民なのだ。移民の視点から見れば、いかに自由・平等・博愛という革命の理念があったとしても、現実の構造は差別に満ちていると見える。バルス首相もエルコムリ労働大臣も、努力によって這い上がってきた政治家であり、こうした人たちが〈頑張れば誰でも道がひらかれる〉、というアメリカ的な構造に社会を作り変えたいと思ったとしても理解できる気がする。ただし、これは僕の想像に過ぎず、実際の彼らの胸の内は聞いてみなくてはわからない。本来、労働法改正を進める動機を持っていた真の黒幕は大統領のフランソワ・オランドと、オランドが経済大臣に抜擢したエマニュエル・マクロンではなかったろうか。バルスを首相に抜擢したのはオランド大統領である。経済大臣のマクロンは労働法改正に取り組む前の年の2015年に「マクロン法」と言われる法案（La loi pour la croissance, l'activité et l'égalité des chances économiques、経済の成長と活性化と機会の平等のための法案）を提出しているのである。これは労働法改正の序章と言ってもいいもので、フランス経済の活性化のために日曜日の商店の営業を規制緩和することが盛り込まれていた。マクロンについては後にまた触れるが、労働法改正を進めようとしたオランド大統領とマクロン経済大臣が国会の労働法改正の表舞台には出てこず、ニュースに登場するのはもっぱらバルスとエルコムリであり、労働者の敵意はこの二人に集中した。

第3章　仕掛け人フランソワ・リュファン

アミアンの工場閉鎖反対デモ。「286人が働くアミアンのワールプール工場を閉鎖するな」

「立ち上がる夜」の仕掛け人がジャーナリストのフランソワ・リュファン（François Ruffin）だということはすでに述べた。ペンのジャーナリストだったリュファンが初めて監督をつとめたドキュメンタリー映画「メルシー・パトロン！」は2016年2月下旬の公開から4か月で観客50万人を動員する大ヒットとなった。「立ち上がる」というネーミングに込められた意味は隷従することをやめて立ち上がろう、ということだ。この意識の変化こそ「メルシー・パトロン！」が伝えた最大のメッセージだった。

映画「メルシー・パトロン！」で大ブレイクしたフランソワ・リュファン

▼処女作にして大ヒットした映画「メルシー・パトロン！」
（直訳すれば「ありがとう、経営者様！」）

2012年、フランスーの大富豪と言われるベルナール・アルノーがベルギーに国籍を移したいと言っていることが報じられた。その年選出された社会党のフランソワ・オランド大統領が年収100万ユーロ以上の億万長者に最高税率75％の所得税の累進課税を課そうとしていたからだ。アルノーと言えばルイ・ヴィトンやKENZO、フェンディ、セリーヌ、ク

リスチャン・ディオール、ジバンシーといった錚々たるファッションブランドを束ねるLVMHグループの総帥で、「ファッション界の帝王」と呼ばれる男だ。フランスを代表する大富豪がフランスに税金を払いたくないのか……激しい怒りを覚えたのがパリの北にある都市、アミアンでFakir（ファキル）という隔月刊行の左翼新聞を創刊し編集長をしている30代後半のジャーナリスト、フランソワ・リュファンだった。リュファンはベルギーまで足を運び、アルノーが所有するLVMHグループのベルギー支社（財務部）の入居しているビルを訪ねた。ベルギーの税務調査官と待ち合わせ、ビルのフロアからLVMHグループ・ベルギー支社に電話してみたが、なしのつぶてだった。リュファンは何としてもアルノーと対面するためにLVMHの株主総会に行くしかないと考えた。

　ベルギーに国籍を移して納税を回避することを考えた大富豪のベルナール・アルノーはこれまでLVMHグループ傘下のアパレル工場を人件費が安いポーランドやルーマニアなどに次々と移転してきた冷徹な経営者でもある。その結果、工場が消えた町は仕事を失ったアパレル労働者たちであふれた。

　ベルギーとの国境に近いフランス北部の町、ボア・デュ・ノールにあるECCEという繊維工場もその1つだ。2007年にアルノーが工場を人件費の安いポーランドに移転することを決定したため、閉鎖とともに147人の工員が解雇された。その時、経営陣と闘っていた労組CGTのマリー・エレーヌ・ブーラールはバスをチャーターしてボア・デュ・ノールから工員たちを乗せてパリで行われたLVMHの株主総会に出かけ抗議を行っていた。工場が閉鎖されてから2012年のこの年まで4年以上が経っていた。

　工員だったセルジュ・クリュールとジョスリン・クリュールは4年前に解雇された時、ともに50代になったばかりだった。その後、職を探したが、正規雇用（CDI）の仕事はなく、夫が非正規のごみ回収の仕事を時々するだけ。今では月収400ユーロ（約5万2千円）で夫婦は暮らさなくてはならない。夫婦は社会保険料などを差し引かれると1か月82ユーロ（およそ10578円）しか生活費がなく、1日一人当たり1ユーロ（129円）となる。そのため、借金は3万5千ユーロ（約450万円）に増えていた。しかし50代の夫婦が転職を試みてもなかなか厳しい現実があった。

そんな夫婦にさらなる苦難が襲いかかる。銀行から借金を返済しなければ抵当に入っている家を奪うという通知が届いたのだ。

夫婦と出会ったジャーナリストのフランソワ・リュファンは奇想天外な闘い方の指南を始める。あの手この手を使って、経営者から補償金と正規雇用を勝ち取ろうとするのだ。「金をくれなかったら、悲惨な実情を手紙に書いてマスコミや政治家らにばらまくぞ」と言ってLVMHグループに迫ったり、その結果LVMHグループから送られてきた密使と夫婦の生々しい秘密交渉を隠し撮りしたり、リュファンが変装して夫婦の息子に成り代わって密使との交渉に臨んだり……と観客の目を釘づけにする。イメージが傷つくのを恐れたLVMHグループは夫婦に償い金を払い、正規雇用の仕事まで面倒を見るが「他の労働者や労組、報道陣にはくれぐれも秘密にしてくれ」と言う。こうしたやり取りが喜劇タッチで描かれていて、映画館では爆笑が何度も起きていた。

映画に出てくるテキスタイル工場があった町のポア・デュ・ノールは、フランス北東部に位置し、ベルギーとの国境地帯にある。一般にフランス北部はテキスタイル工場だけでなく、自動車部品や家電、化学製品などを生産する工場が多いそうだ。だから欧州連合が生まれて人・モノ・金の出入りが自由化されてから、砂がこぼれ落ちていくように工場が労賃の安い東欧などに移転している。

リュファンの記録によるとKENZOの服を作っていたこのテキスタイル工場での生産費は原料代と工場の人件費を含めると、工場から出た段階でざっと1着につき80ユーロ（約1万円）だった。しかし、ポーランドで生産すれば40ユーロ（約5千円）に半減できた。ベルナール・アルノーが工場移転を発表したのは2007年5月のLVMHグループの株主総会だった。リュファンはCGTの組合員とともに会場に入った。アルノーはその時、株主に向けてこう言い放つ。

「国際市場の中でKENZOだけが競合ブランドの2倍の生産費を支払わなければならないのでしょうか？」

アルノーが工場移転を決めた結果、147人の労働者が仕事を失った。映画の夫婦もその中の2人である。リュファンが2007年の株主総会に出席してベルナール・アルノーを間近に見たことが数年後、「メルシー・パトロン！」の製作に入る動機となったのだろう。ドキュメンタリー映

画が完成したのは2015年のことだから、実にこの日から8年も経過している。その間、困窮する失業者を見て、リュファンはこれは映画にできる、あるいはしなくてはならない、と思い始めたのだろう。彼が尊敬する映画監督のマイケル・ムーアが1980年代に彼の故郷である米ミシガン州フリントのGM工場閉鎖の後の寂れていく町を見つめてドキュメンタリー映画作りを思いついたように。

映画「メルシー・パトロン！」のポスター

　フランス北部には反欧州連合・反移民を訴える極右の国民戦線の支持者が急速に増え、票田と化している。ジェトロの資料によると、フランスの製造業界は工場空洞化や人員削減の影響で、労働者が過去10年でおよそ70万人も減少している。現在、フランスの製造業の人口はおよそ320万人である。これは製造業がピークだった1960年代末に比べると、半分以下ということになる。アメリカでも日本でも軒並み先進国はそうだが、付加価値が高い製造業が工場の海外移転で空洞化した後は、中流層が減少し、貧富の格差が広がっていく。フランソワ・リュファンが拠点を置くアミアンもまたフランスの工業都市である。アミアンも言うまでもなく、工場空洞化とリストラの波が襲っている。リュファンは自ら創刊し、編集長をつとめる定期刊行物「ファキル」で労働者の側に立って報道を続けてきた。

　2016年春、フランスのTV番組やラジオのトーク番組には一躍時の人となったリュファンの姿が頻出した。だが、フランソワ・リュファンとは、いったい、どんなジャーナリストなのか？　コンタクトを取ってみると、リュファンはパリに住んでいなくて、近郊のアミアンという都市に住んでいることがわかった。アミアンはパリ北駅から北にフランス国鉄SNCFで90分ほどの場所にある。僕はアミアンを訪ねることにした。アミアンにはリュファンが24歳で創刊した新聞社ファキル（Fakir）の

事務所があり、リュファンはそこを拠点にジャーナリズム活動を行っているのだという。

アミアンの中心街の街並み

　2017年5月、僕はパリ北駅から国鉄の列車に乗ってアミアンに向かった。リュファンに「立ち上がる夜」の話を聞くためだったが、アミアンの工場の現状を見るためでもあった。列車はパリを出ると、10分もすると緑が豊かな田園地帯を走っていた。リュファンには共和国広場で会ったことがあったので、事前に話を聞きたいと先方に知らせてはあった。リュファンは快く承諾し、「アミアンに来たら、連絡をください」とEメールをくれた。アミアンの駅を出ると、町の中心部に入るが、街並みはかなり古い。昔の中世の時代をそのまま残しているような低層のレンガ造りの家々が並んでいる。間もなく13世紀に建てられたゴシック建築様式のノートルダム大聖堂が現れる。高さは42メートルもある壮麗な建造物で、入り口付近の柱には司祭らしい人々の彫刻がいくつも並んでいる。

　町の中心部を歩いていると、工業地域には全然思えない。その少しはずれにファキルの事務所がある。

　余談ながら、ファキルの社屋を訪ねた時、住所は控えていたのだが、古風な曲がりくねった町を歩いているうちに方向がわからなくなってしまった。しかし、町の誰も住所を見てわかる人がいない。地図はアミア

ンで買えばいいだろう、と思っていたのだが、行ってみると運が悪かったのか、地図を売っている店に出会わなかったのだ。そこで道を走っているタクシーに乗ったのだったが運転手はリュファンのことを知っていた。かつて工場労働者だったのだ。「私も工場で働いていたんですよ、3年前まで。でも、とうとう閉鎖になってしまいましてね。リュファンは私たちが工場閉鎖に対して闘っていた時、現場に駆けつけてきて取材してくれましたよ」。ところが、そんな彼にファキルの住所を見せても、それがどこかさっぱりわからなかったのである。リュファンはTVでもかなり有名になったし、映画「メルシー・パトロン！」もフランスのアカデミー賞にあたるセザール賞の最優秀ドキュメンタリー賞を受賞するなど、脚光を浴びたこともあり、「ファキルの事務所に行ってください」と言うだけでもすぐにわかるのか、と思っていたが、とんだ思い違いだった。結局、タクシーを降りて、偶然見つけた地元の古書店で地図をようやく買うことができた。ファキルの社屋に行ってみて初めて理解できた。リュファンの事務所のある通りはわずか10メートル足らずで、地図で認識できないくらいの知られざる通りだったのである。事務所を訪ねてみると、どうも休みのようで、ブザーを押しても返事がない。事務所は3階建ての家が二軒連なるうちの1軒である。3回目のブザーを押してなおも待っていると、ようやく上から階段を誰かが下りてくる気配があった。歌手のバルバラに似た雰囲気のある女性がドアの隙間から顔を出した。

　日本からリュファンを訪ねてきたと話すと「あいにくリュファンは今外出していて今日は戻ってきません」と言われた。電話で連絡すればよいのだろうが、電話ですらすらフランス語が話せて重要な会話が1回で把握できるほどフランス語に精通していないため、基本的にEメールでアポイントを取っているのだ。取材自体はOKだったのだが、日時に関するリュファンからの返事はなかったので、ダメもとで事務所を訪ねてみたのである。

　彼女はファキルでビデオ撮影を担当している女性カメラマンでディレクターでもあるという。確かにカメラマンが着そうなミリタリー風のジャケットを羽織っていた。クレマンティーヌ・バーニュ（Clémentine VAGNE）という名前のファキルの映像クリエイターだった。「メル

シー・パトロン！」が完成した後に面接を受けてスタッフに採用されたのだそうだ。「ファキル」は活字媒体だが、「メルシー・パトロン！」の絶大な影響力を見て、リュファンは今後の運動のためにも映像記録が無視できないと考えたのだろう。この日彼女は最上階の3階で一人留守番をしていたのだ。でも遠路はるばるやってきた僕を気の毒だと思ってくれた

クレマンティーヌ・バーニュ

のだろう、彼女は事務所に入れてくれて珈琲を出してくれた。彼女にアミアンの工場がどこにあるのか、古書店で買ったばかりの地図を広げて教えてもらった。工場は町の北部に集中しているという。また、リュファンが書いた本を売ってくれた。その本は "Leur grande trouille" というタイトルで、訳してみれば「彼らの大いなる臆病さ」とでもなろうか。これだけだと何のことかわからないが、副題に「わが『保護貿易主義』への衝動の私的な日記」と書かれている。20年前は自由貿易にさしたる批判も感じなかったフランソワ・リュファン青年が、その後、ジャーナリズム活動を始めてから、いかに保護貿易主義者に転じていったか、を日記形式で時系列にまとめたものだ。これについてはまた後で触れることにしたい。リュファンには会えなかったし、今、いろいろな運動をしていて、事前にアポイントを入れるのが難しい気配なので、ともかくアミアンにある工場をまずは見ることに決めた。

▼アミアンにフランスの工場空洞化の象徴を見る

　ファキルの映像担当者、クレマンティーヌ・バーニュに話を戻すと、彼女は地図に場所を示してくれようとしたのだが、工場が見つからない。探してもらったのはアミアンで工場が最近、閉鎖されて話題になっていたタイヤメーカーのグッドイヤーの工場である。困ったことに、地図は町の中心部しかカバーしていなかった。「まあ、とにかく、この先にあるのよ」と彼女は地図の外に向けて矢印を描いてくれた。北の郊外にグッドイヤーの跡地があるということだった。タクシーを使うほどでもなかろうと思い、歩いて見に行くことにした。ところが歩けども、歩け

ども、工場らしいものが見えてこない。喉も乾いてきた。道路をトラックや自動車が無情に通り過ぎていく。晴れた日で、太陽は容赦なく照りつけた。フランスと言うより、アメリカのアリゾナ州の砂漠地帯にでも来た感じだ。木々や草はあっても水が飲める場所がなかなかない。水が切れて倒れたら、そのまま死んで骸骨になってしまうだろう。かれこれアミアンの中心部から1時間は歩いたはずだ。バス停にいた女性に尋ねてみた。

「グッドイヤーの工場はどこにありますか？この道でよいのでしょうか？」

「ええ。ずーっとまっすぐよ。かなり遠いわよ。」

　日本だとあちこちに自動販売機やコンビニがあるが、ここは事情が違う。労働者たちはバスかマイカーで通勤していたのだろう。ようやく工場地帯と書かれた大きな標識にたどり着いた。最初はデジタル機器関連の生産施設とか、巨大スーパーの物流センターとか、よくわからないが何かハイテク関係の研究開発センターといった大きな施設が並んでいる。だがグッドイヤーは未だ見えてこない。淋しい道である。ようやく、工場が稼働している音と、焼けたゴムの匂いが漂ってきた。ダンロップと看板に大きく書かれていた。タイヤ工場は操業していた。正面入り口わきの駐車場には車が20〜30台止めてある。意外だったのは玄関の門にはダンロップと同時にグッドイヤーの文字も記されていたことだ。ダンロップとグッドイヤーは提携しているらしい。いったいどういうことだろう。

　稼働中のダンロップ工場の塀に沿って歩いていくと、その隣に大きな敷地があった。建物もあるのだが無人の空き地になっている。ただ、敷地を外からくまなく観察して回っていると、小さな附属施設にグッドイヤーという文字が表示されていた。これがグッドイヤーの工場跡か。こっちはダンロップと違って、もう誰もいない。時は止まっている。日本でも工場移転した後の空き地をあちこちで見てきたが、無人になった工場跡地というものは実に淋しいものである。地元新聞のクーリエ・ピカールによると、空き地面積は28ヘクタールに及ぶ。

　入り口の門のコンクリの柱に落書きの跡があった。「オランドは……だ」とある。フランソワ・オランドとは綴りが少し違うが（Lが1つ少

閉鎖したグッドイヤー工場の跡地

門の落書きは「ブラボー・オランド・エ・メルシー」

ない)、前大統領フランソワ・オランドのことに違いない。「……」のところは消えていて意味不明だ。オランド政権への批判の落書きだったのではないだろうか。後にリュファンにこの写真を見せたら「ブラボー！オランド、エ、メルシー！」と書かれた落書きですよ、と教えてくれた。「これは皮肉ったものです。オランド大統領がここまで視察に来たことがあったのです」。オランド大統領が見捨てたために工場は消滅してしまった、という思いが込められた落書きなのだ。

そもそも世界的なタイヤメーカーのダンロップとグッドイヤーの工場が隣接しているのはなぜなんだろう。ダンロップの正面入り口の表示か

ら、両者は提携しているようである。後で調べてみると、タイヤ業界の世界的な再編が背後にあった。英国のタイヤメーカーのダンロップは1980年代に経営難となり、様々な資本提携の後に現在、米資本グッドイヤーの傘下にある。

　地元の新聞、クーリエ・ピカールによると、アミアンにあったグッドイヤーの工場は7年間にわたる閉鎖をめぐる労働争議を経て2014年に閉鎖となり、1146人が解雇された。グッドイヤーの工場は閉鎖されたが、隣接するダンロップの工場は今も稼働している。どちらもアメリカのグッドイヤーが経営者である。この違いは何だったのか。Francetvinfoには次のようなことが書かれていた。

　2つの工場はともに経営者がアメリカのグッドイヤーである。2000年代に双方ともに経営が苦しくなった。2007年にはリストラ計画を迫られた。この時、2つの工場の労働組合のリーダーの判断の違いが工場の明暗を分けたと記されている。どういうことか。アミアンのグッドイヤーでもダンロップでも労組のCGT（労働総同盟）が力を持っていた。CGTのグッドイヤー工場支部は生産増強に反対し、その結果としてリストラを迫ってきた経営陣と裁判闘争を続けた。一方、CGTのダンロップ工場支部では経営サイドの要求を呑み、生産増強のために労働時間を長時間化したり、1週間の勤務シフトを変則的にしたりといったことを甘受した。ダンロップの決断はCGTの地方支部の命令に反したものだったため、ダンロップ工場支部のCGTのリーダーは追放されたそうだ。経営者はダンロップ工場には4000万ユーロ（約51億円）に上る投資を行い、生産ラインの最新化を図った。一方、非妥協的だったグッドイヤー工場には新規投資を見合わせた。そのため数年で2つの工場の生産性に大きな違いが出るようになった。ざっとこういうことが書かれている。この記事が真実であれば、かなり露骨な決定と言えるだろう。経営者に妥協できない工場は閉鎖する、という経営サイドの意思が働いたのである。グッドイヤー工場の閉鎖についてはCGTに次ぐ大手労組で、経営者寄りの労組CFDT（フランス民主労働総同盟）のリーダーのロラン・ベルジェがメディアで激しくCGTを非難していた。CGTが時代遅れのイデオロギーに固執したため労働者を犠牲にした、と言うのだ。今、フランスでは労働法改正の波が押し寄せており、CGTやFO（労働者の力）は抵抗

の構えを取っている。しかし、フランス全土で報じられたグッドイヤーとダンロップの運命の違いは労組に対する強いプレッシャーになったのではないだろうか。

▼リュファンの左翼再編の夢

リュファンと会えたのは偶然、彼が昼食にファキルの事務所に立ち寄ってスタッフとともに昼食のパスタを食べていた時だった。リュファンは2017年の国会議員選挙に出馬することを決め、目下ジャーナリストの活動より選挙戦の態勢づくりに取り組んでいる感じだった。リュファンはファキルの事務所から徒歩5分ほどのところに妻子と住んでいる。昼食をスタッフと取りながら情報交換をしているという。この時は記者や編集スタッフだけでなく、選挙参謀たちもともに飯を食っていたからテーブルの人数も普段の倍の10人ほどに膨れ上がっていた。リュファンが立候補を表明したのは2016年の11月頃だった。左翼の仲間たちから出馬を勧められた時に政界進出も視野に入れると答えたのだった。そこで彼に尋ねてみた。

Q　ジャーナリストであるあなたが国会議員選挙に出馬するのはなぜですか？

リュファン　「僕がジャーナリストになった動機は物事を変えたいと思ったことでした。人々のものの見方を変えたいと思ったんです。だからジャーナリストになったんです。僕の周りで起きていた不正なことと闘いたいと思ったんです。しかし、ジャーナリズムだけでなく、政治的なコミットも始めました。労働組合や様々な運動のグループや『立ち上がる夜』との関わりがそうです。僕にとって『立ち上がる夜』はアミアンの工場での闘争と同じことなんです。『メルシー・パトロン！』では半ばジャーナリストですが、半ばコミットした活動家でもあります。人々をよりよい状態にするために活動しているのです。いわばジャーナリストとしての18年間は『ファキル』の創刊も取材活動もひっくるめてすべて政治活動でもあったのです。闘う人々の言葉を伝えてきたのです。」

リュファンにとってのジャーナリズムはただ出来事の情報を伝えるだけじゃなくて、どうやれば闘えるかを指南し、行動まで伴うものなの

だった。しかし、そうした闘争にコミットするスタンスは最初からあったものではなくて、新聞を続けていくうちに自然とそうなってきたのだという。1975年生まれのリュファンの青春はアミアンの工場が次々と閉鎖され、労働者たちが解雇されていく時期と重なっている。Franceinfoの記事によればリュファンが「ファキル」を創刊したのは1999年、彼が24歳の時だった。きっかけはアミアンで乳製品を製造していたヨープレイ（Yoplait）の工場が海外移転に伴って閉鎖が決まったことだ。110人以上の労働者が働いていた。地元の新聞が工場閉鎖を事前に知りながら、閉鎖の発表まで真実を住民に隠していたことを知り、リュファンは即座にその新聞に対抗する新聞を作ることを決意したそうだ。

　リュファンにとって「立ち上がる夜」は工場閉鎖阻止の闘いと同一線上にあるものだと言う。それは明確な目標を定めた政治闘争だった。このことは「立ち上がる夜」を立ち上げたリュファンが皮肉にも初期の段階で広場からフェードアウトしてしまうことにつながった。それはどういうことか。リュファンが書いた「『立ち上がる夜』を準備した日々」（Mes Nuit Blanches pour Nuit Debout）にそのあたりの事情が記されている。

　「2016年1月にフレデリック・ロルドンから電話がかかってきた時のことを思い出す。ロルドンは完全に興奮した模様で『素晴らしい！最高だ！軽々しい気持ちで言っているんじゃない……』と語った。ロルドンは『メルシー・パトロン！』を見終わってすぐに電話してきたのだった。そしてこう言った。『これは爆弾だよ！』」

　前年にすでに完成していた映画のDVDをロルドンに送っていたが、ロルドンは多忙だったために年明けて初めて映画を見て、興奮して電話してきたのである。ロルドンはこの映画は政治変革の起爆剤になると直感した。ロルドンの頭の中には1848年の二月革命のイメージが浮かんでいたようだ。新しい社会主義的な共和国への変革だった。フランスの二月革命は普通選挙を求めるパリ市民の運動から始まった革命だった。1789年のフランス革命の後に復古していた王政を倒し、男性だけだったが、普通選挙を実現し、さらに労働権や生活権を広げることになった。ロルドンがイメージしたのはそうした大きな政治的変革だった。

　しかし、この映画をきっかけにするのはいいとしても、具体的に何をやるのか。二人は何度か会いながら、友人や仲間も巻き込み、アイデア

を練った。そこで生まれてきたのがパリのどこかの広場に白布の巨大スクリーンを張って映画を毎晩上映することだった。そこで最初に試みたのが例の２月23日に仲間を集めた上映会だった。この時の集会のタイトルは「彼らを怖がらせる。だが、どうやって？」というものだった。この話し合いで広場を占拠するアイデアが生まれたことは先述した通りである。2016年３月31日、想像以上に多くの人々が共和国広場に集まるのを見たリュファンだったが、「最初の夜、すでに僕は『立ち上がる夜』に距離を感じていた」と記している。リュファンが失意を感じたのは「立ち上がる夜」に参加した人々とリュファンの間に大きな意識の乖離があったからだ。リュファンは「『立ち上がる夜』を準備した日々」にこうつづっている。

　「『立ち上がる夜』の目的は何なんだ？『労働法改正案やそれに関連する世界』と闘うのが目的なのか、それとも2500平米の囲いの中で純粋な民主主義を発明することが目的なのか？」

　2500平米の囲いとはもちろん共和国広場である。目的が何かという問題が「立ち上がる夜」の参加者を二分することになった。リュファンにとっては目前にある労働法改正をいかに阻止できるか、という極めて具体的な闘争だったのであり、そのための闘いの集結だったであろうことだ。ところが、「立ち上がる夜」には100もの委員会と総会があり、運動を引っ張っていくリーダーもあえて設けないことが合意事項となった。その間も刻々と労働法改正への準備が内閣で進められていたのだが、共和国広場では討論会が進行していたのである。リュファンの目には闘争の集中どころかむしろ拡散に映ったのだろう。「二度と家には帰らない」決意だったはずだが、リュファンは間もなくアミアンに引き上げてしまう。リュファンはアミアンを拠点に「ファキル」で労働法改正阻止の闘いを続けていくのである。フレデリック・ロルドンもまた皮肉にもリュファンと同様に広場に姿を見せなくなっていく。とはいえ、彼らが立派だったのは、共和国広場で運動を引き継いでいった人々を決してつぶそうとしなかったことだった。運動の種をまいた自分たちの思惑とは異なる方向に運動が開花してしまったが、それはそれでやむをえないと思ったのだろう。

第4章　家賃高騰と闘うレイラ・シェイビ

広場の木に住宅難を表現。「木の中に貸部屋があります」© Zazoum Tcherev

▼レイラ・シェイビの「闘争の季節」

アミアンでリュファンを取材していた時、リュファンの選挙対策本部に政治スタッフとして参加するために南部のマルセイユから駆け付けていたマチュウ・ボスク（Mathieu Bosque）という男がいた。ボスクはマルセイユの「立ち上がる夜」に参加していたのだと言う。ボスクは僕が「立ち上がる夜」の取材をしていると知って、「それならレイラ・シェイビ（Leïla Chaibi）という女性に会った方がいい」と教えてくれた。「レイラ・シェイビは『立ち上がる夜』に最初から立ちあっていたメンバーだし、その後も積極的に活動した女性だから、もしパリに帰るならぜひ会ってみたらどうかな」と言うのだ。レイラ・シェイビなる女性は「立ち上がる夜」に参加した後に、リュファンと同様に国会議員選挙に出馬する予定なのだと言う。

レイラ・シェイビ

パリに帰ってインターネットで「レイラ・シェイビ」で検索してみると、「闘争の季節」と題する彼女のブログのページが見つかった。南仏、トゥールーズの政治学院（Science Po）で大学生をしていた2001年に学生運動に目覚め、SUD Étudiant（大学生の全国組織）に参加した。SUD

Étudiantは1996年に生まれた学生組織で、反レイシズムや反セクシズムなど差別反対を基調にしており、民主主義と自主管理を理想に掲げている。また、生活苦の学生の手助けをしたり、労働者に連帯したりするなどの活動をしている。貧困家庭とか、貧困と言えないまでも自宅から通えない学生は家賃や学費を捻出することは難しい。だから奨学金が得られなければアルバイトも余儀なくされる。また、卒業してもなかなか正規の職につけないまま、研修生を繰り返して不安定な暮らしを余儀なくされるケースが多い。SUD Èudiantが1996年に生まれ、のちに全国組織に拡大した背景にはこうした若者たちにとって厳しい社会事情が絡んでいるようだ。シェイビはすでに在学中から、そうした問題意識に目覚めて行動していたのだ。

　シェイビは2005年に大学を卒業してパリに出てきた。名門大学の卒業証書を持っていたが、彼女も例外ではなく、正規の仕事（CDI）に就けなかった。「CDD」と呼ばれる短期雇用の仕事を何度も繰り返してきた。1か月単位で職場を変わることもあった。そういう場合は組合活動をする時間もなかった。日本では「ロストジェネレーション」、通称「ロスジェネ」と呼ばれ、不況の時代に就職口が見つけにくかった世代の名称があるが、フランスにも「Génération Précaire（プレカリテ世代）」という言葉があるそうだ。シェイビもプレカリテ世代になる。2005年と言えば未だリーマンショックが起きる前の時代だ。だが、すでに若者たちの就職難は大きな問題になっていたのである。それと同時に大きな問題になっていたことがもう1つあった。それは不動産価格と家賃の高騰である。プレカリテ世代は収入が低く、生活も不安定なため、家賃の高騰は足元を揺るがす打撃となる。もし家賃が払えなければたちまちSDF（Sans Domicile Fixe）＝「定住所のない人々」となる運命が待ち受けている。今日フランスには14万人を超えるSDFが存在すると言う。実際、パリを歩いてみればあちこちの通りにホームレスの人々がいる。レイラ・シェイビは「立ち上がる夜」でも住宅問題の委員会に加わり、この問題に積極的に取り組んだ。ここまで読んだところで、僕は彼女にコンタクトを取った。レイラ・シェイビはパリ市の南部に位置する14区で選挙運動をしているそうだ。だから14区のメトロ駅近くのカフェで待ち合わせましょうと伝えてきた。

パリ14区。パリは中心部から時計回りの渦巻き状に行政区が分かれている。14区は外周に位置し、南の端はパリ市の境界である。街並みも中心街と異なり、日本の郊外のベッドタウンに似て高層マンションが立ち並ぶ。午前10時、指定されたカフェで待っていると、シェイビが現れた。気さくな美しい女性である。チュニジア移民の父親とフランス西部出身の母親を持つ彼女の風貌は大きく見開いた黒い瞳に黒い髪で、鼻筋が通っており、一度見たら忘れられない強烈な印象を持つ美人だ。

▼住宅問題に取りくむ

Q　住宅問題に取り組むようになった経緯を教えていただけませんか？

レイラ・シェイビ　「私がパリの住宅問題に取り組み始めたのは11年前の2006年のことでした。住宅問題に取り組むため『Jeudi Noir（黒い木曜日）』というグループを立ち上げたんです。私の仲間たちはみんな私よりずっと恵まれた境遇にいました。中流家庭の出とか、大学を出ているというよりも、むしろ正規の職に就けたという意味です。こういう人たちが活動に参加していたんです。パリの住宅問題は30年も前から始まっています。その頃はまだまだSDF（決まった住所をもたない人）の問題は知られていませんでした。

住宅価格の問題は死活的な問題です。もし住宅がなければ定職につけませんし、健康も教育も得られません。パリではわずか1部屋のアパートの家賃でも700ユーロ（約90,000円）はするんです。住宅を求めている人の数に住宅の数が追いついていないんです。それをよいことに、さらにパリの大家は値段を法外に釣り上げています。その一方で、空き家が大量にあるんです。大手不動産会社の中には自発的に建物から住人を追い出しているところまであるんですよ。もっと不動産価格を上げるためにです。不動産投機が行われているのです。今日の新聞記事でも不動産価格の歴史的高騰が報じられています。住宅問題はパリの大きな問題なんです。」

シェイビらが活動を始めた時期はシラク政権からサルコジ政権にかけての右派政党、UMP（現在の共和党）による政権の時代である。中でも世間をあっと言わせたのは2010年12月27日のビル占拠事件だった。パリ

8区、ニコラ・サルコジ大統領が控えるエリゼ宮に近い8階建てのビルだ。ルポワン誌（Le Point）などの報道によると、占拠したのはアクサ（Axa）という大手保険会社グループのビルで、2006年からずっと空き家になっていた。そこで「黒い木曜日」の約30人のメンバーが占拠したのだ。めいめいマットレスや寝具を持ち込み、籠城したのである。フランスの政治の中心で起きたビル占拠事件ということでBBCなど外国メディアでも大きく報じられることになった。「こうすればサルコジ大統領も住宅問題から目をそらすことはできなくなるだろう」とメンバーは考えた。年末に立てこもった「黒い木曜日」は年明けた1月初旬に政治家やジャーナリストらを招いて記者会見を行うと宣言した。激しい不動産価格の高騰を何とかせよ！という若者たちの怒りの実力行使である。記者会見に招かれた政治家の中にはセシル・デュフロが率いる環境政党「緑の党」の議員らもいた。左派に属する緑の党はその後、2012年の大統領選で社会党と選挙協力した結果、フランソワ・オランド大統領が率いる社会党主導の内閣に加わることになる。住宅問題にも関心を持っていたデュフロは住宅担当大臣に抜擢されるのである。

　話を「黒い木曜日」に戻すと、2011年の1月、彼らが占拠するビルの周囲を15人ほどの機動隊員が取り囲んだ。環境政党の議員やジャーナリストが「黒い木曜日」との会見に訪れようとしたものの機動隊に阻まれてしまった。それでも結局、緑の党のエヴァ・ジョリ（Eva Joly）や左翼党のジャン＝リュク・メランション、社会党のブノワ・アモンなど、左右から中道まで関心のある国会議員らが視察に訪れた。レクスプレス誌（L' express）によれば、占拠されたビルのあるパリ8区は即決裁判を開いて、違法占拠と認定し、「黒い木曜日」に即時立ち退きを命じた。もしすぐに撤退しないのであれば占拠した期間、1日当たり合計100ユーロの罰金を科すと告げた。ともかく、シェイビらの行動はマスメディアに格好の話題を提供し、ニュースとなったため、不動産投機の問題が次第に人々に知られるようになった。シェイビらが巻き起こした占拠事件は過激でとんでもないことに思えなくもないが、住宅が持てず路上に放り出されたり、家賃が払えず店を閉鎖したり、パリを追われたりする人々の切実な声を代弁していた。無数の人々が声をあげることもできないまま、静かに市民社会から追放されていたのである。僕がシェイ

ビを取材したのは2017年の5月だったが、その朝の新聞にはパリの中古住宅市場が新たに高騰している実情が値上がり率とともに大きく報じられていた。

　公証人たちの算定では2017年7月にはパリ市の中古住宅価格は1年で平均7％も値上がりし、1平米あたり8800ユーロの値段になる見込みであることが報じられた。1ユーロ＝129円で換算するとパリの中古住宅の1平米あたりの平均価格はおよそ113万5千円となる見込みということになる。ちなみにパリ市の面積は105平方キロで、住民は225万人である。東京・港区の面積がおよそ20平方キロなので、パリ市は港区のだいたい5倍の面積と見ればよい。シェイビが立候補した選挙区はパリ南部の14区と13区にまたがっているが、前年と比べて2017年の14区の中古住宅価格は平均で6.5％の上昇、13区では4.9％の上昇である。2012年に社会党のオランド大統領になり、過去5年間は値上がりが抑えられ、多少なりとも値下がりすらしていたのだが、2017年に入ってまた価格が上昇する傾向を見せているというのだ。

　レイラ・シェイビ　「住宅・賃貸の価格を市場メカニズムに任せてはいけないという立場を私たちは取っています。みんなが住宅を持てるようにするためです。でもエマニュエル・マクロン大統領の政策には恐怖を抱いています。というのは2012年にフランソワ・オランド大統領になってからエコロジー政党である『緑の党』のセシル・デュフロが住宅担当大臣になり、住宅価格の高騰に対して改善が見られたのです。でもまだまだ不十分なのでもっと住宅・家賃の価格を下げる努力を続けなくてはなりません。ところがマクロンは市場原理をあらゆるところに当てはめようとしています。『立ち上がる夜』でやってきたことに真っ向から反対の政策を取ろうとしています。彼の政治は少数の富裕層のための政治です。不動産投機で儲かる人々のための政治です。1990年代の末からはインターネットを使った不動産投機も盛んになりました。個人の富裕な投資家だけでなく、大きなグループや金融機関も投機に絡んでいます。たとえばアクサという保険会社のグループがパリの住宅に投資をしていました。」

　パリのデータ専門のジャーナリスト、メディ・グィロー（Mehdi

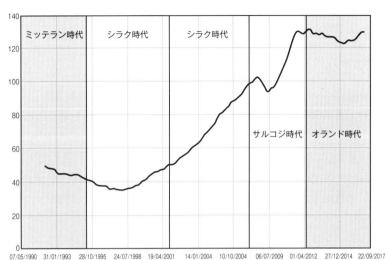

1992年以後のパリの中古住宅価格の推移。INSEEの統計をもとにMehdi Guiraud が作成

パリ市の中古住宅価格の推移。シラク、サルコジの右派政党の大統領時代に高騰している。グラフはメティ・グィロー氏による。

Guiraud）がパリ市の中古住宅価格の推移をグラフにしてくれた。シラク大統領の一期目の途中で底を打ち、そこからサルコジ大統領の時代にかけてパリの住宅価格は右肩上がりに上昇している。しかし、2012年に社会党のオランド大統領の時代になって、少し下がっている。これは先ほど触れたように緑の党のセシル・デュフロが住宅担当大臣になり、住宅価格や家賃を抑制する政策を取ったからだ。デュフロは新しく家を建てる人には減税した。その一方で、賃貸住宅では1平米あたりの家賃の上限を住宅のタイプごとに決めたのである。政策は功を奏し、不動産バブルは沈静化した。ところが、2014年に社会党政権で首相がジャン＝マルク・エローから社会党右派のマニュエル・バルスに変わり、経済大臣にエマニュエル・マクロンが就任してから、一旦は落ち始めた住宅価格が再び微増の兆しを見せ始めている。デュフロは2014年の内閣改造を機に内閣を離れていた。さらに経済大臣をつとめていた社会党左派のアルノー・モントブールも更迭され、マクロンがいきなり経済大臣にデ

ビューした。大臣の選任はバルス首相の仕事だが、そもそも首相を任免するのは大統領だから、オランド大統領が2014年を境にネオリベラリズムに向かって政策を転換したと見てよいだろう。

▼社会党の変質と左翼党

フランソワ・オランドは大統領就任後の2012年9月に年収100万ユーロ（約1億3000万円）以上の高額所得者に75％の累進課税を課そうとしたことがあったが、2014年に撤回し、45％に下げた。リュファンの映画「メルシー・パトロン！」の冒頭、ファッションブランドを束ねるLVMHグループ総帥で、フランス1の大富豪ベルナール・アルノーがオランド大統領の所得税を嫌ってベルギーに国籍を移そうとしていたくだりが出てくる。

俳優のジェラール・ドパルデューも75％の累進課税に反対して、ロシア国籍を取得したなどと報じられていた。オランド大統領が実現しようとした富裕税はスーパータックス（Supertax）と呼ばれていたが、「21世紀の資本」を書いた経済学者のトマ・ピケティら、格差社会を批判する人々から支持された政策だった。

しかし、2012年末に憲法院が75％の富裕税の導入は「税の公平性に反する」として違憲の判決を下した。さらに2014年に入閣した経済大臣から厳しい批判を受けることになった。英紙ガーディアンは2014年12月31日付のパリ発の記事で次のように書いている。

「スーパータックスにとどめを刺したのは投資銀行員の経歴を持つ経済大臣のエマニュエル・マクロンだった。マクロンは以前、オランド大統領の経済顧問だったが、スーパータックスを『太陽のないキューバ』だと表現した」

オランド大統領は左派の力を集結させて選挙に勝ったのだが、当初からマクロンを経済顧問に招いており、ネオリベラリズムへ転換するための種は最初から蒔かれていたのだ。そしてオランド大統領の政策転換に多くの有権者が「裏切られた」と失望を感じ始めるのである。

シェイビは共和国広場で燃え上がった「立ち上がる夜」から1年後、左翼党のジャン＝リュク・メランションを中心とした左派の政治グループ「服従しないフランス」（la France Insoumise）に参加した。「立ち上

がる夜」の仕掛け人、フランソワ・リュファンも「服従しないフランス」から国会議員選挙に立候補することになる。メランションはもともと社会党議員だったのだが、右傾化する社会党に失望して離脱し、2008年に左翼党を立ち上げた。シェイビがなぜ「服従しないフランス」に参加したのか、尋ねてみた。

ジャン＝リュク・メランションの「服従しないフランス」に参加し国会議員選挙に立候補したシェイビ

Q　なぜメランションの「服従しないフランス」に参加したのですか？

　シェイビ　「『立ち上がる夜』が始まる前、私は政治組織からしばらく遠ざかっていたんです。振り返ると長い間、私は『プレカリテ』（雇用不安定）や住宅問題などに熱心に取り組んできました。メランションが立ち上げた政治グループ『左翼戦線』（front de gauche）にも参加しました。しかし、2014年にやる気をまったく失ってしまったんです。その時は自分の仕事に専念しようと思ったんです。運動をするための動機やエネルギーがなくなってしまったんです。でも去年『立ち上がる夜』の立ち上げに関わったことで、もう一度社会変革を目指す運動に取り組む気持ちを取り戻したんです。で、『立ち上がる夜』が終息した時に、『立ち上がる夜』が目的としていたこと～権力を握っている少数の大富豪に打ち勝つことや政府を改革することなど～はまったくできていないままだったのです。それで私は運動を続けたいと思ったんです。共和国広場で何週間も話し合ってきたことを私は続けようと思ったわけです。つま

り、少数の人々だけが利益を得る政治や経済を変えなければいけないということなんです。彼らの政治は多くの人の意思を反映していません。それで今回、ジャン゠リュク・メランションの大統領選挙運動に参加する決意をしたんです。というのもメランション候補は『立ち上がる夜』が提起していた問題に答えてくれそうに感じられたからです。『服従しないフランス』の選挙陣営で、メランションは私に住宅問題対策の全国レベルでの広報を担当しないかと私に提案してくれたんですよ。」

　シェイビの言葉を少し補足すると、シェイビが参加した「左翼戦線」は社会党を離党して「左翼党」を立ち上げたメランションが、2012年の大統領選に立候補するに際して、左派の勢力を集結するために作ったグループの名前である。

　フランスの左翼には1936年の人民戦線という反ファシズムを掲げて左翼勢力が結集して政権を作った例があった。メランションの「左翼戦線」もその伝統を汲むものと見てよいだろう。「左翼戦線」は右傾化する社会党と組めない左派政党が集結したグループだった。メランションは2012年の大統領選では第一回目の投票で11．1％を取り、そこそこの存在感を示した。同年、行われた国会議員選挙にシェイビも「左翼戦線」公認候補としてパリ第10選挙区（パリ市南部の13区と14区にまたがる選挙区）から立候補して11．6％を得た。

　当選こそ逃したものの、手ごたえを感じたのだろう、シェイビは2014年の地方議員選挙に続けて立候補した。選挙区はパリの14区だった。ところがこの時は「左翼戦線」の足並みが乱れ、得票率はわずか5％ほどとシェイビは惨敗してしまうのである。シェイビが一時期、やる気を失ってしまったのはこれがきっかけだったのだろう。シェイビは自治体関係の仕事を得て、政治運動は中断し、仕事に専念するようになった。ところが、2016年2月23日にリュファンの「メルシー・パトロン！」の試写を兼ねた集会への誘いがシェイビにも届いた。「彼らを怖がらせる、どのようにして？」という呼びかけの集会に参加したシェイビはリュファンの映画に心を揺さぶられ、もう一度、運動に取り組んでみたい、と思うに至ったのだ。

　メランションはフランスでは「極左」(extrême gauche) と位置付けられている。極左と言うと日本では過激派の印象があるが、フランスで

は社会党より左に位置する勢力をそう呼ぶ。社会党が右傾化したために、メランションは社会党を飛び出して左翼党を立ち上げたのである。再配分を重視した社会主義政党と言えるだろう。かつて哲学の教師をしていたメランションは弁が立つこともあってテレビやラジオではおなじみのキャラとなっている。弁が立ちすぎるあまり、いろいろ立派なことは主張するが結局は言葉倒れになるんじゃないか、と疑いの目で見る人も少なくない。メランションは「立ち上がる夜」には参加せず、距離を置いた。「立ち上がる夜」はそもそも既存の政党や組織に対して懐疑的だったから、政治家が共和国広場に呼ばれて話す、というようなことはなかった。しかし、参加した人々は社会党のオランド大統領やバルス首相に幻滅しきっていたので、メランションとの親和性はあった。メランションは2017年の大統領選に臨んで出版したインタビュー録「不服従の選択（Le choix de l'insoumission）」の中で「立ち上がる夜」との関係をこう語っている。

　　メランション　「僕は『立ち上がる夜』を回収したくない。むしろ『立ち上がる夜』が僕を拾い上げたことに誇りを感じているんだ」

　メランションは欧州連合からの離脱や、欧州連合が要求してきた緊縮財政への反対、大統領の権限を縮小する第六共和国憲法への移行、労働法改正（エルコムリ法）の撤回、労働時間削減によるワークシェアリング、企業経営者への報酬に上限を設定、保護貿易主義、マイクロ金融の奨励、格差解消、企業における男女差別を禁止し、協力しない企業には罰則を導入、オフショア金融セ

メランション（左翼党）

ンターなどへの税金逃れの阻止、金融規制の強化、難民のための対策、マスメディアの公正化、2050年までに原発からの撤退と自然エネルギーへの移行、最低賃金の引き上げ、貧困の撲滅、地産地消の推進、公共施設内での広告の禁止、などを公約に掲げた。

これらの公約の中にはシェイビが闘ってきた住宅問題の解消も入っていた。メランションの公約を見ると、確かに「立ち上がる夜」で話し合われた様々な要求がメランションらの政治改革グループ「服従しないフランス」に注ぎ込んだ、とも見える。「服従しないフランス」というネーミングには「膝をつかない」＝「立ち上がる」という意味合いが込められており、「立ち上がる夜」を大きく意識したものではなかっただろうか。メランションはそれぞれの公約ごとにスポークスマンを抜擢して一斉にPRした。シェイビはテレビやラジオ、集会に参加して「服従しないフランス」の住宅政策を語った。以下は、メランションの公約をまとめた"L'avenir en commun"（みんなの未来）の中に書かれた住宅政策である。

　「私たちの国では３万人の子供が住まいのない状態で生きています。住まいのない人はフランスで100万人近くに及びます。住宅事情に何らかの問題を抱えている市民は400万人にのぼります。さらに1200万人が住宅に関わるトラブルを抱えています。大きな都市では家賃が高騰しています。住宅市場の自由化と住宅減税は問題を解決しないばかりか、むしろ逆効果です。そこで私たちは次の政策を掲げます。

・借主が新たな住宅を見つけられない場合は立ち退きを禁止する。
・年間20万軒の公立住宅を５年間建設し続ける。環境に配慮した住宅にする。
・誰も住宅から排除されないように不払いの家賃が補填される制度を実現する。これに取り組んできた全国賃貸者連盟を支えるため、貸主が出資する連帯基金も設ける。
・不衛生な住宅は解体し、都市を一新し、社会福祉住宅を増やす。共用の公園施設の非常に乏しい住宅には制裁を科す。
・高額の不動産取引には高い課税を行うなど、不動産取引に累進課税を行う。
・住民が参加し協力する住宅プロジェクトを支援する」

　シェイビは仕事の傍ら、メランションの大統領選挙キャンペーンに参加していた。メランションは大統領になれなかったが、１回目の投票で

19.58％を獲得した。これはエマニュエル・マクロン（24.01％）、マリーヌ・ルペン（21.30％）、フランソワ・フィヨン（20.01％）に次いで4位だったが、善戦したと言える。もし、社会党と候補者をメランションに一本化して共同戦線が張れていたら、得票率トップで決選投票に出場することも夢ではなかっただろう。

　シェイビのように家賃の高騰と闘ってきた女性が「立ち上がる夜」に精力的に参加してきたことは興味深い。日本の政治運動の場合、昨今の安倍政権に対する反対運動のように、憲法や安保法制、あるいは共謀罪といった高度の政治性を伴う問題が起点になっていることが多い。しかし、「立ち上がる夜」の場合〜もちろん、そうした抽象的な問題意識もあるのだが〜むしろ学費が高いとか、家賃が高いとか、短期雇用制度を何とかしろとか、労働時間を延長するなとか、ごくごく身近な暮らしを論じている。だから女性の参加者も多いのではないだろうか。身近な暮らしと政治が直結しているのだ。ここには日本とフランスの政治意識の違いがあるという気がしてきた。フランスでは日常の暮らしが政治である、という感覚がベースにあるようだ。そう言えば「政治家とは人々が暮らしの場で行う政治を手助けする職業だ」と語ったのは「立ち上る夜」に参加した哲学者のパトリス・マニグリエだった。政治を行うのは市民だ、と言うのだ。

▼パリの深刻な不動産事情　パリを追われる芸術家たち

　家賃の高騰はパリの芸術や文化をも脅かしている。それを最初に感じたのは2013年にモンマルトルに滞在した時の経験である。若かった無名時代のピカソやユトリロ、ロートレック、シュザンヌ・バラドンらはモンマルトルで修業し、絵を描いた。だが、もし彼らが今の時代に生きていたとしたらとてもモンマルトルには住めないだろう。モンマルトルはパリ市内の北部の丘にあり、その象徴であるサクレクール寺院からパリが一望できる。パリの中心はセーヌ川が横断する形で流れているが、その中心部から北のモンマルトルまで3キロくらい離れている。モンマルトルは週末に憩う場末の歓楽街であり、キャバレーやストリップ小屋、セックスショップなどが多数店を構えていた地域だ。かつては家賃が格安だったからスペインからパリに渡ってきたピカソやその仲間たちもモ

第4章 家賃高騰と闘うレイラ・シェイビ

家賃が2倍になって移転を余儀なくされた芸術家のゲノレ・アゼルチオップ

ンマルトルにアトリエを構えた。ピカソや詩人のマックス・ジャコブらが暮らした集合アトリエの「洗濯船」の跡地は僕が過ごした集合住宅のすぐ裏手にあった。毎日、ロシアから、日本から、アメリカから、中国から世界中から観光客がバスでやって来て、案内人の説明を聞く。観光客たちは同時代を生きる芸術家と話をしたり、作品に触れたり、ということは稀で、19世紀や20世紀の神話的世界を観光ガイドブックを片手に駆け足で回るだけだ。

その頃、僕は一人の彫刻家と知り合ったのだが、アトリエはモンマルトルからそう離れていないサンマルタン運河沿いの集合建造物にあった。彫刻家は白髪でアインシュタインを彷彿とさせる70代初頭のゲノレ・アゼルチオップ（Guénolé Azerthiope）、通称アゼルだ。アトリエには無数の工具と風変わりな彫刻作品が所狭しと、ひしめいていた。アゼルは食品や工具などの日用品を組み合わせて鳥や動物を作るのだが、日用品に付随する属性に動物との共通点を見つけるところがとても面白い。たとえばタワシの黒いブラシを髪になぞらえたり、金属ブラシを鳥の尾になぞらえたりする。アゼルの彫刻は日常世界の再構成なのだ。こうすることで私たちが当たり前に見ているモノをもう1度新鮮な目で見ることができるようになる。アゼルはアトリエの倉庫にたまっていた彫刻の木箱を1つ1つ仲間に手伝ってもらいながら車に積み込んでいた。何をしているのかと聞いたら、いずれアトリエを引き払わなくてはならないので、

作品を移動させているのだと言う。移転先はパリの南にあるブルゴーニュ地方だった。日本で言えば東京から山梨県とか、静岡県に引っ越していくくらいの距離感だろうか。30年以上、根城にしてきたアトリエを撤収するのは辛いに違いない。理由を聞くと、間もなく家賃が倍になるからだという。「もう私にはとても家賃が払えないんだ。残念だがどうしようもないのさ」とアゼルは悲しげに語った。80年代の家賃は安かった。しかし、不動産賃貸借契約の法律が規制緩和され、3年間の賃貸借契約を3回更新した後は大家が自由に家賃を上げてよくなったのだと言う。だから、いきなり2倍に値上げする、と大家に言われたら、もうアウトなのだ。収入の不安定な芸術家たちは家賃高騰のため、パリ市内から周辺の自治体に移動しつつある。不況で芸術作品の売り上げも落ちている。

▼家賃高騰で書店も次々閉店

モンマルトルに滞在していた頃、アパートのあった通りの書店が家賃高騰で閉鎖することになった。僕が滞在していたのはビュルク（Burq）通りという小さな通りだ。映画「アメリ」の舞台となった「デュ・ムーラン」（二つの風車）というカフェに近い。朝、起きるとビュルク通りにある新聞販売店で夕刊紙のルモンドか、週刊新聞のカナール・アンシェネを買って、カフェで読んでいた。新聞販売店の隣がドイツ人の女性が営む書店で「Buchladen」という名前だ。ドイツの本や日本などの外国書籍を扱っていてパリでもそこそこ知られた店だ。ドイツ人の作家のフランス語訳もたくさんあった。また、多和田葉子や小川洋子など日本人の作家も扱っていた。オーナーの女性、ギゼラ・カウフマン（Gisela Kaufmann）は1988年にこの店をオープンした。いい本を集めたから、パリのドイツ文学書店として有名になった。詩の朗読会も行われ、新聞にも何度か取り上げられた。「Buchladen」はカウフマンが一人で営んでいた。回転の速い新書や雑誌みたいなものが基本的にないため、仕事も日本の書店のように日々入荷と返本に追われる必要もなく、じっくり売りたい本を選んで気長に待ちながら、客とよくコミュニケーションをする。書店の人は当然ながら本に詳しい。だから話をすると客は勉強になる。本好きが高じて書店主になったような人々が店を営んでいるのだ。

家賃高騰に苦しむ書店主ギゼラ・カウフマン

そんなある日店を訪ねた僕にカウフマンは突如として「来年店を閉めることになるのよ」と打ち明けたのだった。「家賃が来年から2倍になるので、もうこれ以上経営はできないの」と言った。その後、僕は日本に帰国して4年がたち、カウフマンの店はもうなくなったのだろうか、と案じていた。ところが4年ぶりに再訪するとカウフマンの店は今も営業を続けていた。尋ねてみると、意外にもこんな答えが返ってきた。

　カウフマン「家賃が高騰しているから、本当は閉店したいんだけど、買い手がつかなくてね。」

Q　それはどういうことですか？
　カウフマン「不動産屋との契約があるから今すぐに閉店することができないのよ。でも、誰か店を引き取って代わりに同じ家賃を払ってこの店で経営する人が現れたら、私は書店業から引退できるの」

　カウフマンの店の家賃は劇的に値上がりしていた。2009年に年間5200ユーロ（約67万円）だった家賃は2013年には9240ユーロ（約119万円）へとほぼ2倍になった。さらに今は14000ユーロ（約180万円）だ。わずか8年で家賃が3倍近くに高騰している。書店が経営を続けていてよかった、と思ってしまったのだったが、オーナーのカウフマンは1日も早く辞めたがっていたのだと知って衝撃を受けた。赤字経営なのだ。やめよ

うにも不動産屋との長期契約があるので一定期間、店を辞めることもできないのだ。誰か店を引き取って経営して契約の家賃を払う人が見つかれば店を辞められるのだが、募集に応じる人がまだ見つかっていない。老後のための貯金を削っても契約が終わるまで家賃を払い続けなくてはならない。恐ろしいことである。こういう現象が起きているのもモンマルトルの土地の相場が高騰しているからに他ならない。先刻の不動産バブル報道で見た通り、モンマルトルに限らず、パリ市内で全体的に同様の現象が起きている。書店の閉店の話はこの店だけではない。以前僕が本をよく買ったパリ9区のヴァレール書店（Va l'Heur）も2010年に店を閉じた。オーナーの夫妻は定期的に作家を書店に招いて「文学の夕べ」と題する催しを開いていた。パリの書店は地域の文学ファンが交流する場だった。書店は単にモノを右から左に売る市場ではない、ということをこの店で僕は知った。だからヴァレール書店が20年に及ぶ歴史に幕を閉じたことは悲しいことだ。「最近は本が全然売れなくなってね」とオーナーのレミ・ベランジェはため息をついた。

　2007年に大統領になったニコラ・サルコジのモットーである「もっと働き、もっと稼ごう」という労働政策で労働時間の長時間化が起き、収入ばかりでなく、読書に宛てる時間も減る傾向にある。そういえば、パリから南にTGVで1時間の町、トゥールの子供向け書店のガラス窓に「仕事を減らして、読書を増やそう」というポスターが貼られていた。これは寓話の販売キャンペーンだった。労働時間が長くなれば家に帰って難しい本を読む気がしなくなるだろう。週35時間労働だったのが、企業側の都合で最大で週48時間まで労働させてよくなった。だがサルコジが言うように長時間働いてリッチになって本を買う余裕が出ているか、と言えば、そういう風には見えない。

　僕が滞在したモンマルトルのビュルク通りの近くにアベッス（Abesse）という地下鉄の駅があるが、近くに詩集だけを扱う「アニマ（Anima）」という書店があった。小さな店に詩集が所狭し、と詰め込まれていた。詩集の多くは自費出版で出版部数も100部から1000部位が中心である。若者が帰宅途中に友達と通うようなトレンディさはなかった。アニマは今もあるのだろうか。昨年、この店にも再訪してみた。するとアニマは今も営業していた。オーナーの女性パトリシア・ムネイに聞く

と、数年前に店の土地建物を買い取っていた。だから、家賃高騰に悩まされることなく、マイペースで店を続けられているのだ。最近では「立ち上がる夜」などの影響もあってか〜「立ち上がる夜」には詩の委員会まであった〜高校生が店に来て本を買うことが増えてきたのだと言う。

　パリの都市研究をしている機関、APURによると、2000年に1051軒あったパリ市内の書店が2014年には756軒に減少している。減少傾向は続いている。2015年にはフランスの文化の象徴、カルチエ・ラタンの中心、サンジェルマン・デ・プレにあって1949年以来、親しまれてきたラ・ユンヌ（La Hune）書店も閉店した。サンジェルマン・デ・プレと言えば、戦後、サルトルやボーヴォワール、ボリス・ヴィアンらが集まったセーヌ川の南にある場所だ。その文化的中心にこの書店は店を構えていた。閉店を伝えたルモンド紙によると、このラ・ユンヌ書店は文学、人文科学、美術書を豊富にそろえていた。アントナン・アルトーやアンドレ・ブルトン、アンリ・ミショー、ジャン・デュビュッフェといった美術界の大物たちもよく訪れた。だが、近年次第に経営が苦しくなった。ラ・ユンヌ書店は2012年にまずサンジェルマン・デ・プレから撤退したが、空いた店舗に入居したのはルイ・ヴィトンだった。ルイ・ヴィトンはリュファンが映画「メルシー・パトロン！」で追いかけた大富豪ベルナール・アルノーが率いるLVMHグループ傘下の企業である。ラ・ユンヌ書店はサンジェルマン・デ・プレのあるパリ6区から南の15区に店を移して営業を続けた。それでも移転から3年後、ついに店を畳むことになったのである。2009年に350万ユーロ（約4億5千万円）あった書籍の売り上げが、閉店時には230万ユーロ（約3億円）に減っていた。家賃高騰も閉店に拍車をかけたはずである。15区は先ほどの中古アパート市場の1年間の値上がり率では5.7％だ。

第5章　広場の哲学者と「ヘゲモニー」

「共和国広場」で総会の方法を提案する哲学者のパトリス・マニグリエ

▼哲学者パトリス・マニグリエ

　フランソワ・リュファンは「立ち上がる夜」の参加者がみな平等で水平な関係を維持しようとすればすぐに統一行動ができないし、何かをやるにも恐ろしく時間がかかってしまう。そうこうしている間にも国会では労働法改正がどんどん進んでしまうと考えた。だから、様々な組織を束ねた大きな組織を作って統一して政府と闘おうとしたようだ。だが、リュファンとは異なる考え方の人々もいた。彼らは運動に参加する一人一人が自由で横に平等であることにこだわった。結果的に彼らが「立ち上がる夜」の方向性を決めた。水平性を重視した一人が哲学者のパトリス・マニグリエ（Patrice Maniglier）だ。

　マニグリエは夕方になるとTシャツかジャケットにリュックという軽装で共和国広場に現れた。マニグリエが属していたのは「広場の民主主義委員会」だ。この委員会は広場での討論がいかに民主的に運営されるかを考え、総会の段取りを行ったり、司会の役割を担ったりした。総会は100近くある委員会とは別に、参加者全体の討論の場である。だからいつも人の輪が一番大きい。委員会からの諸連絡をしたり、広場の運営方法を決めたり、個々の参加者が意見を語ったりする場だった。一人持ち時間、2分で誰でも飛び込みで言いたいことを語る、ということもよくしていた。聴衆は地べたに座り込み、賛成・反対などの意思表示を手のしぐさで示したりする。

　マニグリエは始まって2～3日目の「立ち上がる夜」を訪れ、面白いと思った。だが参加したくても具体的に何をすればいいのか、わからなかった。そこですでに活動を始めていた人をつかまえて「自分も何かしたいのですが、どの委員会が適任でしょうか？」と尋ねたという。テントづくりに長けている人はロジスティック委員会に、弁護士など法律に強い人は「立ち上がる弁護士（委員会）」に、料理のできる人は簡易食堂委員会に、というようにみな何かしら得意分野を持っていた。マニグリエは哲学者だった。「私は哲学を大学で教えているもので、特段のこれといった有用性もないのですが」と言うと、相談に乗ってくれた人は「いやいや、民主主義委員会は哲学者を求めているんですよ。ですからあなたは間違いなく求められている人です」と太鼓判を押してくれた。

哲学者のパトリス・マニグリエ

　マニグリエに話を聞こうとコンタクトすると自宅で取材に応じると言う。マニグリエはパリの高等師範学校（École Normale Supérieure、略してENS）の卒業生だからジャン＝ポール・サルトルやミシェル・フーコー、ピエール・ブルデューらの後輩であり、フランスでは最高レベルの秀才だ。住所はパリ19区、サンマルタン運河周辺のマンションだった。メトロから出て、通りを歩いていると、マンションの下のカフェのテラスでマニグリエがパソコンで作業をしていた。挨拶をして案内してもらう。建物にはエレベーターがあったが、小型エレベーターだ。「僕は階段で上がりますよ」と告げると、「いや、2人までなら大丈夫です」パリでは少し古ければエレベーターがない建物も少なくない。高層階にあるマニグリエの部屋には入り口の近くにキッチンとベッドルームがあり、奥の広間に向かって学者らしく壁にぎっしり本が並んでいる。奥の広間には仕事机が1つあり、窓の向こうはパリが見張らせる。まず聞いてみたかったことがある。

▼パリ大学ナンテール校で学生たちと

Q　大学人が政治活動をすることにリスクはないのですか？

パトリス・マニグリエ　「幸い、フランスには未だに自由が根強く存在しています。フランスの大学は世界で最も自由が残っているところだと思います。もちろん中には短期契約もあるのですが、私たちの身分は一生保証されています。私は英国の大学で教鞭をとっていたのですが、フランスに戻ってきました。というのも英国ではサッチャーの『改革』以後、大学人はいつでも解雇され得るからです。もちろん、フランスの大学の身分保証もいつまで続くかはわかりません。たとえばマリーヌ・ルペンが大統領になった場合にどうなるかはわかりません。ただ目下は大丈夫なんです。」

　マニグリエがつとめるパリ大学ナンテール校は1968年の五月革命の発端となった大学だ。マニグリエは学生たちとジル・ドゥルーズの映画論をもとに、映画を分析しながら哲学をしているのだという。ドゥルーズの哲学はアンリ・ベルクソンが「時間と自由」や「物質と記憶」で試みた時間論を発展させたものだ。マニグリエが教えているナンテール校の哲学科の学生は5年以内に正規雇用される率が90％以上に上っているそうだ。フランスの若者は、最初は試用期間から始めることが多いが、認められれば正規雇用に採用される。マニグリエは「哲学を学ぶことは就職に有利なんです」といささか自慢げに教えてくれた。細かい実用技術や実用知識よりも、物事を考える基本方法を身につける方がフランスの企業や官庁で重視されているのだという。マクロン大統領も最初はパリ大学ナンテール校で哲学を学び、その後、パリ政治学院、そしてENA（フランス国立行政学院）とエリートコースを進んだのである。

Q　改めておうかがいします。あなたは哲学者ですが、なぜ「立ち上がる夜」に興味があったのですか？
　マニグリエ　「まず私は今日の世界においては権力のメカニズムがあまりに強力で、組織の内側から変革することは不可能だという感じを持っていたんです。それで過去10年に世界で起きていた運動に関心を抱くようになりました。『アラブの春』や台湾、ブラジル、スペイン、ギリシアなどで起きていた運動です。私はこれらの運動に惹かれました。フランスでも2つの方向から行き詰った政治を動かすチャンスがあるように思えました。1つは政界のトップレベルと言える大統領選挙です。

もう1つは『ポピュラーイニシアティブ (Popular initiative)』と呼んでいるものです。私はこちらがいいと思っています。これは革命ではありません。ただ、圧倒的多数の人々が既存の政治ゲームに参加することをよしとしない、ということを政治家に知らしめる方法です。私はこれに期待したのです。内閣に入って働くこととは異なる政治の実践方法です。『ポピュラーイニシアティブ』の方が内閣で働くよりも圧倒的に知的に豊富だと思います。というのは内閣で出会えるのは同じような人間ばかりです。しかし、『立ち上がる夜』では想像力がもっと大きいのです。というのも様々なバックグラウンドの人々との出会いがあるからです。政治は権力に関することです。『立ち上がる夜』では既存の政治に対して、いかに私たちがゼロから新しい権力の形式を打ち立てるか、これが問われたのです。これはやってみると楽ではありませんでした。失敗も繰り返しました。なぜゼロから始める必要があったかというと、19世紀から20世紀にかけて作られてきた労働組合や政党などの既存の組織が危機に陥っているからです。国家ですら危機に陥っています。戦争や新自由主義が既存の政治組織を蝕んでいるのです。」

あとでわかったことだが、マニグリエは最初は ENA（フランス国立行政学院）の学生だったそうだ。ENA は高級官僚と大統領を多数輩出するエリート校である。ここを卒業した者は ENA にもじって「エナルク」と呼ばれ、特権的なポジションが若くして約束される。オランド大統領も、マクロン大統領も、シラク大統領も皆エナルクである。右派の大統領も左派の大統領も中道の大統領も輩出してきた。マニグリエは哲学者をしているが、学生時代から政治に関心を持っていたのだ。そしてマニグリエは左翼だった。

　マニグリエ　「新自由主義というのは基本的に、先進工業国家の外部から労働者を輸入することで成り立っています。これにより、経営者側は労働者が抵抗する力を削ぎ落すことができます。150年もの歴史を費やして形成された運動をつぶせるのです。労働組合の抵抗ですが、社会民主主義や共産党などの抵抗も含まれます。経営者が外部の労働者を導入すれば、労働者同士の連帯は不可能になるのです。フランスの歴史を振り返ると、1968年にはおよそ750万人の工場労働者が存在したが、今

ではずっと減って〜大雑把ですが〜500万人以下まで減少しています。そのため労働者は非常に不安にさらされています。仕事も、社会保障などの待遇も奪われるのではないかという不安です。」

Q　資本主義が一段とスケールアップしたということでしょうか？
　マニグリエ　「金融資本のレベルでは一段と集中が進み、現場の労働者のレベルでは労働者がバラバラになっています。労働者は小さなユニットに分断させられるようになったのです。」

Q　始まりは1970年代のアメリカですか。
　マニグリエ　「当時の体制側のエリートたちは問題がどこにあるのかを描き出そうとしました。1970年代には世界中で様々な対抗運動が起きていました。既存の労働組合だけではありません。たとえばイタリアでは工場での自主管理闘争というのが盛んになっていました。労働組合を越える新しい労働運動です。フランスでも様々な運動が起きていました。フランス共産党ですら資本主義陣営と手を組んで、新興の社会運動を抑圧しようとしたくらいです。そこで体制側のエリートたちはgovernability（統治できる状態）が限界に達したと考えるようになったのです。もう政府は民衆を統治できなくなったのだ、と。ジェンダーの問題も、アイデンティティの問題も、人種の問題も、セクシャリティの問題も様々な問題が政治化してきました。民衆が自己主張を始めたのです。経済は非常に重要でしたが、そればかりではなかったのです。」

Q　それで当時の体制側のエリートたちは状況を変える必要があると思ったのですね。
　マニグリエ　「ええ。体制側はこれらの人々の自信を打ち砕かなくてはならないと確信したのです。新自由主義は人々の自信を打ち砕くものです。長い間に労働組合やその他の組織が強大になってきたからです。労組などの対抗勢力が国家に対抗するまでの力を持ち始めたため、資本主義も、国家も危機に陥ったのだとエリートたちは考えました。」

Q　そこでエリート層による巻き返しは成功したわけですね。

マニグリエ　「ええ、エリートたちの巻き返しは大変うまく行ったのです。まず、多くの人々がその後、次第に政治に背を向けるようになっていきました。なぜなら、政治にはもうオルタナティブがないという風に思うようになったからです。自分が正しいのだと考える余地も失っていきました。自分が生きていく条件すらないと思う人も出てきました。適応するか、沈黙するか、というような状態になったのです。こうした状況がのちには政府権力の正統性を人々が疑うまでになっていったのです。その象徴がイラク戦争です。戦争自体に正当性がなく人々を説得できなければ不正な権力です。さらに世界最強の国でありながら、アメリカには戦後処理の計画すらなかったのです。もうそのような政府を信頼することができなくなりました。さらに、2008年のリーマンショックは100年間で最大の資本主義の危機でした。フランスも未だにダメージから回復できていません。危機は明らかに金融の規制緩和による結果でしたが、この失敗の原因を未だにほとんど除去できていません。だからこそ変革を起こして、政治の中に理性を回復しないといけないのです。責任感を政治家に回復させなくてはなりません。もし既存の政治権力や組織が信頼を失っていたとしたら、その外側でゼロから始める必要があります。『立ち上がる夜』はその試みなのです。政治から排除されてきた人々が再び政治に戻って来るための運動です。ここで権力と言っているものの中には大学の知の権力や報道の権力など様々な権力が含まれています。」

Q　それは新政府を打ち立てることとは違うのですか？
　マニグリエ　「人々はみんなバラバラになっています。『私たちは孤独ではない』というのが『立ち上がる夜』のメッセージです。」

Q「立ち上がる夜」は新しい政府を打ち立てる、ということではなかったのですか？
　マニグリエ　「1930年代や50年代に持っていたイデオロギー上のコンセンサスが崩れたために今日の混乱があり、人々はどうしてよいのかわからなくなっています。社会民主主義が機能しなくなっているのです。そしてオルタナティブがなくなっているのです。しかし、『立ち上がる

夜』の意味は新政府を作ることではありません。『立ち上がる夜』はいかに新しい政治や社会のコンセンサスを持つかを模索する『場』なのです。まだ始まりの一歩に過ぎませんが。『立ち上がる夜』という場は新しい連帯を作るための場なのです。新しいセンシビリティ（感受性）を作るのです。『私たちは孤独ではない』という感覚です。あるいは『私たちは勝てる』と言う感覚です。組織を作るのが大切なのではなく、感受性を作ることが大切なのです。ただ、残念ながら『立ち上がる夜』は敗北に終わったわけですが。」

▼時代の変換点──日米欧三極委員会

マニグリエによると、時代の転換点となるある決定的な出来事があった。1973年に出版された「文明の衝突」という著書で知られるサミュエル・P・ハンチントンなどのエリートが参加した「Trilateral Commission（日米欧三極委員会）」という会議だ。この日米欧三極委員会こそ、資本主義体制の再構築の始まりとなったのだと言う。

Q　エマニュエル・ウォーラーシュタインの本に、本来革命の主役になるはずだったプロレタリア階級は実際にそれほど増えておらず、むしろ「半労働者」が増えていて世界の労働者の半分くらいを占めていると書かれていました。「半労働者」とは労賃だけで暮らしていない労働者で、そこがプロレタリアとの違いです。家族の収入を足しにしていたり、自宅で農業をしたり、家庭の仕事をしながら空いた時間にパートの仕事をしたりする人々などを含んでいます。半労働者が増えた方が経営者にとっては労賃が安上がりで、労働運動も起こりにくいし、賃上げや待遇の要求もしないから好都合だと言うのです。

　　マニグリエ　「それは経済の発展で自然にそうなったわけではないんです。政治的な決定が関与しているんですよ。1970年代です。興味深いレポートがあります。ロックフェラー財団によるもので、サミュエル・P・ハンチントンが委員長を務めています。ハンチントンはあの『文明の衝突』（The Clash of Civilizations and the Remaking of World Order）を書いた人物です。このレポートはタイトルが興味深いんです。"On the ungovernability of the democracy"（統治不能になった民主主義について）

です。1973年か、1974年だったと思います。産業資本主義をベースにした民主主義はもはや統治不能に陥っているというのがテーマです。それで状況をエリートの側から変革しようと計画するのです。」

Q　これが新自由主義の始まりですか？
　マニグリエ　「ええ。それでどうすればもっと大衆を統治できるか、というと、大衆をよりどころのない壊れやすい存在にしてしまえ、ということなのです。それでどうしたかと言うと、生産工場を先進工業国家の外側に出してしまおう、ということなのです。それによって先進国の内側から労働者の連帯を壊してしまったんです。さらには壊れたのは労働者の連帯だけではなく、その他さまざまな人々の連帯も破壊していったんです。」

Q　いわゆる工場空洞化の始まりですか。
　マニグリエ　「ええ、そうですが、同時にまた労働現場の再構築をも意味します。たとえば大きな工場を解体して、生産のユニットをどんどん小さく分けていったのです。そしてそれぞれの小さな生産ユニットごとに会計を別にしたのです。たとえば大学ですら同様のことが起きています。英国の場合、研究者たちがこのような小さなユニットに分けられて稼ぎを競わされているのです。それぞれお金の出入りがいくらいくらかが計算されます。このように労働者を分断して小さなグループに分けて互いに競わせる一方で、金融資本のレベルではより一層の富の集中が起きていくようになりました。内側でも労働者同士の競争が促されますが、同時に国際間でも労働者同士が競わされます。人々は自分自身をも『人的資本』というように資本として把握するようになりました。自分自身に『投資する』というような感覚も根付きました。」

　マニグリエの故郷は南仏のニースである。マニグリエによれば極右支持者が多い保守的な土地柄だという。意外にも左翼のマニグリエの親族には国民戦線の支持者が少なくないのだそうだ。

Q　高等師範学校で哲学を専攻されていますが、ニースでの学生時代か

らどのようにして高等師範学校へ進学するようになったのですか？

マニグリエ「実を言いますと、最初はENA（国立行政学院）で政治学の勉強を始めたんです。エマニュエル・マクロンと同じで、ENAはフランスの最高レベルのコースでした。ところが、入学してみると教授陣も学生もみなリベンジ（復讐）の意識を抱いていることがわかったんです。マルクシズムや60年代から70年代のフランス知識人、あるいは社会運動などに対してです。でも私はそれらが好きだったんです。フーコーを若い時に読んでいましたから。それで哲学は権力よりももっと強いものだと思ったんです。大統領になることが夢だと言うのは小さな野心に過ぎないのだと。まあ私も幼かったのでしょうが。それで私はコースを変えまして、パリのENS（高等師範学校）に進んだのです。私は非常に幸せな学生でした。というのも講義がとても易しかったからです。

実を言いますと、私がENS（高等師範学校）で学ぶことに関して私の一族ではいろいろ議論がありました。というのはニースにある私の実家の親族には国民戦線の支持者が少なくないんです。極右が多いんです。もともと私の家族はアルジェリアで昔暮らしていて、アルジェリアの独立後にフランスに引き上げてきたのです。1962年のアルジェリアの独立時に引き上げてきたフランス人は『ピエ・ノワール』（黒い足）と呼ばれています。祖母も母もアルジェリア生まれです。それで一族の中にはアルジェリアの独立を認めたくなかった人々がいますし、ある者は独立を阻止するためにフランス側で戦いました。そういう『ピエ・ノワール』のフランス人が100万人もいたのです。私の母は社会民主主義者でリベラル派でしたが、一族には極右の人が何人もいたわけです。それで母と彼らの間では議論がいつも起きていました。母の一族にはインテリの世界と無縁な人が多かったのです。それで私にとってパリのENS（高等師範学校）で学ぶことはこうした極右的な環境から独立できる貴重な機会だったんです。私自身はニースで生まれ育ちました。ニースは非常に保守的な風土なんです。実はアルジェリアから引き上げた後、母はパリで暮らしていたのですが、夫が亡くなったためにニースに戻って暮らしていたわけなんです。私はニースの母の実家で育てられました。そういうわけで、私は非常に孤立した状況にありました。その後パリの知的風土の薫陶を受けた私はニースではまったくアウトサイダーです。父

は死んでいましたから高等師範学校に行け、などと言われることもありませんでした。全部自分の決断です。パリの高等師範学校はサルトルやフーコーを輩出したところですから、私は単純に嬉しかったのです。知識人の世界が好きだったのです。しかし、ニースの実家では思想はよくないもので、知識人の世界は危険だとでもいうような空気なんです。私はその『危険』なものに関心を持ったわけです。」

Q　ENS（高等師範学校）は非常に狭き門だと思いますが、生まれつき非常に頭が良かったのですか？
　マニグリエ「私は幸運だったのです。学校に恵まれたのですね。私の祖父は労働者でしたし、祖母は13歳で学校を去っています。私の家族では学校は社会的に成功するための手段に過ぎないのです。母は弁護士でしたが、学校の成績は良かった。それで私に論文の書き方などを教えてくれました。当時、私はとても幼なかったんですが、確かに私は賢かったのでしょう、内容が理解できたんです。私は非常に好奇心旺盛でした。フランスには公立図書館がたくさんあり、そこで本をたくさん読みました。14歳の時に私はプラトンの『国家』を読みました。誰も助けてくれませんでしたから、一人で読んでいたのです。『国家』に書かれたことの全部がわかったわけではありませんが、それでもなにがしかは理解できたのです。でも家に帰ってくると、母は『プラトンの共和国とフランス共和国はまったく逆の世界ですよ』と言ったものです。確かにその通りです。」

Q「国家」では大統領は詩人でしたか？
　マニグリエ　「いやいや、哲学者です。プラトンの共和国は貴族的な共和国なんです。」

Q　ピエール・ブルデューが高等教育は親の遺産によるところが大きいと指摘していましたが、パリの高等師範学校で意識の違いなどを感じたことはありませんでしたか？
　マニグリエ　「確かにそういう面はあります。パリ高等師範学校の学生の親たちは知的な人が多いです。と同時に、私の家族の場合は20世紀

に特徴的な、社会における階層移動のケースだと思うのです。祖父は労働者、両親はブルジョワ、そして私は知識人です。経済的資本から象徴的資本に移動した、というのが私の親の世代から私の世代への変化です。」

マニグリエは評論誌「レ・タン・モデルヌ」の編集委員もしており、2016年の暮れに「立ち上がる夜」の特集を組んだ。参加者に寄稿を求めただけでなく、自ら「『立ち上がる夜』〜思考の実験〜」と題する60ページに及ぶ文章を書いた。マニグリエは政界の最大の問題が「légitimité（レジティミテ＝正当性）」にあるとした。ここで言う正当性とは政治家が有権者から委託された権力を正当に行使していないことを指す。2003年の動機が不正だったイラク戦争はもとよ

「レ・タン・モデルヌ」誌の「立ち上がる夜」の特集号

り、2008年のアメリカ発金融恐慌の責任者の処罰は行われていないし、適切な金融規制も取られていない。金融と闘うと公約したオランド大統領も公約を破った。政治家が有権者から託された権力を正当に行使していないことが問題だという。

▼主導権を人々が自分の手に取り戻す

「立ち上がる夜」の可能性もまた正当性を人々が政治家や政治機構から奪い返すことにあった。様々な社会運動の人々が1つの大きな組織の傘下に併合されると、上からの命令で動くだけの機械の歯車になりがちだ。命令に背けば排除される。そうならないためにはそれぞれの運動組織が主体性を維持したまま独立し、他の運動体と横に連携することが大切だという。強い反政府リーダーのもとに一糸乱れぬ政治闘争を行うことと、「立ち上がる夜」という運動はまったく異なるのだ、と。だから「立ち上がる夜」は政府や政党や労働組合などの組織とは距離を置いて

「市民よ！私たち自身で次の憲法を起草しよう」© Zazoum Tcherev

いた。マニグリエは個々の運動体が縦型構造の組織の傘下に入るのではなく、個々の運動体のままに独立を保ちながら水平に連携していくあり方を hégémonique という言葉を使って説いている。hégémonie と言えば英語のヘゲモニーと同じで「覇権」とよく訳されている政治用語だから当初、唐突感があった。たとえばアジア太平洋の地政学的な使い方として「アメリカと中国が太平洋地域の覇権（ヘゲモニー）を争っている」というような使い方をよくする。だから印象の良くない言葉であり、帝国主義的なニュアンスで受け止めがちだ。だが、ここでマニグリエが使う hégémonique という言葉は、イタリアのマルクス主義思想家でイタリア共産党の創始者アントニオ・グラムシ（Antonio Gramsci, 1891-1937）から取られた言葉だと言う。hégémonie を改めてフランス語の辞書で引けば「覇権」とは別に「主導権」という訳語もある。マニグリエが語っているのはむしろ、この「主導権」という意味合いだろう。主導権を人々が自分の手に取り戻す、という意味である。

マニグリエが参加した「広場の民主主義委員会」では2016年5月に入

ると、総会に意思決定のプロセスを設けようとした。それをもって「立ち上がる夜」全体の意思決定としようとしたのである。委員たちは広場に集まった人々に賛成、反対を示す色付きの紙を配り始めた。提案のある人たちに1人持ち時間を何分か与えて話してもらい、聴衆がこの提案を来週の多数決にかけるかどうかの採決をする。そこで一定の賛成を得た提案は1週間の熟慮の期間を置いて広場で再び採決するのである。こうした形で「立ち上がる夜」で定期的に提案を採決して、何らかの政治改革や社会改革に結びつけようと言うのだろう。

　しかしマニグリエはそうした方向性に真っ向から反対した。広場で意志決定のプロセスを設けたとしても、参加する人々は毎日同じ顔触れではなかったし、昨日多数決で決定したからと言って、今日訪れた人々がそれに賛同できないこともあるはずで、そこが国会とは違う点だった。「立ち上がる夜」は英国の政治哲学者ロックが提唱したような、もう1つの国会ではなかったのだ。というのも、わずか数千人のパリの市民だけで抵抗権を行使して、新たな立法府を樹立した、というのは18世紀ならともかく、今日ではかなり難しいだろう。さらに1つ間違えると政治運動のコマとなり、逆にヘゲモニーの喪失につながりかねないからだ。それでは「立ち上がる夜」は最終的に何を目指すのか、となると難しい。

　2016年5月半ばを過ぎ、政府が労働法改正をゴリ押しで進めていくうちに「立ち上がる夜」は目標を見失ってきたのか、失速しつつあった。

第6章 「立ち上がる夜」は終わったのか

国会下院前。憲法49条3項が適用されたので駆けつけた人々

▼禁じ手を使ったバルス首相

「立ち上がる夜」はいつ終わったのか？　答えは人それぞれだ。「広場での『立ち上がる夜』は終わったが、『立ち上がる夜』は終わってはいない。」これは典型的な答えだ。「立ち上がる夜」は労働法改正阻止がまず目標だったことはすでに書いたが、政府が提案したこの法案は2016年5月当初は国会で激しい反対にさらされ、難航していた。というのも週35時間労働制を基準に労働者の権利を手厚く守る労働法を制定したのはマルチーヌ・オブリやリオネル・ジョスパンなど社会党の政治家だったからだ。オブリ議員やブノワ・アモン議員ら「フロンド派」と呼ばれる社会党の造反議員たちが労働法を守ろうとして、行政府のバルス首相やエルコムリ労働大臣に国会で激しく抵抗していた。一方、野党の共和党はネオリベラルの経済政策だから本質的には規制緩和に賛成なのだが、週35時間労働法制自体を廃棄せよ、というより大胆な規制緩和を求めて右の立場から反対していた。社会党議員の造反によってバルス首相は労働法改正の国会下院通過に必要な票数が集められそうになかった。国会の外側ではCGTやFOなどの労働組合や学生組合が反対デモを繰り返していた。

そこでバルス首相は禁じ手を使うことにした。国会下院での裁決をすっ飛ばして内閣が自分の裁量で法案を通してしまう、という強引な手法である。これは憲法49条3項の「法案に政府の信任を賭ける手続き」と言われる仕組みである。民主主義的なプロセスを飛ばす手続きであるため、例外的なケースでしか使うべきではない。ただ、もし下院議員たちが内閣に異議があれば24時間以内に不信任動議を提出して577人の下院議員で多数決を行うことができる。内閣を信任しない票が多数であれば内閣は解散しなくてはならない。バルス首相が49条3項を使うことを宣言したのは5月10日のことだ。「立ち上がる夜」の参加者たちはその日、広場での話し合いをやめて、大急ぎでセーヌ河畔にある国会下院前に移動した。激しい雨が降ってきた。あるグループは国会前の道路にスクラムを組んで立ちふさがり、自動車やバスの交通を力づくで止め、国会前に民衆が集まる広場を作り出そうとした。もし成功していれば国会前が新しい「占拠」の舞台になっただろう。ところが待機していた機動

隊員10人あまりが駆けつけ、若者たちを鷲づかみにし、道路の封鎖を実力で阻止したのである。機動隊は活動家を国会前のコンコルド橋のたもとに追い詰め、囲い込み身動きできないように厳重に取り囲んだ。国会傍のカフェでは雨宿りのジャーナリストや左翼活動家が集まり、設置されたTVでバルス首相が国会で49条3項を適用する旨を語っている中継映像に見入っていた。「ファキル」の編集長、フランソワ・リュファンもこの時、アミアンから駆けつけて見守っていた。

　共和党が提出した不信任動議は否決され、労働法改正案はあっさり下院を通過。上院の審議に回されることになった。上院では49条3項は使えないから、上院での審議はそのまま行われ、上院と下院の双方が一致するまで審議が両院で繰り返されるが、もしどうしても合致しない場合は、最終的に下院が優越される。バルス首相は7月5日に再び下院で49条3項を使い、労働法改正案を力づくで可決させた。

▼音楽家パルカブの思い

　激しい雨の下、カフェに待機して国会の行方を見守っていた中年の男、

音楽家のフレデリック・パルカブ

第6章 「立ち上がる夜」は終わったのか

　フレデリック・パルカブ（Frédéric Parcabe）は「社会党は終わった」と思った。パルカブが政治運動をしたのは初めての体験だった。「立ち上がる夜」では「陪審制推進委員会（Jury Citoyen）」に所属していた。陪審制とはこの場合、裁判のことではなく、地方議会の予算や重要な決定には市民が陪審員として参加する制度のことである。市民の中から一定数が抽選で選ばれ、議会で専門家の説明を聞いて、予算案や条例案などが適正かどうかを評決する。通常のことは地方議員がやればよいのだろうが、重要な問題は市民が参加する必要があると考えるのだ。これは市民が政治を議員や行政官任せにしている現状の打開を目指し、直接民主主義へと道を開くものだ。起源はドイツやアメリカにあるそうだ。

　パルカブは音楽家で、バンドのギタリストをつとめることもあればテレビCMの作曲をすることもあった。政治にはそれほど関心がなかった。だが「立ち上がる夜」が始まった時、ふとしたきっかけから、参加することになった。パルカブの小学生の娘のクラスメートの父親が「立ち上がる夜」で「陪審制推進委員会（Jury Citoyen）」を立ち上げたアントワーヌ・ギニエ（Antoine Guignier）だったのである。最初はギニエが一人で広場に立っていた。パルカブは最初はこの委員会の中味がよくわからなかったが、ギニエを手助けしたいと思った。パルカブの父親は農民だったがパーキンソン病と前立腺がんを発症していた。これらは農民に多発する病気で農薬が作用していると疑われている。今、欧州連合が向かおうとしている自由貿易協定はまさにこうした健康問題に対して市民を無防備にしてしまうのではないか、とパルカブは思っていた。「陪審制推進委員会」に参加して広場に通ううちに、様々な人々と話し合い、それまで関心を持っていなかった政治や経済の世界に目が開かれてきた。ジョン・パーキンズ著「エコノミック・ヒットマン〜途上国を食い物にするアメリカ〜」という本も読んでみた。アメリカが途上国に多額の資金を貸し付けて債務漬けにし、返済できなくなると資源などを根こそぎ奪う実態を自らの体験をもとに告発した本である。パルカブにとって、憲法49条3項を適用したバルスはジョージ・オーウェルの小説「1984年」に登場する独裁者に思えた。

　バルス首相の強引なやり方に各地で大規模デモが行われ、機動隊とデモ隊との衝突は日増しに暴力的になっていった。機動隊は催涙ガスや放

水車、さらにフラッシュボールと呼ばれるゴム弾でデモ隊を追い払った。片目を失明した痛々しい男の姿もあった。カメラマンらは取り囲まれ、撮影したフィルムやカードを取り上げられていた。フランスでは前年11月のテロ事件から非常事態宣言が敷かれ、政府はテロ関連の疑いさえあれば逮捕令状や捜査令状なしで個人の住宅に踏み込み、家宅捜索ができた。治安が悪化していると判断されれば集会も禁止できた。共和国広場を取り囲む機動隊との緊張も高まってきたため、4月半ばに比べると高揚感も衰え、集まる人もめっきりと減っていた。パルカブに「立ち上がる夜」はいつ終わったと思うか、と質問したら、こう答えた。

パルカブ　「広場の『立ち上がる夜』は確かに終わったけど、『立ち上がる夜』自体は終わっていない。いつかは広場から引き上げる時が来ることは最初からわかっていた。広場での『立ち上がる夜』が終わったのは、はっきりした日付は記憶にないが、5月末頃じゃなかったかと思う。というのも、サッカーの国際大会がパリで開催され、そちらに人々が動員されていったからだよ」

「陪審制推進委員会（Jury Citoyen）」を設立したアントワーヌ・ギニエはその後も週末に集まって今もコツコツ活動を続けている。

▼「立ち上がる夜」は素晴らしい経験だった

もう一人、「立ち上がる夜」に参加したパリの女子大生にいつ「立ち上がる夜」が終わったと思うか、と聞いてみた。名前は出したくないと言うので仮にデルフィーヌということにしておこう。

デルフィーヌ　「私の中で『立ち上がる夜』が終わったのは、私の記憶では4月の半ばだったと思います。私たちは象徴的なモニュメントとして共和国広場の中に城を作ろうとしていたんです。材木を使ってです。100人くらいが集まり夜通しで作るつもりでした。そうしたら、機動隊がやってきてみんなを殴り、モニュメントを壊したんです。この暴力的なことがあった後、広場からめっきり人が少なくなりました。私もそれ以来広場に行かなくなったんです」

それでもデルフィーヌは「立ち上がる夜」は素晴らしい経験だったと言う。

デルフィーヌ　「知らなかった人たちと出会える貴重な機会だったん

です。話し合いも刺激に満ちていました。最初は素晴らしい運動だったんですよ」

デルフィーヌはその後、反ファシスト学生団や極右組織とパリの路上で闘争しているそうだ。敵の1つはアクションフランセーズ（Action française）という19世紀末に結成された極右組織だという。闘争を路上で行っていると、警察が介入することもある。デルフィーヌも腕を警棒でしたたかに殴られ、留置所に入れられた。

フレデリック・パルカブが「立ち上がる夜」の終わりはサッカーの国際大会がパリで開催されたからだと語ったが、これはユーロ2016と言う、欧州のサッカー選手権大会のことだ。期間は6月10日から7月10日までの1か月間。BBCの報道によれば、合計で51の試合が行われる。この大会につめかける観客は延べ250万人が予想され、そのうち100万人が外国人の観客と見込まれていた。警備要員は9万人が動員される予定だった。この時の大会もテロの恐れがあるから治安が大切だという報道が大々的に行われていた。政府にとってユーロ2016は労働法改正の問題を人々の頭から払拭するためのチャンスだった。

「立ち上がる夜」の委員会の1つ「立ち上がるメディア」に参加したソフィー・ティシエ（Sophie Tissier）は話題をスポーツに振り向けようとしているTVメディアに対して単身、ゲリラ作戦を行った。実はソフィーは人気番組の生放送中に放送局の内部事情を視聴者にぶちまけた

サッカーファンになりすまして労働法改正問題を語ろうとするソフィー・ティシエと困惑する記者

ことのあるお騒がせ者だった。2013年5月30日に"Touche pas à mon poste"という生放送の番組に闖入した時のことだ。番組のスタッフだったティシエは生放送中に司会のシリル・ハヌーナ（Cyril Hanouna）の脇にやってきて、「番組を作っているCanal＋グループが経営悪化を理由に、スタッフの給料を25％削減する予定です。本当は大きな売り上げを上げているのに」と言ったのだった。台本にないハプニングに、ハヌーナは「そんなに？　僕も彼女の側に立つね」と機転を利かせ、スタジオの笑いを取った。コメンテーターとしてスタジオにいた左翼党のジャン＝リュク・メランション議員は驚いてソフィーを見つめていた。これが起爆剤となって、放送スタッフの不安定な生活実態が問題視されるようになったそうだ。「重大な問題が起きていないのに解雇している」とか「短期雇用契約を悪用している」というような批判がCanal＋グループに向けられた。ティシエはCanal＋グループから解雇されることになり、不当解雇として係争中だと言う。

　2016年3月初旬、ティシエは今回の労働法改正案が可決すれば短期雇用の放送スタッフが不当解雇されても今後は補償金が半減することになるだろう、と警告を鳴らしていた。サッカー大会のユーロ2016が開催されると、ティシエは危機感を抱いた。ティシエはサッカー大会の生放送中に熱烈ファンを装い、額と両頬にフランスの三色旗を描いてインタビュアーの前に立った。マイクを向けられると突然、赤いチラシを取り出した。そこには「労働法改正案はレッドカードです」と書かれていた。ティシエはカメラに向かって「ちょっといいですか」と切り出した。狼狽したインタビュアーは「すみませんが、そういう番組じゃないんで」と慌ててティシエを画面の外に押し出した。

▼次の炎につながるための何か

　欧州サッカー大会の直前の6月7日、「立ち上がる夜」の立ち上げメンバーの演劇人、ロイク・カニトゥル（Loïc Canitrou）はフランスの経団連、Medef（Mouvement des entreprises de France, フランス企業運動）の本部を占拠し逮捕された。カニトゥルは左翼劇団「ジョリ・モーム」（Compagnie Jolie Môme）の技術スタッフである。ジョリ・モームはブレヒトの芝居や左翼的なミュージカルを80年代から舞台や街頭で行って

きた。根城はパリの北の郊外、サンドニにある。カニトゥルは労働組合CGTの劇場労働者部門に属している。劇場労働者や映画産業の関係者は興行単位での短期契約が多い。だから、公演や撮影などが終わると、次の仕事まで間が空くこともあるが、こうした労働者が生きていくための失業保険の給付も一連の改正でより不利な条件になろうとしていた。Medefを占拠して捕まったカニトゥルは48時間拘束された後、6月9日に釈放された。留置所の外には300人以上の仲間が詰めかけカニトゥルを迎えた。バルス首相は2016年7月5日に下院で再び49条3項で強引に修正後の労働法改正案を可決させ、上院でも可決した結果、8月8日にオランド大統領がサインして法律となった。これを機に、「立ち上がる夜」は広場からほとんど姿を消したのである。

　哲学者のパトリス・マニグリエは「レ・タン・モデルヌ」誌に寄稿した「『立ち上がる夜』〜思考の実験〜」をこう締めくくっている。

　「『立ち上がる夜』は灰の中から同じ形態で復活することはないだろう。だが、何かが灰の中で温められるだろう。何かというのは、私たち多くの人間がこのまま消えてなくなることを望まない何かだ。次の炎につながるための何かである。私たちは今もなお、新しいヘゲモニーの形を探し続けているのだ」

第7章　オランドの裏切りとマクロンの登場

エマニュエル・マクロンの大統領選のポスター

▼金融界の腐敗に起因する欧州の経済危機

　2012年に大統領候補者になったときフランソワ・オランドは聴衆にこう語りはじめた。「皆さんに1つのことを打ち明けます。この闘いで私の敵は誰なのか。闘うに足る相手は誰なのか。敵には名前がありません。顔もありません。党にも属していません。立候補もしていませんし、選挙で選ばれることもありません。しかし、恐らく統治をするのはその相手なのです。その敵と言うのは金融の世界です」

　2012年の大統領選挙で社会党候補のフランソワ・オランドは金融界と闘うと宣言した。すし詰めのキャンペーン会場から大きな拍手が起きた。2008年のリーマンショックやそれに続いて欧州で起きた経済危機は金融界の腐敗に起因していた。金融機関は預金者が汗水たらしてためて預けた金を投資に使い、利回りのいい株や債券や国債を大量に買い込んだがその暴落で巨額の不良債権を抱えることになり、その埋め合わせに税金が使われたのだ。だが、金融界はできる限り、金融規制を阻止するため欧州委員会にロビイストと巨額の金を使って猛烈な圧力をかけ続けた。

　大統領選投票日の約1ケ月前の2012年3月、ジャーナリストのフランソワ・リュファンはパリ西部のラ・デファンスに足を運んだ。ラ・デファンスは再開発された都市で高層ビルに大企業がオフィスを置いている。その中に、フランスの大手金融機関クレディ・アグリコルもあった。リュファンが訪れたのはチーフエコノミストのニコラ・ドワシイ（Nicolas Doisy）にインタビューを行うためだった。ドワシイはオランド大統領が当選した場合の政策を分析したレポートをまとめていた。そこにはフランスがユーロ圏にとどまりたければ労働市場を規制緩和しなくてはならない、と結ばれていた。賃金が高止まりし、一度雇ったら解雇が難しい硬直した労働市場によってフランスの国際競争力が損なわれているというのである。ドワシイは、オランド大統領は「金融界と闘う」という有権者への公約と、ユーロ圏に留まるための条件（すなわち労働市場の規制緩和）との両立不能なものの間に立たされることになるだろう、と語った。ドワシイは「こうした労働規制の緩和はイタリアやスペインやギリシアなどの国々が2010年の欧州経済危機以後、強いられてきたことだ。ドイツも2000年代初頭から労働市場のフレキシブル化を行っ

ていた」と語った。もしフランソワ・オランドもフランスがユーロ圏に留まるかどうか、欧州連合から脅されていると国民に語りかければ、フランス国民も労働市場の規制緩和もやむなしと思うだろう、とドワシイは提言していた。

　オランド大統領は2014年3月に内閣改造を行いジャン=マルク・エロー首相からマニュエル・バルス首相に変えた。それから間もなく経済大臣のアルノー・モントブールが更迭され、後任にロスチャイルド系銀行の金融マンだったエマニュエル・マクロンが抜擢された。2012年に金融が敵であると語ったはずのオランド大統領のもとで、金融機関の出身者が経済大臣に抜擢されたのである。マクロンは労働市場のフレキシブル化、労働法の規制緩和を目指して活動し始めた。リュファンはクレディ・アグリコルのニコラ・ドワシイとの話について「2012年3月のインタビューで聞いたことが現実化していったんだ。あの話は全部、本当だったんだよ」と語った。

▼元金融マン、エマニュエル・マクロンの登場

　マクロンは2012年5月にオランド大統領の政権が発足すると大統領府副事務総長（Secrétaire général adjoint）というポストに就任した。パルス内閣のもとでマクロンが経済大臣に抜擢されるのは2014年8月のことだが、オランド大統領の始動直後から金融世界の出身者、マクロンが大統領のアドバイザーとなっていたのは注目に値する。マクロンは当時34歳の若さだった。マクロンはどういう出世コースを進んできたのだろうか？　フランスではマクロンの選挙戦に合わせて多くの出版物が世に出たが、中でも「マクロン〜マクロンの全情報　68ページ特集〜」という写真入りの評伝は情報に富む。注目されることはマクロンを政界のスターダムに押し上げたのが、知識人のジャック・アタリ（Jacques Attali）

政治家としての若さを見せつけたマクロン

だったことだ。

　アタリは経済学者であると同時に様々なジャンルの本を多数書いている。2006年に出版された"Une breve histoire de l'avenir"（未来に関する短い話）はこれから50年間の世界の展望を語った本である。またサルコジ政権下の2008年に出版されたものに"La crise, et après?"（危機、そして？）と題するものがあるが、リーマンショック以後に訪れる厳しい不況の時代を金融の動きを中心に描いたものだ。いずれにしても秀才らしく、データを豊富に取り寄せて書斎で作り上げていくタイプの人のようだ。ユダヤ人の歴史に関する本、啓蒙思想家ディドロや経済学者マルクスの伝記、男女の愛の歴史など扱うテーマは多岐にわたる。学歴を見ると、理工系のエリートが通うエコール・ポリテクニーク、さらにパリ政治学院、そしてフランス国立行政学院（ENA）と、文系も理系もフランス最高峰の教育を受けたエリートである。知的好奇心が極めて強かったのだろう。1981年に社会党のフランソワ・ミッテランが大統領になってから、大統領の知的参謀となった。ところが2007年に大統領に選出された右派のニコラ・サルコジ大統領のもとでもアタリは「フランスの経済成長のための委員会」の委員長に就任しており、この委員会は彼の名を取って「アタリ委員会」とも呼ばれた。フランス経済の成長のために何が必要なのかをレポートにする委員会である。

　アタリは左派にも右派にも顔がきく大物だ。「右でもない、左でもない」という言葉はアタリを指すように感じられる。ミッテラン大統領の時代は1981年から1995年まで2期、14年間に及んだ。この間、社会党は右派政党と連立を組んだためにフランスでは最低賃金の引き上げや死刑廃止、社会保障の充実など社会主義的な政策が実現した一方で、国営企業の民営化や様々な規制緩和も同時に行われた。社会党自身が新自由主義化していくと、左派の人々は逆らい難い。

　アタリがマクロンに目をつけたのはアタリ委員会を指揮していた時だった。ENA（国立行政学院）出身でフランス財務省の財政監察官をしていたマクロンを「アタリ委員会」のメンバーに加え、様々な提言をさせた。この時マクロンの将来性を感知したであろうアタリは、ロスチャイルド銀行グループにマクロンを紹介したとされる。大統領や大臣を何人も間近に見てきたアタリはマクロンを将来の大統領に仕立てていく構

想があったのではなかろうか。マクロンが2014年に経済大臣に抜擢されてまず手がけたことが、いわゆる「マクロン法」とも呼ばれる「経済の成長と活性化のための法案」である。商店の日曜日の営業規制の緩和を盛り込んでおり、労働法の規制緩和の前ぶれともなった。これらはそもそもアタリ委員会でマクロンが考えたことがベースになっているようだ。

▼ドイツ左翼政権が仕掛けた労働市場のフレキシブル化

大手金融機関クレディ・アグリコルのチーフエコノミスト、ニコラ・ドワシィがリュファンに語った「ドイツは2000年代初頭から労働市場のフレキシブル化を断行した」とはどういうことだったのだろうか。参考に田中素香著「ユーロ危機とギリシア反乱」(岩波新書)を書店で見つけて買って読んだ。田中は欧州に詳しい経済学者だ。注目は2003年に始まったドイツの「アジェンダ2010」に関する記述である。「アジェンダ2010」は労働法の規制緩和と社会保障制度の切り下げのプランであり、皮肉にも提唱したのは左派である社会民主党のゲアハルト・シュレーダー政権だったとある。労働者の解雇を簡単にしたり、失業手当給付期間を減らしたり、年金や医療保険を改めたりと労働者にとっては厳しい改革となった。このような改革を左翼政党が行った背景には東西ドイツ統一後のドイツ経済の深刻な停滞があった。

「労働組合は強く反対したが、シュレーダー政権は改革を断行した。一種の『劇薬』を国民が受け入れたのは、2005年当時ドイツの失業率はピーク時で13％、旧東ドイツでは21％と高く、ドイツ悲観論が蔓延するという背景があったからである」(「ユーロ危機とギリシア反乱」) ドイツ人はこのような厳しい改革を自ら行っていたため、彼らから見れば経済危機の後、欧州連合本部から同様の改革を迫られて暴動を起こしていたギリシア人は甘えているように見えた。ドイツは欧州統合を機に労賃の安い東欧に投資して工場を建てた。ドイツ企業の経営陣は賃上げを訴える労組に「そんなに言うなら工場を海外に移転する」と脅し、賃上げの抑制にも成功した。ドイツのメーカーの国際競争力は強化された。アジェンダ2010はシュレーダー政権から、右派のアンゲラ・メルケル政権に移行しても引き継がれ、失業率は現在6％まで下がっている。前に雇用の研究をしている経済学者のアンヌ・エイドゥ (Anne Eydoux) を引

用したが、「(労働者の権利に手厚い)労働法があるためにフランスは失業率が高い、ということを実証するデータはない」と彼女は言っていた。だが、隣国ドイツでは労働法を規制緩和したら実際に失業率は半減した。とはいえ、これはドイツ経済が好調だから減っているだけかもしれないのだ。もし経済が停滞しているときに解雇規制が緩和されていれば一気にリストラの波が押し寄せ、失業率は簡単に跳ね上がる可能性もある。実際、エイドゥは経済危機に陥ったスペインなどの例を引いて検証している。

ドイツの「アジェンダ2010」は2016年にオランド大統領のもとで始められた一連の改革に実によく似ているし、それはマクロン大統領の政策ともつながっている。これらが独仏共に左派政権の手で始められたことは興味深い。

▼時間を奪われる人々

労働法の規制緩和法案の帰結は何か。「立ち上がる夜」に参加した音楽家のフレデリック・パルカブによると、時間が奪われることに他ならない。

フレデリック・パルカブ 「今、政府がしようとしていることは人々から時間を奪い取るということなんです。たとえば今回の労働法改正では労働時間が雇用する側の都合によってフレキシブルに変更することができる、という条文があるのです。労働者を雇う側にしてみれば自由に決められるのは便利でしょうが、雇われる側にしてみると、ある程度規制がないといろんな形で時間を取られてしまいますよね。たとえば

フレデリック・パルカブ

年老いた老親の世話ができなくなるとか。さらに時間が奪われるということはものを考える時間が奪われる、ということでもあるんです。時間というものが人間を一番豊かにしてくれるものなのに、時間が奪われてしまう。これはとても重大なことなんです。」

第8章 政界再編の引き金となった「左翼の二つの文化」

革命の英雄ダントン。ジャコバン派が今日の左翼の源流となった

第8章 政界再編の引き金となった

▼ミシェル・ローカルの「左翼文化論」

　2017年、フランスの政界は社会党と共和党という左右の二大政党が中心から脱落し、「右でもなく、左でもなく」をモットーとするエマニュエル・マクロンの "En Marche！"（前進！）が主役に躍り出た。マクロンには国会議員の経験もなかった。マクロン大統領を生んだものはそれまで政権を運営していた社会党の変容に他ならない。

　その象徴はオランド大統領が内務大臣や首相に抜擢した社会党のマニュエル・バルス（Manuel Valls）だろう。バルスは社会党の右傾化の中心人物である。と同時に、もっと賢い人間たちによって利用された印象もある。バルスはスペインのバルセロナで生まれている。スペイン人の父親らはすでにフランスに移住しておりバルスもフランスで育った。18歳になった1980年にバルスはフランスに帰化している。その頃、バルスはパリ大学パンテオン・ソルボンヌ校（第一分校）に通い、歴史学を専攻した。同年、彼は社会党に入党。社会党の中でバルスが尊敬していたのがミシェル・ロカール（Michel Rocard）だ。これはフランスで買った "Society" 誌（2016年5月号）のバルスのインタビュー特集に書かれている。またバルスが尊敬した外国の政治家は西ドイツの社会民主党の党首ヴィリー・プラント、スウェーデンの社会民主労働党党首オロフ・パルメ、スペイン社会労働党の書記長、フェリペ・ゴンサレス・マルケスらだ。いずれも社会民主主義の政治家たちである。

　ミシェル・ロカールはパリ大学を卒業後、パリ政治学院、フランス国立行政学院（ENA）で学んだエリートで、ミッテラン大統領の時代に首相にもなった。ロカールは「左翼の文化」には二派あるとして、自らは「第二の左翼文化」に属すると語った。第一の左翼文化は共産主義を目指す左翼たちで、フランス革命時代のジャコバン派の系譜だ。ジャコバン派は貧富の格差をなくそうとして革命をさらに継続しようとした。一方、第二の左翼は資本主義と協調路線を取り、イデオロギーに固執せず、状況に合わせて実務的に処理する。フランス革命で言えばジロンド派になるらしい。ジロンド派は革命初期の段階では左派だったが、ジャコバン派ほど富の再分配には固執しなかった。ロカールが提唱した左翼の2つの文化、という分類は左翼が強いフランスの政界では有名になったよ

うだ。

　ミッテランは1981年の大統領選で共産党と手を組んだ。だから、ロカールから見ればミッテランも第一の左翼文化であり、ロカールは第二の左翼文化だった。ミッテランは大統領に就任した後、銀行や企業を国有化する動きを見せたが、ロカールはこれに反対した。二人の対立は社会党の２つの派閥とも言えるものだった。エマニュエル・マクロンも大統領選に際して出版した「革命」と題する著書の中で、ロカールに学生時代に出会い、薫陶を受けたと語っている。バルスとマクロンがともにミシェル・ロカールから大きく刺激をうけていたのだ。だから、最近のフランス社会党の異変を考える上で、ロカールについて知ることが必要なのではないか。

　そこでもう少し、「第一左翼と第二左翼」なる対立について詳しく知りたいと思い、フランスの左翼の歴史に関する入門書を入手しようと考えた。書店でフランスの社会主義、あるいはフランスの左翼の歴史が系統的に読める本はありませんか、と尋ねた時、書店員が教えてくれたのがジャック・ジュリアール著「フランスの左翼　1762-2012」(Jacques Julliard, "Les Gauche françaises 1762-2012") という本だった。その時、ジュリアールの名前を初めて記憶に刻んだのだが、調べてみるとフランスの左翼史の研究者として著名で、テレビや新聞などでもよく解説をしている人物だ。「フランスの左翼　1762-2012」は表題の通り、革命前からオランド政権の誕生の頃まで、250年の左翼史をつづった大作でページも900ページを超え、厚みが４センチほどにもなる文庫本である。2012年に出版されたからなのだが、この本のタイトルを見て「2012年でフランスの左翼は終ったのか？」とからかう人がいる。

▼「左翼」と「右翼」発祥の地パリ

　これは前から耳にしたことがあったが、左翼とか右翼という言葉の左とか、右が何を意味しているのか、その由来は1789年のフランス革命にある。ジャック・ジュリアールの「フランスの左翼」も、当然ながらそのことに触れている。その前にフランス革命のことを少しおさらいしておきたい。そこで山川出版社の「フランス史」や中公新書の「物語　フランス革命」（安達正勝著）なども帰国後に読んでみた。

第8章 政界再編の引き金となった

　フランス革命はルイ16世が財政難を克服するために1614年に中断して以後、初めての三部会を開催したことに端を発している。財政難に悩まされたルイ16世は免税特権を持っていたカトリックの聖職者（第一身分）と貴族（第二身分）に課税したいと思った。土地で得られる収入に課税しようとしたのだ。ところが当然ながら、貴族らの強い反対にあった。パリ高等法院も貴族への課税を却下し、平民を含めた三部会を再開して議論すべし、と王に勧めた。貴族たちも三部会を開けば自分たちに有利な方向に制度を変更できると考え、三部会の開催に賛成し、最終的に王のルイ16世が開催を認めたのだった。だが、議案の採決の方法をめぐり、3つの身分で対立が生じた。身分的に蔑まれてきた第三身分の議員数は578人で、聖職者は291人、貴族は270人だった。いずれにしても第三身分の議員数は聖職者と貴族の議員数を足したものより少し多かった。そのため評決で議員全員が一緒に投票してその総数でカウントすれば第三身分の意思が反映されることになる。だが、3つの部会別の投票結果で決めるのであれば特権階級の2つの部会の意思が反映して2対1となり、第三身分の要求は封じられるだろう。

　こうした中、第三身分の人々は「税を納めているのは第三身分だけだ。だから第三身分こそが真の国民だ」と主張し始めた。そこで第三身分だけで国民議会を開くことに決めた。国民議会には第三身分に共鳴する若干の進歩的な貴族や聖職者も加わった。こうして国民議会がやがては憲法制定国民議会になり、絶対王政から立憲君主制に向けて動き出したのである。しかし、ルイ16世はそれを認めず、地方駐屯の軍隊をパリに呼び戻した。このため王が軍事力で国民議会を弾圧するのではないか、と市民の間で緊張が高まった。第三身分の人々は武器を手に市民軍を創設し、徹底抗戦の構えを取った。こうして1789年7月14日にバスチーユ監獄を市民が攻撃して革命が始まった。バスチーユ監獄には革命をするための弾薬があったのだ。

　革命が進行し、ルイ16世を幽閉したのち、王の処遇も含めて、体制をどうするか1792年に始まった国民公会の議員たちの間でも議論が分かれた。ジャック・ジュリアールはこの時、革命を推進するグループ（左翼）と、革命を終えようとするグループ（右翼）と、その中間に位置する議員たちの3通りに分かれたとしている。革命推進派が左翼と呼ばれ

たのは議会の左の位置に陣取っていたからだ。ちなみにこれは中央の議長席から対面する議員たちの席を見た時の「左」とか「右」を意味する。左翼の中でも最も急進的なグループが山岳派で首領の一人がロベスピエールだった。山岳派は議場の中の高い位置に陣取ったことでそう呼ばれているが、身分制社会を廃止するだけでなく、格差解消や貧困対策も掲げ、所有権の制限や、生活保障制度も必要だと考えた。また革命の遂行のためには中央集権国家による様々な統制もやむなしと考えた。この流れが今日の左翼につながっていく。一方、左翼の中にはジロンド派という別のグループもあった。ビュゾーやペティヨンらジロンド派は、経済は統制しない方がよいし、中央集権より地方分権をよしとした。また、人権はどんな場合であれ、国家によって制限すべきではないと考えた。これは後の共和党に代表される経済リベラリズムの流れになっていく。革命時代の左派の中にはこうした対立軸があった。彼らが当初左翼と一括して呼ばれていたのは、ともに王侯・貴族や聖職者を特権階級とする「アンシャン・レジーム」(旧体制)を打破しようとしたからだった。

　一方、革命時代の右翼の代表的な議員にはモーリ司祭やモンテスキューなどの「貴族派」やムニエなどの王党派らがいた。貴族派と言っても、モーリ司祭のような聖職者も含まれていた。また「法の精神」を書き上げたモンテスキューは、十分に進歩的な法哲学者だったが出自は貴族だった。彼らは議場の右側に位置し、その多くが王政を維持する立場だったとされる。

　だが、実際には右翼と左翼の中間には多数の中間派がいたとジュリアールは書いている。中間に位置するこのグループにはミラボーやラファイエットらが含まれる。彼らは基本的には立憲君主制をよしとしていた。このようにフランス革命直後の18世紀の左翼と右翼の基本的な違いは、王政を守るか、共和政に移行するかが対立軸だった。そもそも、ルイ16世自身、財政難という事情も手伝って制度改革を進める改革派の顔を持っており、外国へ逃亡しようとしたヴァレンヌ逃亡事件を起こして民衆の感情を悪化させなければ、絶対王政から英国のような立憲君主制に穏便に移行できたのかもしれない。

　このように当初は王政の廃止か、継続かを鍵として右翼と左翼に分けられていたフランスの議会だったが、右翼と左翼という言葉は相対的な

ものに過ぎず、時と状況に応じて変化していったとジュリアールは書いている。実際に、王党派が後退して革命が進展すると、今度はそれまで左翼だったジロンド派が右翼となり、左翼はロベスピエールらの山岳派となった。この対立は基本的には今日のフランス政治における社会党（左派）と共和党（右派）の対立の原風景と言えるだろう。共和党は経済の面では国家の介入をできるだけ少なくすべしと言うリベラリズムを基本とする。そして企業減税や小さな政府をよしとする。一方、社会党はできるだけ再分配を行い、貧富の格差を減らそうとしてきた。こうした対立軸をフランス革命は孕んでいたものの、ジュリアールは4つの大原則だけは最初の数年に確立したと言う。それは「基本的人権の尊重、国民主権、政教分離、公教育」の4つだ。

▼「第二の左翼」ロカールとその継承者たち

　ジュリアールの「フランスの左翼　1762-2012」をもう少し参照したい。ジュリアールによると、1977年6月にナントで開かれた社会党の党大会でミシェル・ロカールは「フランスの左翼には2つの文化がある」と語った。1つは中央集権的で、フランス革命のジャコバン派あるいは山岳派の系譜である。保護貿易主義的でかつ、中央に位置する国家官僚が経済などを統制する文化である。この文化がフランスの左翼の主流で第一の左翼の文化だった。

　一方、もう1つの左翼の文化は「自主管理」を原則とする。国家の役割を否定するわけではないにせよ、中央集権より自治とか自主管理あるいは地方分権に軸を置く。現場での判断や選択を重視する。同時にまたこの文化は女性や植民地、移民といった社会的に抑圧されてきたマイノリティの立場を尊重する。ロカールは、自分はこちらの文化に属する、と言うわけだ。「自主管理」は1968年の五月革命のキーワードともなった言葉であり、ロカール自身もコミットしていたらしい。労働組合で言えば「第二の左翼」は経営陣と柔軟に妥協するCFDT（フランス民主労働総同盟）であり、「第一の左翼」は全国的に統一方針を作り、イデオロギー的に闘うCGT（労働総同盟）と言えるだろう。

　ロカールから見たミッテランは植民地支配を正当化する国家主義者であり、その象徴はアルジェリア独立戦争の時にミッテランが独立に反対

の立場を取り、法務大臣として多くのアルジェリア人の闘士の死刑を行ったことにある。一方、ロカールはアルジェリアの独立支持だった。ロカールを信奉するのがマニュエル・バルスであり、エマニュエル・マクロンだった。この系譜を見た時、初めて彼らの方向性が見えたような気がする。

　バルスは憲法49条3項という、国会下院での採決をすっ飛ばす禁じ手を使った。だが、それはロカールが首相だった時代に繰り返し使った技でもある。フランスメディアのBFMTVは2017年7月のロカールの追悼記事の見出しを「49条3項の絶対的帝王、ミシェル・ロカール」としている。「3年間の首相時代にロカールはなんと28回も憲法49条3項を使った」と驚きを込めて書いているのだが、統計を見ても1968年から始まった第五共和制で10回以上49条3項を適用したのはロカールしかいない。突出している。その意味ではロカール主義者のバルスは師匠から学んだと言っても過言ではあるまい。ただ、ロカールが首相だった時は国会の多数派を野党が握っていたため、行政府が政策を実現しようとすると大きな障壁があった。一方バルスの場合は国会でも社会党が多数派だったという違いがある。

　ロカールは2016年、労働法改正を巡って国会が紛糾している最中の7月、ガンで死亡した。85歳だった。この時はアンバリッド（旧廃兵院）で国葬が行われ、オランド大統領以下、バルスやマクロン、共和党からもサルコジらが一堂に会した。バルスは「ロカールはすべての左翼に大きな遺産を遺してくれました。みんなやってきてその遺産を用いることができるのです」と悲しげに語った。

　フランス24で行われたロカールの追悼番組では女性のジャーナリストで政治解説者のエレーヌ・ピリチョウスキ（Hélène Pilichowski）が、こう解説した。

　「『第二の左翼』というのは平等や正義といった左翼のイデオロギーは維持しながらも、プラグマティックの精神で問題に対処するのです。労働問題では国の干渉ではなく労使間の当事者同士の対話を重視するのです」

　そうだとするなら、まさにバルスやマクロンが進めてきた方向性はロカールと響き合う。ただし、ロカールが首相をしていた頃と今日ではフ

ランスの経済状況や欧州連合のあり方も変化している。労使間の対話とか自主管理と言っても労使間の力関係で言えばグローバル化の進展で今日では経営者の発言力が圧倒的に強まってしまった。「対話」を当事者だけに任せて真の労働者の権利が確保できるのか、ということなのだ。ドイツの「アジェンダ2010」の場合、労使間の交渉の中で賃金や待遇の切り下げに労組が反対したら、経営陣が「そんなことを言うのなら工場は東欧に移転する」と労組を脅すのである。労働者は経営者の要求を呑むか、仕事を丸ごと失うかの二者択一しかなくなるではないか。哲学者のパトリス・マニグリエによれば財界は外国の労働者を「輸入」することにより、労働者の連帯に楔を入れ、小さなユニットに分けて互いに競争させた。その結果、外国人が職を奪い、生活を壊している、と憎しみを持ってラシズム（人種差別主義）に傾斜していく人々が増えていくのも想像できるだろう。これはフランスだけの現象ではなく欧州各地に広がっている。ロカールが言っていた「第二の左翼」の文化が花開く土壌は今もあると言えるだろうか。

　もう一つ付言すれば、ジュリアールが「第二の左翼」の特徴として付け加えていた「女性や植民地、移民といった抑圧されてきたマイノリティの立場を尊重する」という価値観だが、ロカール主義者を自任するマニュエル・バルスが本当にそうだと言えるかには疑問がある。というのも、バルスはジャン＝マルク・エロー内閣の内務大臣だった時代に東欧からやってきたロマ（ジプシー）のキャンプを解体して、本国に送還させるという強硬な措置を取ってきたからだ。またイスラム原理主義との闘いという面ではイスラム教徒の外国人や移民に対して厳しい治安政策を取ってきた。バルス自身はバルセロナ生まれの帰化したフランス人でありマイノリティである。にもかかわらずロマやムスリムには極めて厳しい態度で臨んでいる。先述のSociety誌でのインタビューでもバルスは「ナショナルアイデンティティを重視する」と語っている。

　マニュエル・バルス　「なぜ左翼が国家のアイデンティティを語ってはいけないのでしょう。フェルナン・ブローデルは何度も私たちのアイデンティティについて本に書き記しているじゃないですか。こうしたテーマが右翼のものだと考えることは大きな間違いです。こうしたテーマから左翼が退避することで、右翼政党や極右政党を利しているんです

よ。私たちには美しい言語があり、素晴らしい文化があり、私たちの経済や企業のおかげで輝くことができ、また誇ることのできる外交力と軍事力を保持しているのです。世界中でフランスがどう言及されているかを見れば明らかです」

▼社会党内の反乱軍「フロンド派」、ブノワ・アモン

ブノワ・アモン候補（社会党）の選挙ポスター

フランス24のロカールの追悼番組で、政治解説者のエレーヌ・ピリチョウスキ（Hélène Pilichowski）は司会者からこう質問された。現代でも「第一の左翼」の源流であるジャコバン派（山岳派）のような政治家は存在すると思うか、と。ピリチョウスキは「当たり前でしょ！」と答えた。司会者が「それは誰か」と尋ねると、スタジオのゲストたちから、社会党議員のマルチーヌ・オブリやフロンド派（バルス首相やオランド大統領の政策に反対する社会党議員）、あるいはジャン=リュク・メランションらの名前が口々に挙がった。マルチーヌ・オブリはオランド大統領が2012年に大統領選に出馬した時の社会党党首であり、予備選ではオブリも大統領候補に名乗りを上げた。ふり返ると保守政党であるUMP（国民運動連合）のシラク大統領が社会党のジョスパン首相と連立政権を築いた時、オブリは雇用担当大臣として週35時間制を確立させた。2002年のことだ。だから、オブリは自ら築いた労働法制が同じ社会党政権によって解体されていくのを見ることは痛切だったろう。フロンド派と呼ばれる社会党議員たちはオブリと同じ考えであり、経済大臣だったアルノー・モントブールや教育大臣だったブノワ・アモンもオランド大統領に反旗を翻していた。しかし、モントブールもアモンも後に内閣から外されることになる。アモンは国会議員に戻り、労働法改正に抵抗を続けた。フ

ランス24のこのロカールの追悼番組ではアモンもオブリもジャコバン派の系譜であり、ロカールの言葉になぞらえれば「第一の左翼」であると指摘されていた。1789年のフランス革命の歴史は今日のフランス政界の基本的な対立に影を落としていたのだ。
　1980年代から先進国の左派政党に起きた一連の右傾化に対して、抵抗したのが社会党のブノワ・アモンであり、左翼党のジャン＝リュク・メランションだ。二人とも基本的には同じ方向性であり、そもそもメランションは左翼党を作って飛び出す2008年までは社会党議員だった。だから2017年の大統領選が左派にとって痛恨だったのはアモンとメランションが手を組むことができなかったことだ。メランションが率いた「服従しないフランス」は「もうこれからは社会党の周りに集結しない」と言った。それまでなら政策の違いがあっても勝ち目のある社会党を中心に緑の党や共産党などの左翼政党が集結してきた。だが、オランド大統領の裏切りを見て社会党とは手を切る、とついに彼らは宣言したのである。
　社会党の大統領候補となったブノワ・アモンとはそもそもどのような政治家なのか。そこで書店に行き、アモンが大統領選に向けて書き下ろした本を買って読んでみることにした。タイトルは「未来の世代に向けて」（Pour la génération qui vient）。マクロンの「革命」に比べると、かなり薄い。出版されたのは2017年3月である。「革命」は268ページあるが、「未来の世代に向けて」は126ページしかない。マクロンは自分の紹介をつづりながら、同時に政治・経済・外交・環境などと章立ててそれぞれの分析と方針を明快に書いている。アモンの本はそういう章立てがなく、文学作品みたいにつらつらと考えを綴っていくような感じだ。ただし、読んでみると、面白い。その面白さはアモンという政治家の核というか、信念が伝わってくることだ。
　「社会党は明晰さを欠くだけではない。曖昧さをも自ら醸しているのだ。その曖昧さの典型が労働法改正案である。これは2012年の選挙戦でまったく公約に掲げられていなかったものである。だからもし僕が大統領に選出されたら、去年の労働法改正は取り消します。社会党はそのような改革を有権者から求められたのではなかったのです。この労働法改正はそもそも社会党の理念を放棄するものであり、右派政党に利するも

のなのです。」(ブノワ・アモン著「未来の世代に向けて」より)

そしてアモンは自分の原点をこう述べている。

「左翼は常に若い人たちに希望を与えてきたんです。僕が政治の世界に足を踏み入れるきっかけとなったのは教育を受ける権利を守るためでした。1986年に仲間と僕は通りに繰り出して、教育改正法案である『デヴァケ法案』と闘いました。この法案は学生を金で選別させようとしていたんです」(同上)

アモンが語っているデヴァケ法案の時と言うのは1986年のことであり、ミッテラン大統領の1期目だった。国会議員選挙で右派政党が勝利し、シラクを首相とする保革連立内閣(コアビタシオン)が生まれていた。教育改革を提案したのは右翼政党Le Rassemblement pour la République (RPR)から教育大臣になったアラン・デヴァケだった。大学に入学する学生が増えたため学生の質が低下している、という理由で入学に選別を導入しようとしたのがこの法案だった。フランスの大学進学システムは中学や高校での学力を判定するバカロレア試験を受け、合格すれば科学系、人文系など認証の種類に応じてどの大学でも基本的に入学できる。教育大臣のデヴァケがまとめた法案では大学ごとに入学選抜を導入したり、入学金を一定の上限の中で自由に設定したりしてよい、という改革だった。

学生の足切りを狙ったこの法案に当然ながら大学生や高校生の組合を中心に、大きな反対運動が巻き起こった。法改正されれば質の良い大学の入学金が高騰する可能性があり、そうした場合、貧困層が不利になる可能性があった。そもそもグランゼコールというエリートコースに進む学生の家庭は中産階級以上が多い。その上さらにパリ大学などの普通の大学ですら貧富の差で教育機会に差が生まれたら、社会の平等が脅かされてしまうことになる。こうして教育改革に対する反対運動が1986年11月から12月にかけて盛り上がった。さらに一人の学生が警官の暴力で死亡する事件が起きたため、さらなる批判が政府に浴びせられた。結局、デヴァケ法案は撤回されることになった。そしてアラン・デヴァケ教育大臣は辞職を余儀なくされた。この闘争に参加したブノワ・アモンは当時19才の学生だったが、以後政治家への道に進むことになる。

「ブレストで子供時代を過ごした僕の家には本がほとんどなかったの

です。僕が読書の楽しみを得ることができたのは学校だったんです。」と書くアモンは、エマニュエル・マクロンとはまったく逆の家庭環境だったことが想像される。「僕がどれほど学校に恩義を受けたかは決して忘れることができないことです。」(同上)

　2017年現在で日本の国立大学は1年間で学費がおよそ53万円である。フランスでは国立大学の学部学生の場合は原則無料である。ただせいぜい5〜6万円の諸経費がかかるくらいである。フランスでも近年、学部を卒業した学生には大学ごとに値上げしてよい制度ができたがそれでも日本と比べると断然、貧しい家族に優しい。フランスでは政府が学費を値上げしようとすると常に学生たちは抗議運動を起こしてきた。日本で学費値上げへの反対デモというのは、近年はあまり見かけない。ブノワ・アモンが学費値上げへの反対闘争から政治家への道に進んだことは象徴的に思える。つまり、非常に身近な生活の問題から政治に入っているということだ。

　アモンは大統領選挙に際し初等教育の1クラスの生徒数を25人に限定するなどの学校教育の支援や、最低賃金の引き上げを含む社会保障制度の充実、国民が国会に法案を提案できるシステムの導入、TAFTA（アメリカと欧州連合との自由貿易協定）やCETA（欧州連合とカナダとの自由貿易協定）の見直し、金融取引への課税、さらに25年以内の原子力発電からの離脱などを掲げた。これらはかなりジャン＝リュク・メランションの「服従しないフランス」と方向性が近いものだ。社会党の中にあって、オランド大統領やバルス首相らに反逆したアモンは本来の社会党の軸に近い人物だが、2017年の大統領選に向けマニュエル・バルスとの激しい社会党内の候補者争いが待っていた。

第9章　社会党の仁義なき戦い

新聞の見出しは「社会党の終焉」　バラの花を手放した人

▼マクロンは自ら立ち上げた「前進！」から立候補

　2017年1月、大統領選を控えて社会党の候補者を選ぶ予備選挙が行われた。不人気だったオランド大統領は再選は目指さない、と前年の末に発表していた。予備選の候補には首相だったマニュエル・バルスや教育大臣だったブノワ・アモン、経済大臣だったアルノー・モントブールなどが並んだ。予備選は1月22日と29日（決選投票）に行われた。1回目の投票でアモンがトップ、2位がバルスとなった。決戦投票ではアモンが58.69％、バルスが41.31％となり、アモンが社会党候補に選出された。バルスにとって見れば社会党内の抵抗勢力に大差で候補の座を奪われてしまったのだから、さぞ屈辱を感じたことだろう。労働法改正がもち上がるまではバルスが次期大統領候補と見た人は少なくなかった。パルスは労働法改正の強権的な進め方で労働者から嫌われてしまったのである。今にして思えば、バルスとアモン、そしてメランション。彼らは皆、社会党にいた人間たちだ。だが、2017年の選挙が終わった今日では全員、社会党にはいない。

　一番、悲しい姿をさらしてしまったのはバルスではないか。バルスは大統領選の1回目の投票前に「アモンではなくマクロンを支持する」と発表し、「社会党は終わった」と語った。アモンはこの裏切りに「民主主義のルールに反する」と抗議した。首相をつとめ、1月には予備選の決戦まで進んだ社会党員がそんな言葉を吐くとは。マクロンはかつて社会党員だった時期もあるが、経済大臣に抜擢された時はすでに社会党を離党していた。マクロンは社会党の予備選に出ず、自ら立ち上げた「前進！」から立候補した。すでに2016年の春から資金集めなど着々と準備していた。労働法改正で反感を買い、内部分

「マリーヌ・ルペン大統領」をシミュレーションした漫画。ユーロ離脱で混乱する近未来を描いている

最初は本命候補だった共和党のフランソワ・フィヨン候補。妻への架空公務疑惑が発覚して失墜した

裂で落ち目になった社会党よりも、新しい政治勢力の方が勝ち目があるとマクロンは読んだのだ。

　一方、当初は共和党のフランソワ・フィヨン候補が大統領候補の筆頭格だった。しかし、妻に架空の仕事を与えて給与を不正に受け取っていたと報じられ当選の見込みはななってしまう。また二大政党に嫌気がさした有権者が次期大統領に選ぶかもしれないと思われていたのが国民戦線のマリーヌ・ルペン党首だった。ところが、マクロンはマリーヌ・ルペンが政界で占めた位置に突然、割り込んできた。

　ニコラ・プリセットが書き下ろした「エマニュエル・マクロン　〜エリゼ宮への前進〜」によると、マクロンが政治グループ「前進！」を立ち上げたのは2016年4月6日である。場所は郷里のアミアンだった。この夕べ、マクロンは家族や親しい仲間を集めて運動の立ち上げを発表した。この時マクロンは未だバルス内閣の経済大臣であり、オランド大統領が再選に出るかどうかも決めていない段階ではあった。「立ち上がる夜」が始まってから1週間ほどの頃で、バルスは国会での喧嘩の渦に巻き込まれていた。マクロンは「立ち上がる夜」をじっと観察していたに違いない。既存の政党や組織に満足できない群衆の不満をマクロンは自分の陣営に引き寄せたかっただろう。そのためには社会党から距離を置く必要があった。社会党はどう見ても2017年の大統領選で勝ち目はな

かったからだ。

　プリセットによると、一人で政治グループを立ち上げたマクロンは数人の仲間の協力を得て2016年4月半ばから7月半ばまでの間に10回を超える夕食会を開いて資金を集めた。法律の定めで一人当たりの政治献金の上限は7600ユーロ（約98万円）だという。マクロンは毎回必ず出席したそうだ。さらにマクロンはドーバー海峡を渡り英国でもかなりの金額を集めたようである。ロンドンのシティと言えば金融業界である。彼らは折しもブレグジット（Brexit）で欧州連合から撤退することになり、なんとか欧州市場へのアクセス権を残し、よりよい条件を維持したいと思っていた。シティの金融業界にとってロスチャイルド系金融機関出身のマクロンほど打ってつけの大統領はいなかっただろう。そういう事情もあってだろうが、英国の新聞には一般にマクロンに対する好意的な記事が目立った。逆に、欧州連合からの離脱を目指すマリーヌ・ルペンとジャン＝リュク・メランションには強い批判が浴びせられた。9月末にはマクロンのもとには200万ユーロ（約2億5千800万円）の資金が集まっていたという。2012年の選挙戦ではオランド大統領は2180万ユーロ（約28億円）を選挙戦で使ったと言う。フランスの場合、決戦投票まで勝ち残れば2250万ユーロ（約29億円）が国から補填されるそうだ。一人で政治グループを立ち上げて拠金し、大統領選ばかりか、その先の国会議員選までわずか1年で態勢を作ったのはマクロンの並外れた有能さや決断力、行動力だったろう。

▼パトリス・マニグリエのブノワ・アモンへの公開書簡

　「立ち上がる夜」に参加した哲学者のパトリス・マニグリエは選挙戦の最中ブノワ・アモンに公開書簡を書いたが、それは左派の新聞「リベラシオン」に掲載された。書簡の中でマニグリエは左派の分裂を避けるためにアモンに勇退して、大統領候補はメランションで1本化して欲しいと切々と説いた。

　「アモン氏へ

　私は社会党とその仲間による大統領予備選で"Belle alliance populaire"が勝利することを祈る人たちの一人です。エコロジスト政党や『服従しないフランス』もそこに加わった上で、です。そして、あな

たがその代表として大統領候補者に選ばれるのが自然な成り行きに思えました。というのも、『服従しないフランス』のメランション氏がこの左派の大連立に反対していたらしいことがあり、左派の連立を望む者にはメランション氏は統一候補者にふさわしくないように映ったからでした。メランション氏が大連立に反対した理由は私には個人的な野心に思えました。

パトリス・マニグリエ

　こうした流れの中で、しかしながら私は真摯にあなたに選挙戦から撤退してメランション氏を応援することができないかと、この書簡で提案しているのです。私たちはあなたにとってこの決断が非常に難しいことであることは理解しています。もっと言えば、ひどい提案だと思われても不思議ではありません。しかし、この決断によってしか、現実に左派が勝てる可能性は開かれないのです。というのも、両派に大きな亀裂ができると左派の統一を願っていた有権者みんながその亀裂に転落してしまうからなのです。みんなが左派の連立を望んでいるからこそ、私たちは今、必要な手段を取ることを要請されているのです。

　私たちは今日、極めて特異な状況にいます。大統領選に勝利して左派の政権を再編できる可能性が私たちには開けてきているように思えるからです。社会党の政府が進めてきたのは権力者たちが望む一連の法律でした。しかし、今、左派が大統領選で勝利できればそれらの政策に決然と対抗できるのです。そうした状況を私たちはとても強く待ち望んできました。これを実現できるのはあなたに他なりません。こうした有権者の思いがまさにあなたを勝たせ、社会党の大統領候補者の座につかせたのです。ですから、有権者にさらなる決断を強いないようにしていただきたいのです。それは有権者があなたへの投票を自主的にしない決断をすることです。どうかそうならないようにお願いします。

　今の私たちの置かれた状況を見れば、あなたの選挙戦が有権者を十分に説得できていないことは明らかです。もちろん、あなたはこう言うでしょう、世論調査などは不確かなものだ、と。いつも結果は驚くものに

満ちているのだから、などなど。しかし、世論調査は未来を予測できないにしても、逆に今日の状態をかなり正確に映し出していることはあなたもよくご存じだと思います。特に、現在の傾向については如実に物語っています。現在の傾向は明らかに１つの事実を告げています。つまり、あなたの勝ち目はなくなっているということです。その一方でジャン＝リュク・メランション氏は爆発的に伸びています。あと２週間で投票です。この間に状況が激変するというような期待をしていたずらに私たち自身を空費することはできません。あなたは敗退しますし、しかも手ひどく敗退することになるでしょう。

　あなたの敗北はいったいどのようなものになるでしょうか。社会党の幹部たちがあなたを臆面もなく裏切り、予備選挙を無意味なものにして、選挙戦そのものを不可能にしたのです。彼らは敗北の責任をあなたに押し付けるでしょう。そして彼らは再び社会党を支配するのです。そうなればあなたがこれまで努力してきたものが水の泡に帰してしまうでしょう。彼らにとっては、その意味でマクロン氏が勝つことが必要なのです。あなたは自分の組織をご存知です。それは選挙で勝った政党なのです。その力は強者の側に寄り添うのです。彼らを選挙で当選させてくれ、再選させてくれる人々に寄り添うのです。ですから彼らにとって最も大切なのは大統領を生み出した政治グループに集結する有権者なのです。だからこのままではあなたはあなたの支持者とともに社会党を追い出されることになるでしょう。それは私たちが支持した人々が社会党から失われることを意味するのです。

　もう一つの仮説があります。もしあなたがジャン＝リュク・メランションを支持してたった今、選挙戦から撤退したら、状況が大きく変わる可能性があります。というのは左派では勝てないと思って不本意ながらもマクロンに投票しようと思っていた左派の多数の有権者たちが、あなたの決断で左派が一本化して勝てる可能性が出たのを機に、マクロンに投票するのをやめてメランションに投票しようと思い始める可能性があることです。こうなればメランションが勝ち進んで、フィヨン対マリーヌ・ルペンという極右政治家２人の決戦投票も避けられるのです。

　この運動は自らの力で拡大していき、自信がさらなる自信につながっていくのです。こうなると、恐らく『服従しないフランス』のメラン

ション候補が大統領にかなりの確率で当選するでしょう。大統領のグループに社会党を集結させた立役者はバルスとその仲間たちではなく、あなたということになります。この左派連合には様々な色合いがあり、違いもあります。すべてをメランションに譲ることになるのだと恐れないでください。大統領選挙は1つの闘いであり国会議員選挙はもう一つの闘いなのです。あなたは逆にフランスの有権者にメランションを中心とする行政府に力を与えるように、そして同時にまた行政府への批判力も維持できるように、と国会議員選挙で有権者に訴えかけることができます。新たに生まれ変わる社会党の国会議員が行政府を時には励まし、時には批判するのです。私はあなたの心に浮かぶ異論を想像します。いったいどうして僕に社会党員たちが託してくれた候補者の座を僕個人の一存で別の候補者に移してもよいのか、と。しかし、あなたに投票した人たちはもう何年も社会党に投票したけれども自分たちの票が社会党の重鎮たち自身によって私物化されたと思ってきたのですよ。そしてあなた自身もそれと闘ってきたはずなのです。党員たちは今までとは異なる本来の左派の軸が必要なだけなのです。だからもしあなたが撤退せず、左派の対抗軸の創出を阻んだなら、まさにそれこそが有権者への裏切りとも言えることです。そしてあなたは私たちにメランション候補がこの左派再編を実現できない人物であるとは説得できないでしょう。あなたが彼を好ましいと思えばそう発言すればよいのです。確かにあなたとメランション候補との間には多少の考え方の違いはありますが、私たちにとってそんなことは問題ではありません。問題はもう長い間に渡って新自由主義とネオファシストがこの国で増大の一途をたどってきたことであり、それらは互いに給餌しあう関係だということなのです。さらにまた、『国民戦線へのバリケードを作る』と言って地方選の決選投票からあちこちの選挙区で身を引いたあの社会党が今回、大統領選から撤退することだけは不可能だと言って私たちを説得することはできないでしょう。国民戦線の恐怖だけは見逃せないと言って、社会党はしばしばゴリゴリの右派政党にすら必要なら票を流してきたのです。その社会党がより素晴らしい可能性と希望を開くためにあえて身を引くことが不可能だとは思えないのです。社会党を悪い方向に歴史の中で引っ張り、私たちを絶望の淵に追い込んできた呪いを今こそ、打ち壊そうではありません

か。私の友達の中の社会党に忠実な有権者の多くが死に票にならないようにしようと言っているのを耳にします。しかし、あなたの立候補は話題を振りまくために出馬している極左候補のプゥトゥ氏とはわけが違います。それはよいことであると同時に、不都合なことでもあるのです。左派としての一貫した価値を持つことはあなたに苦しい妥協を強いるでしょう。でもその責任感こそあなたに要求されるものです。それはあなたが守ってきたものに勝利を与えるためです。思うに、そうした孤独な決断を取ることで、あなたは予備選を準備した人たちに誤解を与えてしまうかもしれません。しかし、予備選の意味を台無しにしたのは社会党の幹部たちであり、まずはバルスなのです。社会党は自己を守るすべがありませんでした。彼らは共犯者なのですから、あなたは彼らに何一つ負い目はありません。残る問題は選挙費用をどうするか、ということですが、人々に募金を求めることができるでしょう。私は人々があなたの行いに応えてくれるものと思います。

　アモンさん、私はあなたの責任感と潔癖さ、そして勇気に訴えます。熟慮よりはよき信念を信じます。あなたは選挙から撤退しても何一つ問われることはありません。歴史の中であなたにチャンスを与えた人々の思いを無駄にしないでください。もしあなたがその希望のための行動を行う勇気がないのなら、もはや行動を呼びかけるのはあなたではなく、有権者たちになるでしょう。彼ら自身が責任を担って有権者に誰に投票すべきかを説くことになるでしょう。その場合はあなたへの票は消え、ただ一人政治を変革できるポジションに立つ政治家、ジャン=リュク・メランションに彼らは自発的に票を入れることになるのです。

　　　　　　　　　　　　　　　　　　　パトリス・マニグリエ」

　マニグリエはリベラシオン紙で切々とアモンに訴えたが、結局、アモンが撤退することはなかった。そしてアモンは６％台と言う社会党史上でも屈辱的な得票率に沈むことになるのである。「立ち上がる夜」にマニグリエが参加して、およそ１年と１か月。「思考の実験」と名付けられたマニグリエの冒険はこの時点では未だ現実の政治の駆け引きの中で実を結ぶことができなかったのだ。

第10章　投票をボイコットする人々

共和国広場の革命の女神マリアンヌの下に「民主主義はどこに行った？」　© Zazoum Tcherev

▼アリーヌ・パイエへのインタビュー

「立ち上がる夜」の始まりから1年後に訪れたのが大統領選と国会議員選のW選挙だったが〈選挙はもうすべて棄権する〉という人々も多かった。「立ち上がる夜」で共和国広場に毎日通い、大きな声で撤を飛ばしていた女性、アリーヌ・パイエ（Aline Pailler）もその一人だ。「1回の選挙のことなどはどうでもいいのです。それよりも大切なことはこの場にみんなが集まって話をすることです」とアリーヌは情熱をこめて語った。アリーヌは60代になったばかりで欧州議会議員の経験もあった。ストラスブールの欧州議会に出席し、人権問題や映画などの文化政策を担当した。だが本業は放送ジャーナリストで、TVのインタビュアーやラジオの司会者をつとめてきた。パイエは1968年の五月革命以来、初めて労組や政党などの大組織でなく普通の人々が対等に話し合える広場が生まれたことに感動していた。

欧州議会議員時代のパイエ（中央）

それにしても選挙で選ばれる欧州議会議員までしていたにも関わらず、「選挙など大切ではない」というのはなぜなのか。棄権や白票によって、結局、権力者が勢力を維持することにつながってはいないのか。パイエの住まいはパリ市北部の19区にあり、彼女の自宅で話を聞くことができた。

以下は2017年の選挙戦の頃のインタビューである。

Q　2017年の大統領選挙についてどうお考えですか？

アリーヌ・パイエ「悲痛な喜劇です。次第に人々を欺くことが難しくなっていますから、棄権する人がさらに多くなるでしょう！　個人的に言えば私は投票しません。少しでもマシな候補者に投票して、投票したことによって正当性を与えるということにはもううんざりしているんです。たとえ白票を投じたとしても同じことです。政治のシステムは死に瀕しています。」

Q　日本でも同様の問題を抱えています。たとえ支持したい候補者がいなかったとしてもよりましな候補者に投票するでしょう。あなたは私より政治についてよく考えておられると思いますが、あなたが今後は投票しないとお考えになる理由はなぜでしょうか？

パイエ「ええ、私も長年、あなたと同じようにしてきました。できるだけマシな候補者に投票してきたのです。けれども、極右の台頭を恐れて（よりマシな候補者に）投票することによって受ける３つの悪い影響に私は気づいたのです。

まず１つ目ですが、無理に投票することによってむしろ最悪の事態の到来を助長してしまうということです。1980年代から（極右政党の）国民戦線は勢力を拡大してきました。例えて見れば船に水が入ってきているのを止めることなしに、詰め物で応急処置をして穴をふさいでいるようなものだということです。詰め物はいずれはずれてなくなってしまい、水は大量に流入してしまうのです。ですから、船は一度乾いたドックに寄港させて、船を取り換えなくてはならないのです！

２つ目ですが（私の見るところ）極右勢力が台頭する理由は資本主義がもたらす影響によるものだということです。人間疎外、意義の感じられない労働、意味を奪われた生活の憂鬱を隠すための超消費主義、貧困、悲惨さ、経済の戦争あるいは現実の戦争などです。すべての候補者や政治組織は資本主義の内部にいるのです。

３つ目の理由ですが、よりマシな候補への投票や白票はこういうことを言おうとしているのだと思います。「どの候補者も好きではない」と。こうしたところで、システムを修正することにはつながりません。それは投票したい候補者がいない、というように、問題が政治家個人の資質

の問題に矮小化されてしまうことです。もし脚本が悪かったせいで映画の出来が悪かったとしたら、俳優を取り換えても改善はできません。投票すればシステムを肯定することになるのです。

しかし、投票しないということは行動することを要請します。でなかったら、卑怯でしかないでしょう！自分の選択をしたなら、責任を持って行動しなくてはなりません！ですから、私が投票しないというのは、投票する必要がない、ということとは正反対なのです！人々は投票すれば自分の義務を果たしたと勘違いして、あとは次の選挙を待つだけなのです。

アリーヌ・パイエ

思うに投票をしない、ということは資本主義のシステムとその政府によるダメージを修正するために行動することを要請します。次のような一連の社会的なテーマに取り組むことです。たとえば住宅の権利について、難民の人権について、警察の暴力について、環境問題について。また公共の場を占拠し、メディア批判を深め、自治に参加し、議論に参加し、人民の教育を行い、ものを書いたり、発言したりすることなどです。これらの行動を通して私たちを抑圧し、疎外するものが何であるかについて、意識を深めることができます。また、これらの活動によって資本主義を越えた世界市民的な社会のあり方を構想することができるようになるのです。これらによって、ひどい状況のもとでもなお希望を持ち、権力者を前にしても楽しくユーモアいっぱいであることを可能にしてくれるのです。というのも、人々の解放を妨げる最悪の敵こそ、沈鬱であるからなのです。これらのことは、私には合っているのですが、時間を必要とします。私たちは信頼感を失い、時間がかかることに対する許容力を失っています！そういうわけで資本主義者が勝利するのです『早くしろ、もっと消費せよ、ものを考えずに生きよ』というわけです！」

「立ち上がる夜」で遭遇していた哲学者のマニグリエと放送ジャーナリストのパイエでは、選挙に対しての考え方が大きく異なる。二人の目指す方向性が同じ方向だとしても。パイエがこのように考え始めた理由はある体験に根差していた。パイエはNAFTA（北米自由貿易協定）に対抗してメキシコの貧しい農民が政府に逆らい、自治を始めたチアパス州を訪ねたことがあるのだと言う。そこで実践されていた運動に感銘を受けたと言うのだ。

　パイエ「北米自由貿易協定（＝NAFTA）が発効した1994年以来『可能なもう一つの世界』を建設し、そこで生きているサパティスタ革命（la revolution Zapatiste）の実践している直接民主主義と完全な自治です。そこでは3つの合言葉があったんですよ。

「ゆっくりと低く、左へ」"Lentement en bas, à gauche"
「従いつつ要求する」"Commander en obeissant"
「もしあなたの革命が歌を歌うことがないならば、ダンスをすることがないならば、私をそこに招かないでください」"Si ta revolution ne chante pas et ne danse pas ne m'invite pas à ta revolution"

▼「ゆっくりと低く、左へ」

　僕は帰ってから、パイエが出かけたと言うメキシコのサパティスタ革命のことをインターネットで調べてみた。NAFTA（北米自由貿易協定）が1994年1月1日に発効した時、『NAFTAは貧しいチアパスの農民にとって死刑宣告に等しい』とチアパス州の貧しい農民たちが武装蜂起した。アメリカから安いトウモロコシが大量に輸入されると、農業を続けることができなくなると考えたのだ。武装蜂起した人々はサパティスタ民族解放軍と名乗り、メキシコ政府と武装闘争を始めたが間もなく彼らは平和的な対話路線に転じた……平和路線に転じて、世界中から知識人やジャーナリストを招聘し始めたサパティスタが催す年末年始のシンポジウムにパイエは出かけたそうだ。そこで彼女は世界中の人々と資本主義のあり方を真剣に議論したのだと言う。

　パイエの言葉で印象深かった言葉がある。「何でも早く完成させようとするのは資本主義の特徴です」と彼女が言ったことだ。その言葉は耳

に残った。「早く結果を出します。いつまでに何々します、と政治家たちが言うのは資本主義の特徴です」とパイエは言うのである。4年で橋を完成させます、とか、3年で赤字を半減します、とか言うのは資本主義的な思考様式だと言うのだ。一方、パイエが教えてくれたサパティスタのモットーの1つが「ゆっくりと低く、左へ」"Lentement en bas, à gauche" である。「ゆっくり」という言葉が刻まれている。そういえば冷戦時代にレーガン大統領が共産主義諸国の遅さをジョークにして話していたものだ。

レーガン大統領　「僕はソ連のジョークをコレクションしていてね。住民たちが共産主義体制を風刺した面白いのがたくさんあるんだ。その中の1つを今日は紹介したい。と言ってもこのジョークはゴルバチョフには話さなかったよ。ソ連で自動車を買おうとすると10年は待たなきゃいけない。それで、こんなジョークがあるんだ。男が車を買いに自動車販売所を訪ねて、貯めた金を前金で支払った。すると、店員がこう言うんだ。『きっかり10年後の今日、車を引き取りに来てください。』すると、客が尋ねた。『10年後の朝ですか、夕方ですか？』。店員は不思議に思って尋ねた。『朝か、夕方かで違いがあるんですか？』すると客がこう答えるんだ。『なぜって、10年後の朝は水道管の工事の予約が入っているんでね』」

大統領候補者たちも5年間でこれこれのことを実現しますと公約にするが、5年間という短期間で完成できるものは多くない。それよりも市民同士がじっくりあるべき社会の姿を考え論じあって、ゆっくりとでもいいから確実によい方向へ進んでいく方が今の時代においては大切なのではないか、というのである。

パイエ　「最初は私も投票という行為を信じてきました。1994年に私は欧州議会議員に当選しまして、1999年までつとめました。その5年間に私は知ることになったのです。民主的なシステムを持つはずの欧州に、とくにフランスには落とし穴があるのです。人々はフランスは民主主義だと信じ込まされていますが、むしろその思い込みによって現実が見えていないのです。今の制度では市民はひとたび投票したら、すべての権

力を放棄してしまうんです。選出された議員は実際には有権者の代表になっていません。一方、投票した市民はと言うと、自分たちはやることをやったからもう何もしなくてもよい、と言うわけです。気に入らない政治が行われたとしても『仕方がない』とあきらめて、何もしないのです。スペインやギリシアのように私が若かったころ独裁国家だった国々で新たに民主政に移行した国々ですら事情は同じなんです。フランス人はそれでも選挙になると、いつも『投票に行かないといけません』と促します。しかし、投票したのに結果が民主主義とは逆の結果になるのだとしたらどうでしょうか。だとすれば投票をやめるべきなんです。それはもう民主主義という名前であったとしても別の何かなのです。これが私の物語です。ある時、私は投票はもうやめようと思ったんです。私は長い間、このシステムに正当性はないと知りながらも『少しでもマシな候補』にと思い、投票してきました。でも何一つ変わりませんでした。投票することは買い物に行くこととは違う行為なんです。投票することは棚の中から洗剤のブランドを選ぶのとはわけが違うのです。投票は落とし穴です。」

▼赤ちゃんを連れてパレスチナへ取材に

TVドキンタリー番組「女性の眼差し」パイエがインタビュアーだった

パイエがこうした自分自身が生きている足元の社会制度や意識を批判

できるのは放送ジャーナリズムの仕事で外国にしばしば取材に行ったことが影響しているようだ。パイエは1980年代に「女性の眼差し」(Regards de femme) というインタビュー番組のインタビュアーをしていた。この番組でパイエは中東のパレスチナや中南米のチリなど世界各地を駆け巡って現地の問題と闘っている女性たちをインタビューしたのである。それまで女性の番組と言えばと料理やファッション、子育てなどに話題が限定されがちだったが、「女性の眼差し」は政治や経済など硬派の問題に取り組む女性を追いかけた。放送局の人気キャスターだったパイエはこの仕事をしている期間に出産も体験し、赤ちゃんだった娘を連れてパレスチナに取材に行ったこともあった。

　パイエ 「たまたま私は2つの直接民主制を知りました。1つはパリコミューン (1871年) です。もう一つは、メキシコのチアパスのサパティスタです。チアパスを訪ねて多くのことを学びました。活動家にも会いました。彼らは1994年1月1日に始めたんです。これは驚きでした。いろんなセミナーを毎年、そこで行っていました。12月30日から1月1日まで行うのです。世界中の人々が集まっていました。アメリカやスイ

インタビューするパイエ (左)。「女性の眼差し」の撮影中。チリの独裁政権下の女性活動家を取材した時。

スやドイツやアルゼンチンなどからです。世界の様々な大学から集まった人々が『資本主義がベースにある民主主義は改めないといけない』と論じあっていたんです。私は何をすればいいのでしょうか。私はフランスキュルチュール（France Culture）に勤務しています。パリにはコレージュ・ド・フランスや大学がありますが、チアパスのようなものはありません。以来、このチアパスの経験によって私は革命的な投票の棄権を行うようになったのです。私はシステムに白票を入れるようになりました。システムに同意しないためです。労働組合の任期が切れたこともあったのですが、労働組合の活動も辞めました。でも、同時に棄権をした私は世界を変えるための自分なりの政治活動をしようと思い始めたんです」

▼私たちは家に帰らない！

「立ち上がる夜」が生まれる時、"On ne rentre pas chez nous !"（私たちは家には帰らない！）が合言葉になったことはすでに書いた。この言葉はアリーヌ・パイエが以前、ある運動で使っていた言葉を劇団ジョリ・モームのロイク・カニトゥルが思い出して、もう一度使うことにしよう、と提案したものだった。パイエが起こした運動というのはパリの市庁舎の前に陣取って通行人たちと対話をしようとしたことだった。2005年のことだ。毎週月曜日の夜18時から22時、あるいは23時まで6〜7時間、市民の間の交流と対話を行う運動だった。この時、パイエは"On ne rentre pas chez nous !"（私たちは家には帰らない！）を合言葉にしたのである。この運動はパリ以外の都市でも試みられたが、その曜日は町によって様々だったという。ある時はマイクを使い、ある時はマイク無しで対話した。また用紙を人々に配って、「私はこれがしたい」とか、「私はこれがしたくない」などと書き込んでもらった。詩を朗読する人もいれば自分が参加している闘争について語る人もいた。精神障害の人も参加できた。しかし、場所の使用許可を取っていなかったために警察が立ち退きを求めてきたことも何度かあった。だが、路上だから許可を取る必要はない、と許可を申請することをパイエらは拒否した。許可を当局に求めないことも運動に組み込まれていたことだった。パイエは公衆の集まる場所で政治についての民衆教育を行おうとした。このア

イデアは「闘争の集結」(convergence des luttes) につながっているのであり、ロイク・カニトゥルはこの運動を忘れてはいなかったのだろう。パイエによると、「立ち上がる夜」ほど多くの人々を集めることができなかったためこの運動は間もなく終息してしまったが、ゼロに終わったわけではなかったのだ。パイエの試みは「ウォール街を占拠せよ！」より6年も前に試みられていたのである。

　斬新でラディカルな思想を持つパイエだが、2017年の大統領選挙の第一回目の投票日が迫った4月の半ば、彼女は突然考えが変わったと言いだした。今回の選挙では投票することにした、というのだ。ジャン＝リュク・メランション候補に投票するという。なぜ考えが変わったのか、そしてなぜメランションなのか。

　　パイエ　「私は投票をボイコットしようとしてきましたが、今年はメランションに投票することにしたんです。というのもフランスでは民衆運動が大切だからです。メランションが代表している『服従しないフランス』は政治のシステム自体を変えようとしています。憲法を改正して第六共和政に移行するとか、移行したらすぐに大統領を辞任するとか、メランションの考え方は非常に新しいです。ただ、メランションは確かにとてもラディカルですが、何か欠けています。私はメランションを信じてはいません。でも彼は何かを変えようとしています。私は希望を持ったのです。私はメランションを信じていませんが、世の中を変えたいと思い、メランションのもとに集まった人々を信じたのです。私は人々が示す意思に不満を持ったことはありませんでした。たとえあまり信じていなくても、私はこれまでの人生の中で民衆の運動があれば必ず参加しましたし、デモがあれば駆けつけました。制度を変える革命と言うものは大衆が参加しないとできないものですから。そこには希望があるのです。ですから、今回私は投票することにしたんです。でも大統領選の決選投票では投票しませんでした。棄権したんです。国会議員選挙でも投票しませんでした。」

Q　マリーヌ・ルペンとマクロンではどちらも同様、というお考えですか？

パイエ　「確かにエマニュエル・マクロンとマリーヌ・ルペンの政策は同じではありません。まず基本的に二人とも資本主義の信奉者ではあります。ただ、二人はそのありようが違っています。マクロンはウルトラ・リベラルです。マリーヌ・ルペンは経済政策に関しては保護貿易主義です。そして、自国の工業に対して保護的です。経済に関してマリーヌ・ルペンは左翼ジャーナリストのフランソワ・リュファンの考え方とそう変わりません。経済の視点ではマクロンの方が私にはもっと悪いように思えます。一方、ラシズム（人種差別主義）の見地から見れば、メランションだってラシズムなんです。極左候補のフィリップ・プゥトゥにしても。彼が移民のことを話したとしても、フランスの社会は基本的に植民地帝国主義なんです。マリやアフリカやアジアなどあちこちでフランスは植民地帝国主義をこれまでもずっと展開してきました。フランス人の頭の中にはラシズム（人種差別主義）がどーん、とあるんです。そのフランスに世界からいろんな移民が集まってきます。ラシズムを本当に消し去るには何世代もかかるんです。マクロンの選挙キャンペーンの冊子を読むと、マクロンはラシストではないように見えます。でもマクロンは勝ち組、つまり富裕層の側の人間です。またたとえ裕福でない人でも豊かになりたいと思っています。頭の中にも心の中にも、富を得ようという思いがあります。ルペンは1100万人の票を獲得しました。しかし、私はむしろ、マクロンが怖いのです。マクロンはフランソワ・オランドのような嘘はつきません。しかし、マクロンが彼の政策を実現すると健康や雇用、教育や退職後のことなどが悪化するはずです。そうなると悲惨なことになるでしょう。老若男女で社会的にトラウマを抱える人が増えることは恐ろしいことです。今回、1100万人もの人々がルペンに投票しましたが、次回の2022年には２倍になるでしょう。もし投票が２倍にならなかったとしても現実社会の中にひどい暴力が増える可能性があります。暴力的なグループが難民の居場所や移民の住まいやモスクなどを襲う可能性があります。」

▼大統領の独裁的権限をめぐって

　2002年にジャン＝マリ・ルペンが決選投票まで勝ち残り、国民運動連合のシラクと一騎打ちになった時、極右政権の誕生を恐れたフランス人

たちは大々的なシラク応援のキャンペーンを張り、82％もの得票率でシラクを圧勝させた。しかし、15年の間に政権は変わりこそすれ、貧富の差の拡大や生活の不安定化、工場の空洞化などを追い風に国民戦線は右肩上がりに伸び続けた。今回、15年ぶりに決選投票で同じ構図が生まれて、マクロンが圧勝したのだが、注目すべきは棄権率が25％に及んだことである。棄権率が高かったことはフランスの有権者が、アリーヌ・パイエが指摘したように、新自由主義と極右とが互いに補完的に関係しあっていることに人々が気づき始めたことによると想像される。

　ところでパイエの話の中で出てくる、メランションの第六共和政について補足しておきたい。フランスでは1789年の革命以来、憲法が大きく変わるたびに第一共和政とか、第二共和政、あるいは第二帝政と言った表現で時代をまとめてきた。現在は第五共和制と呼ばれるが、その始まりは1958年のドゴール大統領の時だった。アルジェリアで独立戦争が始まり、フランス内部でも独立を容認する人々と、断じて独立は阻止する、という人々に分かれて激しい政争が続いていた。そんな最中、社会を安定させるべく、ドゴール大統領の政府に憲法改正が託され、大統領に強いリーダーシップを与える憲法が採択されることになった。これが現在の第五共和制の憲法だが、大統領にどのような権限が与えられたかと言えば、まずは国民も議会も大統領を罷免できない、というものだった。しかも当時は任期が７年間もあった（現在は５年間）。さらに大統領が首相の任免権限を持ち、国民議会の解散権も持ち、さらに緊急事態の際の独裁的な立法権限なども与えられていた。メランションはこの大統領、ひいては行政府の権限があまりにも強いことが国会軽視を招いていると批判している。だから憲法を改正して大統領の権限を弱めようと提案したのである。自分が選挙で大統領に選ばれれば新憲法づくりを行い、国民投票を経て第六共和制に移行することを公約に掲げたのである。

▼娘のローラ・パイエが語る母について

　パイエは「今年は投票しよう」と考えを改めるとすぐに娘に連絡をしたのだという。赤ちゃん時代にパレスチナの取材旅行に同行させた娘のローラ・パイエはその時、台湾に滞在していた。アリーヌ・パイエは娘のローラ（Laura Pailler）に「今年はメランションに投票することにし

娘のローラ(右)とアリーヌ・パイエ

た」と告げた。ローラも「立ち上がる夜」に参加していた。

ローラは母についてこう語った。

ローラ・パイエ「台湾にいた時、母がソーシャルメディアにメッセージを残していまして『話がある』と。それで誰か親類でも亡くなったのか、と思ったんですが、電話したら『今年は1回目の投票でメランションに投票することにした』と言うんです。実は私も同じ考えだったんです。ですから別々の国にいたにもかかわらず、考え方は同じだったんです。ただ、私から母に電話して話すつもりはなかったんです。」

アリーヌによると「娘は私よりもっと戦闘的かもしれません」ということだったが、ローラに会うと「母は火のような人です」と言った。

ローラ「選挙というものは資本主義の枠内で行われるのであれば誰に投票しても大きく変わることはありません。ただ、こう言っていても、私も投票によって社会の体制が変えられたらよいと思っているのですが。私にとっては左翼とか、右翼という言葉は意味がありません。大切なことは資本主義者か、資本主義者でないか、この2つです。よい例がエマニュエル・マクロンです。マクロンは『右でもない、左でもない』と言っています。でも彼は資本主義者です。私から見ればマリーヌ・ルペ

ンも資本主義者なのです。」

　メランションは投票を放棄していた人を再び投票所に足を向けさせた。メランションの政策がなんであれ、これは大きなことではなかろうか。ローラは女優の修業をしていたのだが、2017年の9月から医学の勉強を始めるつもりだと言う。「立ち上がる夜」でも医療問題について話し合っていたのだそうだ。

Q「立ち上がる夜」は終わったと思いますか？
　ローラ　「多くの人は『立ち上がる夜』は敗北で終わった、と言います。でも私はそう見てはいません。私にとって『立ち上がる夜』は終わったのですが、でもこの先のことはわからないのです。フランス革命の歴史を思い出してみると、革命というものは立て続けに次々と起きたわけではなかったんですよ。バスチーユ監獄を攻撃した後、人々は何をしていたか、と言うと、家に帰って仕事を再開していたんです。路上占拠を続けたり、ヴェルサイユ宮殿を占拠したりしていたわけではなかったんです。革命が何だったのか、初めて人々にわかったのは新しい共和国が生まれた5年もあとのことでした。当初は誰にもその先に何があるかはわからなかったんです。ですから、今をどう見ればいいのか、誰もわからないはずです。『立ち上がる夜』は私には素晴らしい時間でした。みんなが広場に集まり、論じあい、孤立しているわけではないと思うことができたんです。」

第11章 立ち上がるTV

広場の地下鉄の入り口に落書き「政権には想像力を」 © Zazoum Tcherev

▼マージョリーの場合

　パリ東部のペールラシェーズ墓地の近くに住んでいるマージョリー・マラマク（Marjorie Marramaque）が「立ち上がる夜」に参加したのはちょっとしたきっかけからだった。2015年からフランス国内で続いたテロの犠牲者の追悼で人々が集まるようになっていたのが共和国広場だった。マラマクにとっても最近行きつけの場所になりつつあった広場だったから、「立ち上がる夜」が始まった時も何が起きているのかしら、とちょっと足を向けてみたのだと言う。気がついたら、市民テレビ局、TV Debout（立ち上がるTV）のインタビュアーになっていた。広場に集まって議論している人々を広場に設置した簡易スタジオに招いてインタビューをするのである。一人の場合もあれば二人、三人相席ということもあった。

「立ち上がるTV」のインタビュアーとなったマージョリー・マラマク

　マラマクに話を聞くために指定された場所に向かった。彼女の家から近いという、20区のメトロ「ペールラシェーズ」駅前のカフェだった。待ち合わせ時間より1時間近く早くついてしまったため、有名なペールラシェーズ墓地を歩いてみることにした。墓の形も様々だ。日本の墓地に比べると全体に1つの墓が大きい。これは骨壺を納める日本と違って遺体を焼かない土葬が主流であることにもよるのだろうか。ペールラ

シェーズは地図で見るとかなりの面積を占めている。だが、入ってみると最初はさしてスケール感を感じない。ところが奥に向かっていくと、行けども行けども通路が伸びて先が出てくる感じで、やがてかなりの広さなのだということが実感できる。中国系フランス人の墓もたくさん見た。墓の形はキリスト教徒と違っている。メトロ駅の入り口から奥に向かって歩き出したのだが、ある程度進むと、墓地全体の正門と中央の通路に出くわした。看板が立てられていて、埋葬されている著名人の名前が書かれていた。モリエールやショパン、アポリネール、バルザック、コレット、エディット・ピアフ、イブ・モンタンなどなど。

　指定されたカフェに座って待っていると、交差点の対角線上のビルの壁に巨大な蛸の絵が描かれていた。マラマクはカンヌでの仕事を終えてこの日、パリに戻って来るということだった。5月の日差しがテラスを直撃していた。マラマクは日に焼けていた。席に着くとギャルソンに「パスティスを」と頼んだ。ギャルソンが持ってきたグラスに入っていたものは氷入りの白濁した液体だった。これは何ですか、と尋ねるとパスティスで「リカール」という銘柄だと言った。同じものを頼んで飲んでみると、薬の香りがあるのだが、冷やして飲んでいると暑い時に体が涼む効果があることに気がついた。だからだろう、彼女の生まれ故郷のニースなど日差しの強い南仏でよく飲まれているのだと言う。

Q　どういうきっかけで市民テレビのインタビューをするようになったのですか？

　マージョリー・マラマク　「私は映画の助監督です。実を言うと高校には行っていませんし、高等教育を受けたことすらありません。私はセルフメイドの人間です。ジャーナリストでもないのです。『立ち上がるTV』に参加するまで、インタビューをしたことは一度もないんですよ。『立ち上がる夜』で、私がカメラに映った最初の映像は、インタビュアーは別の人で私は通訳でした。ギリシアからヤニス・バルファキス元財務大臣が共和国広場に来ていることがわかって、『立ち上がるTV』(TV Debout)でインタビューをしようということになったのです。それで通訳が必要になったのです。バルファキスさんは広場の総会に参加しましたが、通訳のスピードが遅かったためにその通訳から離れてし

まったんです。そこで私が替わりに通訳をやりましょうと申し出たのです。でもそれは難しい経験でした。というのは周囲の雑音が大きくて聞き取り自体が難しかったのです。そのうえ、バルファキスさんはとても早口なんですよ。でもなんとかうまくやりとげることができました。彼も満足してくれました。これが私が『立ち上がるTV』でカメラの前に立った初体験でした。この体験で私は自分の役割に目覚めることができたわけです。」

バルファキスの通訳をするマラマク(左)　Ⓒ TV Debout

　この時の映像は「立ち上がるTV」の枠としてyoutubeで公開されている。マラマクが優れた同時通訳者であることがわかる。世界の注目を集めたギリシアの財務大臣だったバルファキスは2016年4月、パリの共和国広場で起きている事態を自分の目で見ようと訪れたのだった。バルファキスはインタビュアーから、共和国広場を見た感想はどうかと聞かれて「とてもいい」と答えている。

　バルファキス　「僕はここにきて、2011年のギリシアを思い出したんだ。僕たちもこんな感じで毎晩、アテネの広場に3か月集まったんですよ。政治を変えるためにです。僕らはギリシア一国ではなくて、欧州全体を変えようとしたんです。」

　バルファキスはフランスの問題も、欧州連合の問題であり、欧州連合全体の政治改革が必要であると説いた。マラマクが同時通訳がスラスラできたのは映画の仕事がない時は得意の英語を生かして国連の仕事をこ

なしてきたからのようだ。だが、彼女は学歴的には中学卒業だと言う。

　マラマク　「私は学校を15歳の時に去り、バカロレアの試験は受けていません。ですから、私のバカロレアは2以下ということになります。フランスの学校制度では5年間の中等教育を受ければ＋5という単位を得ることができます。でも、私は成績は良かったのです。語学は英語、ドイツ語、日本語、ラテン語の4言語を履修していました。グランゼコールに挑戦することもできたでしょう。でも、私は十分に学校教育は受けたと思ったのです。私の母は私が子供の頃から自分でものを考えるように教育してくれました。私は読むことも書くことも計算することもピアノを演奏することも英語の勉強も4歳から始めたのです。ですから常に他人より2年早くものごとを学んでいたのです。とりわけ数学がそうです。私はある時零点をつけられたことがありました。フランスではFという烙印です。数学教師が教えたのとは異なる方法で問題を解いたからで、結果は同じなのですが、私がカンニングしたと教師は考えたのでしょう。

　私は自分で学ぶことが好きで、自分の自由を守りました。そして15歳から働きはじめ、一人で生きるようになりました。これまでに様々な仕事をしてきました。ウエイトレス、ホステス、電話マーケティング、販売員などなど。その後、レストランでの地位も上がっていきました。私は常識と反射を使って若い頃からやるべきことを成し遂げてきました。そのおかげで共同プロジェクトのコーディネートの仕事に携わるようになり、最後に映画の助監督の仕事に就きました。」

　マラマクが高校に進学せずに働くことを選択した背景には家庭の経済的事情があったようだ。マラマクの話では、彼女の母親はアルジェリアからフランスに渡ってきた移民で、家庭に父親は不在だったと言う。

　マラマク　「私はこれまでいかなる政党にも所属したことがありません。でも常に私は左翼でした。母は私に人文主義的な価値と、社会主義的な価値を教えてくれました。母はアルジェリアからフランスに逃げてきました。というのはアルジェリアにおいては女性の権利が確立されて

いなかったからでした。そこでは女性は男性の欲望に奉仕する存在なのです。そうした文化であるとともに、宗教の解釈もそのようなものだったのです。母は私に自分の人生の主役になるように、と常に教えてくれました。心も、体もです。母は常に物事をよく考え、問いかけたり、興味を持ったりするように促してくれました。また私に80年代の当時に存在した唯一の黒人のバービー人形を買ってくれました。また、母の友達にはゲイの人が多かったため、私の周りにはそうした人々がたくさんいました。彼らは私の実の父親以上に私の面倒を見てくれました。しかし、そんな中の一人は1984年に石打の刑で殺されてしまったのです。それはホモフォビア（ホモへの嫌悪）による犯罪でした。私はそのときの葬儀を覚えています。この記憶から私はいかなる人間も誰か別の人の上に位置付けることを断じて拒否します。思うにお金と言うものは個人の生活の便利のために作られたものです。それは人々の生活の利便のために存在するので、人々がお金のために存在するのではないのです。一人の人間の生活以上の価値を持った商品というものはありません。

　今日私は相応の身の処し方をすればたくさん稼ぐこともできるのですが、それはしたくありません。私の生き方がそういう道とは別の道を選ばせるのです。自分を裏切り、自分を失うくらいなら、お金が不足している方がよいのです。私は自分の脚本や映画で自分の役割を成し遂げることに希望を持っています。それが私のよい生き方なのです。でも、そのためには誠実さが必要です。金や権力のために何十万と言う人々の暮らしを踏みつけるような、低俗な人びとの仲間には入りたくありません。」

　マラマクの母親が女性の権利のような西欧的な価値観を身に着けていたのは母親がアルジェリアの少女時代に養女として西欧人に育てられたからだと言う。アイデンティティについてマラマクに尋ねてみると「私はフランス人である、ととても強く思っているわ」と答えた。

　北アフリカからフランスに渡って来る人々の中でニースの港に足を降ろす人は少なくない。「立ち上がる夜」の哲学者のマニグリエの家族も1962年にアルジェリアが独立した時、ニースに引き上げてきた。そんなニースには極右政党である国民戦線を支持する人が少なくないのだとい

う。マラマクの母親は保守的な風土の中で進歩的な行き方を貫いてきたらしい。教育にお金をかける余裕はないとしても、将来生きていけるようにとマラマクが子どもの時代から英語などの教育をしっかりと施してくれたのだそうだ。マラマクは15歳で中学を卒業するとニースのレストランで働くようになった。地中海に臨むニースには近くに山もあり、自然の造形に富む風光明媚な観光地だという。保守的なニースから早くパリに出たいと思っていたマラマクにとってただ1つ、ニースが恋しくなるのは起伏に富んだ地形のためであり、「パリは平原なので、ニースの海や山が時々、恋しくなるのです」という。

　レストランのウエイトレスの職から社会人として出発したマラマクは20歳の時に女優になろうと思い立った。

「何年かトライしてみましたが、ロミー・シュナイダーやシモーヌ・シニョレにはなれないだろう、と悟ったんです。そして、考えてみると、カメラの向こう側の世界に憧れを持っていたんです。やがて私は映画作りの現場に足を踏み入れ、その仕事を学ぶチャンスを得ることができたんです。私はその機会を逃しませんでした。」

パリにロケにやってきたジャッキー・チェン監督との記念写真

　それはマラマクが22歳の時で、大学生であれば普通に就職を考える年ごろだ。マラマクはいち早く社会人になり、すでに7年間レストランなど様々な仕事をして生きてきた。後に映画作りの仕事をしたい、と思い短編映画の助監督の仕事に転職した。やがて長編劇映画の助監督にもなり、第一助監督としてジャッキー・チェンの「ライジング・ドラゴン」

のフランスロケなども担当している。だが、映画の仕事はいつもあるわけではない。映画産業の労働者には不安定性がつきまとう。だから、生きていくためにはコマーシャルフィルムのスタッフの仕事も行なうことになるのだが、やがてそんな日々にマラマクは疑問を感じるようになった。

マラマク 「私はもっと多くの人の役に立つ存在になりたいと思い始めて2年になります。ただお金を稼ぐだけの目的で朝目を覚ますことはもうできないと思います。たとえば広告の仕事を行うことは良心の問題を呼び覚まさずにはおきません。私には絶え間なしの消費に人々を追いやることはできませんでした。私はどのようにしたら自分自身を有益な存在にできるのだろうか、と思い悩みました。たとえばル・ブルジェではCOP21（第21回気候変動枠組条約締約国会議）のときに国連のために仕事をしました。メディアの部屋を用意したりする仕事でした。国々の首脳や要人をNGOの記者会見などにも参加させたりしました。そこでいろいろなことを吸収したんです。それで私は国連の人材募集サイトに応募したり、国境なき医師団に応募したりと何度となくこの世界の仕事にトライしました。でも結局採用されることはなかったのです。」

英語も堪能だし、向学心も旺盛で努力家のマラマクだが、15歳で学業を終えて実社会に出たことが長期雇用（CDI）の職に就くことを妨げているのかもしれない。そんな苦しい模索の最中に2016年、フランスの国会では映画産業の労働者にとって厳しい法改正が行われようとしていた。

マラマク 「私が映画産業に入ってドラマの助監督として働き始めた時、すぐに私はこの世界の労働者は通常の労働者の世界とは切り離されていて、基本的に不安定な生活を強いられていることを知りました。でも、当時の私はまだ、なぜ（フランスの経団連にあたる）MEDEFがいつも私たちの属するいわゆる『映画・舞台などの興行世界の労働者の不定期な就業形態』を攻撃しているのか十分に理解していたとは言えませんでした。MEDEFは私たち、映画産業などの労働者を特権労働者だと批判するのです。というのも誰でも知っているように私たちは年間の半分

くらいを映画の現場で働きますが、残りの半分は失業保険で暮らすことになるからです。私は映画業界に入る前はナイトクラブやレストランで働いていました。ですから、誰も私のことを怠惰な人間だという事はできません。というのも、私は１年中ほとんど休みもなく、１日12時間働き続ける生活を何年もしてきたからです。しかも、賃金は最低水準で労働者の権利というものもほとんどないに等しい世界でした。しかし、その後私が転じた映画産業においても、事情は決してましとは言えないのです。映画産業では〜音楽や舞台の方がもっと悲惨だと聞いていますが〜何日も何日も仕事を探すことに時間を取られるのです。仕事の面接にも出かけますし、いったん映画の現場が決まってもその準備に朝から晩まで時間を費やさなくてはならないのです。１日８時間で給料が算出されるシステムですが、実際には12時間、時には16時間も働いているんです。私たちは仕事に就くチャンスを得るために、仕事の応募者として新しく作る映画のための資料集を作る必要があるのです。仕事が決まってからでさえ、リサーチをしてまとめなくてはなりません。仕事の契約を得るためにはいつも何週間あるいは何ヵ月もその準備で動き回らなくてはならないのです。

　映画業界の労働者がこのような不安定さを抱えていることから、部屋を借りたり、銀行から融資を受けたりすることが非常に難しいのが実情です。でも、私たちはこうした生活を選んだのです。MEDEFは私たちを攻撃し、私たちの仕事の環境をますます悪くしています。というのも大企業はもし海外移転しなければ国から資金が与えられるのですが、それらの大企業はすでに膨大な利益を手にしているのに、雇用を拡大する方向に動いていないからです。MEDEFの人たちは今の経済政策がさらに失業者を増やしていくことを理解しているはずです。彼らは自然失業率がフランスの場合10％であって、それ以下になるとインフレが起きることを知っているのです（より従順で反乱しない日本の場合は５％なのですが）。彼らは今の10％の失業率の水準が必要だと考えています。これによって、私たちの先祖たちが代々闘って勝ち取ってきた労働者の権利を諦めさせようとしているのです。彼らは人々を支配する唯一の手段こそ、互いに対立させることだと知っています。それによって、本当に問題を作り出しているものから目を背けさせるのです。」

第11章 立ち上がるTV

　フランスの2016年の春の一連の労働法改正案ではフリーの興行関係の労働者の待遇を切り下げる法改正も行われようとしていた。フランスで映画や舞台など興行関係の仕事に携わる人を"Intermittents du spectacle"と呼ぶが、Intermittentには「不定期の」という意味があり、「フリーの興行関係の労働者」という意味になる。興行が行われている期間だけ仕事に就いているからそう呼ばれているのだろう。MEDEFはそうした人々が雇用されていない間は失業保険で楽々と暮らしている、と批判してきたのだ。「立ち上がる夜」の立ち上げメンバーの一人、劇団ジョリ・モームの技術スタッフのロイク・カニトゥルもこの分野の労働者に該当していた。

　マラマク　「『立ち上がる夜』が始まる以前から、私は権力と金が世界を支配していることに気づいていました。今の政治家の多くがその中に入ります。でも、『立ち上がる夜』に参加して初めて私はそれがどれほど世界のシステムにダメージを与えているか理解できるようになったのです。私はその頃はまだ社会党を信じていたんです。そして、世界を支配するそれらの権力と金の力に対抗するには選挙では無理だと思いました。恐らくは選挙とは別の闘いが必要なのではないか、と思ったのです。左翼政党とか右翼政党という二大政党の区分は人々を欺いているもので、実際にはオランドもバルスもマクロンも（内相の）カズヌーブもみなサルコジ以上に世界にダメージを与えているんです。ですから、彼らの裏切りは吐き気を催させます。ただ、クリスチャーヌ・トビラだけは私は今でも信用しています。私は人々に誠実さを求めていますが、政界に於いては非常に稀なのです」

　クリスチャーヌ・トビラ（Christiane Taubira）はフランスの海外県であるギアナの女性政治家で、オランド大統領が指名したジャン＝マルク・エローの内閣で司法大臣に就任した。黒人政治家として差別を受けながらも、同性者同士の結婚を認める法制化を成し遂げたことで知られる。しかし、のちにバルス内閣になって以後、オランド大統領やバルス首相と考え方の違いから辞職をした。マラマクは大統領選挙の投票に当

たって社会党の中で抵抗勢力だったブノワ・アモンを考えてみたが、いかにアモンが奮闘しても社会党には新しいことができそうにないように感じたのだという。そんな時、「立ち上がる夜」の仲間たちの多くがジャン＝リュク・メランションを推薦するようになった。マラマク自身はあまりメランションに関心が持てなかったそうだが、周りがそういうのでメランションの選挙集会に出てみた。すると思いがけず、自分たちの思いに近い公約を掲げていることがわかった。次のようなものだった。

- 作家や芸術家を保護する制度
- フリーターの権利の擁護、およびCNC（映画とアニメーションの国立センター）の改革
- メディアの独立
- 環境保護のための国際組織の創設
- 自己に関する権利の確立（終末期および堕胎）
- 男女間の給与の平等
- 公的な医療のための機関の創設
- 広告費の削減
- マーケティングに利用されている個人情報の保護
- 子どもを対象にした番組におけるCMの禁止
- 国民全員が参加できる人民大学の創設
- 住所による学校の割り振りの仕方を改善する
- ディーゼルエンジンの廃止
- 生物に対する遺伝子組みかえ特許の拒否
- 公共財産の民営化に対する闘争と保護（水、空気、健康、生物、エネルギー）
- 環境に対する犯罪の創設
- 海洋エネルギーの国有化
- 時代遅れの制度への闘い
- 遺伝子組み換え作物の禁止と有害な殺虫剤の禁止
- 地産地消の促進
- 工場的な畜舎の閉鎖
- ナントの新空港建設計画の中止

・業績悪化を口実とした集団解雇の禁止
・企業がどこに拠点を移しても課税すること
・週4日労働制
・公的金融機関の創設
・金融界の資金の出入りに対して課税すること

　メランションの公約にマラマクは感銘を受け、これなら選挙で世界を変えることもできそうに感じた。マラマクはその思いをこう書きつづった。
「よい政策である。思いがけない政策だ。ついに本当の入り口にたどり着けそうな気がする。もちろん、これを実現不可能だと言う人もいるだろう。だが私は彼らに言いたい。これまでこうした政策を誰か一人でも真摯に成し遂げようとした政治家がいただろうか。権力というものは民衆の意思に支えられ、すべての人のために行使されてこそ初めて何かを変革しうるのだ。大切なのは本物の一般意思（有権者全員の意思）である。」

▼メディ・グィローの場合

「立ち上がるTV」で活動したインタビュアーは全員合わせると4〜5人になるそうだが、メディ・グィロー（Mehdi Guiraud）もその一人だ。2メートル近くありそうな巨体に頬から顎まで黒いひげを蓄えている。目が大きくて、一度会えば忘れることができない強烈な個性を放っている。父親はモロッコ人で母親はフランス人だ。グィローはもと

データ分析専門のジャーナリストだったメディ・グィロー

もとジャーナリストだったのだが、専門はデータ・ジャーナリストとい

う少し特殊な分野だ。様々な統計データを分析して、ストーリーを組み立てる。グィローはコンピューターに強いためにデータを扱うのは得意だ。だが、そんな彼も普通に芸術家や作家、歌手などの文化人を取材していた時期もあった。だから、グィローの場合はマラマクと違ってプロとして記事を書くために共和国広場に駆けつけた。2016年4月3日か4日、いずれにしても「立ち上がる夜」が始まって話題になり始めた頃だった。グィローは写真を撮り、記事を書いた。何か、この場で新しいことが起きるのではないか、と彼は感じた。電気もないのに、多くの人が広場に集まって議論していた。手探りでなんとか、後ろの人に言葉が聞こえるように工夫していた。場の持つ情熱に感動したという。

　メディ・グィロー　「それで興味を覚えてまたすぐに広場を訪れたんです。最初は『白票』運動の流れにある『黒票（ブラックバロット）』運動に参加しました。これは良い政治家がいないのなら、棄権するという運動です。僕は2002年と2007年の大統領選の時にこの運動をしたことがあったんです。で、広場で同じ運動をしている人に会ったので最初はそれから始めたんですが、そのあと、『立ち上がるTV』に参加することになりました。最初に僕がインタビューしたのはレミ・ビシーヌ（Rémy Buisine）氏でした。」

　レミ・ビシーヌはペリスコープ（Periscope）という映像のライブ配信をしているネットワークに「立ち上がる夜」の初期の実況を流したジャーナリストだ。その映像は5時間にわたり、8万アクセスを超えた。このライブ映像が「立ち上がる夜」が大きな運動に広がるきっかけとなった。このライブ映像を見て広場に集まった人が少なくなかったのだ。ペリスコープのプラットフォームがフランスに来たのは「立ち上がる夜」の1年前のことで、ビシーヌはインタビュー記事で「大きな可能性を感じた」と言っている。

Q　フランスのメディアについてどう思う？
　グィロー　「フランスのメディアについては言いたいことがたくさんあるんです。ジャーナリストになって15年間、ずっと忍耐を強いられて

きたんです。まず収入がとても低いことですよ。それに『ファーストフード・ニュース』がはびこっています。『ファーストフード・ニュース』と呼んでいるものは短時間に作られたニュースです。そして、さっと消費されてしまう。マクドナルドの食事みたいなものです。本当に何かをじっくり論じたいなら、どうしても時間がかかってしまう。」

　グィローは「立ち上がるTV」のインタビュアーとして「アルジェリア戦争の歴史」（Histoire de la guerre d'Algérie）や「植民地アルジェリア史　1830-1954」（Histoire de l'Algérie coloniale, 1830-1954）などで知られるアルジェリア生まれの歴史学者、バンジャマン・ストラ（Benjamin Stora）にインタビューした。このことはグィローにとって誇らしい思い出となった。また、スペインから来た新興の左翼政党「ポデモス」（Podemos）の所属議員らにもインタビューしている。たとえ無給だったとしても、グィローにとって「立ち上がるTV」に参加することは自分を実現するチャンスだったのではないだろうか。「立ち上がる夜」に大きな刺激を受けた彼に「立ち上がる夜」は終わったと思うか？と尋ねてみた。

　グィロー　「終わったというより……難しいな。終わったとは思えないんです。みんなでアイデアを出して権力に立ち向かう。この経験を共有したことで、僕たちは世界を変えることができることに気がついた。さらに、この世界がどういう世界なのか、ということにも光を当てることができたと思うのです。ですから、広場での運動は終わったとしても、その精神は終わっていないと思うんですよ。実際、僕は来週、『立ち上がる夜』の仲間の15人とバルセロナに行く予定です。」

　グィローは2016年8月まで熱心に共和国広場に通ったが、広場が閑散となった8月半ばから新たに就職運動を始めた。「立ち上がる夜」の中で環境問題はしばしば論じられたテーマであり、グィローもインタビューを介して、環境保護活動に関心が深まっていた。そこで好運にも広場で出会った環境保護活動家が立ち上げていたベンチャー企業Enercoopにグィローは就職することができた。Enercoopは原発をやめ

て電力をすべて自然の再生可能エネルギーに転換することを目指している。現在は水力発電や太陽光発電、その他のエネルギーを地域ごとに組み合わせて供給しているのだ。

　グィロー　「福島の原発事故は二度と起こしてはならないものです。世界一のテクノロジーを持っている日本であのようなことが起きてしまったのは本当に衝撃でした。効率も安全性も日本の技術は最高だと思っていました。それでもあのような事態が起こりえるんです。ですから、フランスで事態が防げるとは思えないんですよ。」

　グィローの業務はエネルギーのユーザーたちに料金を請求する実務だ。データ・ジャーナリストをしている時は１か月600ユーロ（約７万７千円）稼げればよい方だった。だが転職後の今は月収2000ユーロ（約25万８千円）となった。さらに問題意識を共有できる仲間とともに働けることが幸せだという。「これこそ本当に自分に適した場だ」とグィローは思った。グィローは大統領選挙ではブノワ・アモンに１回目は投票し、決選投票ではマクロンに投票した。アモンは25年で原子力発電から完全撤退することを公約にしていた。

▼「ラディカル・メディア・ストラテジスト」バキ・ユースーフー

　「立ち上がる夜」の広がりにはソーシャルメディアの役割が無視できない。レミ・ビシーヌがペリスコープに放流した「立ち上がる夜」の実況映像が８万人にアクセスされたように、ソーシャルメディアのおかげで「立ち上がる夜」はパリだけでなく、フランス各地や外国にまで運動がリアルに刻々と伝えられることとなった。「立ち上がる夜」のフェイスブックやツイッターを作成していたのが「メディアセンター」と呼ばれるチームで、リーダーはバキ・ユースーフー（Baki Youssoufou）という名前の黒人の活動家だ。

　「立ち上がる夜」の初期に詳しいというので話を聞きに出かけた。場所はパリ12区のリヨン駅に近いビルの一室である。そこはユースーフーの仕事場で We Sign It という会社の事務所だった。インターネットを活用した社会性のある新しいタイプのビジネスをしているということ

だった。ユースーフーはサンフランシスコのIT起業家のように堅苦しいジャケットもスーツも着ず、普段着で会議室に案内してくれた。楕円形のテーブルには椅子が10数脚置かれていた。

ユースーフーが「ここが『立ち上がる夜』のメディアセンターだったんだ」と教えてくれた。「立ち上がる夜」のフェイスブックやツイッターなどのページがここで作られていたのだと言う。彼は西アフリカのシエラレオネの生まれで、そこに母親の実家があった。だが、内戦で国

バキ・ユースーフー

を離れ、父親の郷里ニジェールに渡った。シエラレオネは昔、英国の植民地だったが、ニジェールはフランスの植民地だった。ニジェールでは今もフランスの原子力産業がウランの開発をしている。ユースーフーはその後フランスに渡り、大学で数学や経済学、投資などを専攻した。大学では学生組合のリーダーもつとめていた。彼はどのようにして「立ち上がる夜」に関わるようになったのだろうか？

ユースーフー　「少し遡りますが、僕はチュニジアの『アラブの春』に関わっていました。デジタル技術を活用した民主化運動です。2008年から2009年にかけて、そうした運動をチュニジアで起こしていたんです。僕はチュニジア人の活動家たちにデジタル技術を教えていたんです。『アラブの春』と言えば2011年と思われるでしょうが、その前から僕らは活動を始めていたんです。セネガルにも行きました。『一緒に』という運動が起きていたんです。僕らはネットを駆使して活動的な世代を作っていました。フランスに戻った後に、2011年にWe Sign Itという市民運動のフォーマットをネットに立ち上げて起業したんです。

大衆動員に活用できるインターネットのサービスです。500万人が活用しています。その後、僕はフランスのあるNGOに参加しました。こ

ユースーフーが設立した会社 We Sign It

れは警察官が町や駅で黒人やアラブ人などを見ると、しょっちゅう身体検査をして、時には頭の後ろに両手をつけさせ、組み伏せたりするんですが、こういうことに抗議する運動です。僕もしょっちゅう警察官に呼び止められます。2週間前にも呼び止められました。僕が『立ち上がる夜』に最初に参加したのは2016年3月19日です。デジタル技術を使って運動したいと思ったんです。労働法改正は運動に参加した全員のシンボリックな目標でしたが、僕は警察官のレイシズムに対する反対運動がしたかったのです。それでこの部屋を使って、参加する人たちにフェイスブックやツイッターやペリスコープなどの効果的な活用方法を教えていたんです』

Q　たとえばどんな技術でしょうか？

　ユースーフー　「アルゴリズムに関する実践的知識です。どんなメッセージが多くの人に届くか。どんなデジタルツールが有効か。写真をどう使うかなど。こんなことですよ。僕の大学の専攻は経済学で IT とは関係がなかったのですが、デジタル技術にのめり込みましてね。」

Q　チュニジアでは大きな運動になりましたが、フランスでも大きな運動になると思っていたんですか？

　　ユースーフー　「いや、全然。だけど、インターネットを活用したら、少なくとも運動は拡大するだろうと思いました。チュニジアでも、セネガルでも、スペインでも、ギリシアでもインターネットがモノを言いました。『立ち上げる夜』のツイッターアカウントは３月26日に立ち上げました。」

　インターネットは40〜50代以下の世代にはなじみがあるが、高齢者になるほど遠いメディアではないだろうか。こうした世代をどう運動に参加させられるのか、と尋ねてみた。

　　ユースーフー　「あらゆる世代を呼び込むためにはジャーナリストを動員して、ジャーナリストの記事をインターネットに載せる手があります。『立ち上がる夜』の最初の記事を書いたのはルモンド紙の記者で４月１日の午前２時に記事がネットにUPされたんですよ。ルモンドに載ればあらゆる世代の注目を集めることができます。記事では『立ち上がる夜』のツイッターも紹介されていました」

　ユースーフーが３月31日に「立ち上がる夜」のインターネットのアカウントを自社で買い取ってしまったことで運動参加者の中には「運動を私物化した」と批判する人がいる。そのことを尋ねてみると「そういう人がいるのは認めます」と言う。だが、ユースーフーの経験が生かされた部分も大きかったのではないか。

Q「立ち上がる夜」はもう終わったと思いますか？

　　ユースーフー　「広場の『立ち上がる夜』は終わりました。でも僕の中では終わっていません。実際、今の方がもっと充実していますよ。というのは『立ち上がる夜』に参加した人々が今、あちこち活動しているからなんです」

　彼の言葉には説得力があった。確かに、「立ち上がる夜」に関わった人たちは、考え方に相違があったとしても、多くの人が今も何らかの活

動を続けているのを僕はこの目で確かめてきた。それを確かめることは今回の僕の取材旅行の目的の1つでもあった。

▼ドキュメンタリー映画 "Les Nouveaux Chiens de garde"
(新しい権力の番犬たち)

「立ち上がる夜」とメディアの問題を語る時、言及せざるを得ない映画がある。104分のドキュメンタリー映画 "Les Nouveaux Chiens de garde"（新しい権力の番犬たち）である。映画のもとになった本があり、それはジャーナリストのセルジュ・アリミ（Serge Halimi）が書いた同名の本である。僕は原作は読んでいないのだが、映画の内容から考えてもメディアに頻出して金を稼ぎまわる文化人の生態を風刺的に描いたものだろう。このドキュメンタリー映画ではTVやラジオ、新聞や雑誌などの主流のフランスメディアに頻出するコメンテーター、ジャーナリスト、文化人、学者らの言動や彼らと政治・経済などのエスタブリッシュメントとの関係、さらにはどのくらい稼ぎがあるのか、と言ったことに切り込んでいるのだ。原作者セルジュ・アリミの母親ジゼル・アリミ（Gisele Halimi）はチュニジア出身の弁護士である。彼女はアルジェリアの独立運動の女性闘士ジャミラ・ブーパシャ（Djamila Boupacha）が冤罪で逮捕され、拷問を受けた事件でブーパシャの弁護を引き受け、シモーヌ・ド・ボーヴォワールやフランソワーズ・サガンらとともに闘い、無罪を勝ち取り、フランスの世論をアルジェリアの独立支持に大きく向かわせた功績を持つ著名人である。まさにこの親にしてこの息子ということだろう。一貫して権力と立ち向かっているのだ。

映画のタイトルは個性的だが、元々はフランスの作家ポール・ニザン（1905-1940）が1932年に書いた本に "Les Chiens de garde"（権力の番犬）という題のものがあり、権力につかえる御用哲学者を痛烈に批判した書だったそうである。セルジュ・アリミはルモンドディプロマティーク誌の編集者であるが、この映画でもルモンド紙を含めて、フィガロ、ヌーベルオプセルバトゥール、クーリエ・アンテルナショナル、フランス・ソワールといった活字媒体や、フランス・キュルチュール、France 2、France 3、TF 1、TV 5 monde、Europe 1、Canal＋、BFM TVなどの放送メディアに頻繁に顔を出す知識人やジャーナリストたちについて触

第11章 立ち上がるTV

れている。そして、それら著名人やメディアがどのような資本の傘下にあるかを探り出す。映画の中には次のようなシーンがある。
・ある人は朝から晩まで表紙やサイズこそ違えど、ほとんど同じ流通企業グループが出資する媒体の記事を読んでいた。
・フランスにも安倍首相とジャーリストたちが寿司を食う会みたいなものがあった。毎月一度、政界のトップと財界とジャーナリストが一緒に会って親密になる会合が……。
・建築中の原発の杜撰工事のニュースはサルコジ大統領がエネルギー企業幹部と友達だったために全然ニュース番組で放送されなかった……などなど。この映画ではなかなか撮影しにくい闇の世界に切り込むために、ニュースクリップや写真を効果的に使ってコラージュを作ったり、アニメーションを作ったりしながら、映画として見せるものにしているのだ。この映画のDVDを売ってくれたのはアミアンの「ファキル」の編集室にいたクレマンティーヌ・バーニュだった。原作者のセルジュ・アリミはフランソワ・リュファンらと「立ち上がる夜」の初期に関わっていたのだと言う。「立ち上がる夜」という運動にとって、メディアの腐敗は大きな関心事だった。メディアが巨大資本グループの傘下に入っており、その結果、企業批判ができないことや、政治報道も自由にできないなどの機能不全につながってしまう。メディアが不健全になったら、人は直接会って話し合いたくなるはずだ。

第12章　難民支援運動

アフリカや中東からの移民が多いパリのバルベス界隈

▼ラジオ番組の司会者・アリーヌ・パイエ

スタジオ収録中のアリーヌ・パイエ。ゲストは作家のディディエ・デナンクス(右)ら。
© Annick Haumier

　共和国広場で人々の話し合いに参加していたアリーヌ・パイエの仕事はラジオ番組の司会だ。パイエの番組はフランス・キュルチュールで毎週、日曜朝の午前6時半から放送されている30分番組"Le Temps buissonnier"である。直訳すると「茂みの中の時代」で、意訳すれば「先の見えない時代」という風に解釈できるだろう。子供向けの本や舞台、映画などを紹介しているが番組は教師や保護者など大人向けである。2017年の春、パイエが取り上げた一冊は「パパ、どうしてヒトラーに投票したの？」"Papa, pourquois t'as voté Hitler?"という青少年向けの本だった。出版されたのは2016年で、著者は世界的に著名な作家、ディディエ・デナンクス（Didier Daeninckx）である。デナンクスの作品には日本でも翻訳されている出世作「記憶のための殺人」（Meurtres pour mémoire）がある。アルジェリア独立戦争の時代、フランスの国家警察機構が独立派の闘士やフランス人の反戦活動家を殺していたという歴史の闇にメスを入れた小説だ。ミステリ形式にしたことが功を奏し、ベストセラーとなった。彼は歴史の暗部に想像力を膨らませ、取材に基づく探偵小説を書いてきた。一方で子供向けの本もたくさん書いている。今

回パイエが紹介した「パパ、どうしてヒトラーに投票したの？」は父親がなぜヒトラーに投票し、母親がなぜヒトラーに反対票を入れたのかということを子供の視点から描いたものだ。ヒトラーという独裁者を生んだのは選挙だったのである。デナンクスはドイツの地方都市を取材し、当時を知る老人たちに話を聞いてこの小説を書いた。パイエはデナンクスとイラストを描いた画家のペフをスタジオに招き、3人で対話した。

　パイエ　「1年前にこの本をお書きになっていたとき、今年の大統領選挙のことが頭にあったのでしょうか」

　デナンクス　「もちろん、大統領選挙は近づいていましたが、選挙があるから本書を書いたわけではないんです。僕がこの本を書いた動機は歴史というものはある時代には非常に特殊なものになりうる、ということを示したかったんです。ドイツの1933年を振り返ると、1月、2月、3月と猛烈なスピードで独裁に向かって行きました。信じられないほどの加速度で事態が進んでいたということなんです。そして一気にヒトラーが権力を握ると、一夜にしてまったく信じられない世界に変わってしまいました。ヒトラーはそれまでの政治家とまったく同様に選挙で選ばれたんです。私はドイツの工業都市、ルイズブルクを訪れました。その街で当時子供だった人たちに話を聞きました。ヒトラーが1933年3月に再び首相になって以後、5月1日のメーデーのデモに出たルイズブルクの労組のリーダーたちはみんな逮捕されてしまった、ということなんです。そして5月3日に公共の広場で絞首刑にされたんです。つまり、ヒトラーが権力を握ってわずか5週間でドイツは完璧な独裁国家になってしまったんです。」

　この本を紹介したパイエ自身は選挙で投票しないことを近年のモットーにしてきたのだから、興味深い。この放送では1票の重みについて作家に語らせているのだ。パイエの大きなテーマの1つがラシズム（人種差別主義）との闘いである。ヒトラーが選挙に勝った経緯を検証したデナンクスの本もまた人種差別主義を描いた本である。パイエはパリ北東部の18区でセネガル出身の黒人男性と一緒に暮らしている。「立ち上

がる夜」の討論の場にも仕事が終わった後だったのろう、彼は時々現れ、パイエを暖かく見守っていた。話を聞くために僕は彼らが暮らす18区のアパートを訪ねた。

▼バルベス(Barbes)の移民たちの活気

　パリの18区にあるバルベス（Barbes）周辺ではサブサハラ（サハラ砂漠より南の地域）出身の黒人がかなり高い密度で暮らしている。パイエが住むアパートもその周辺にある。日本の観光客はたいていパリ中心部のセーヌ河の近くを観光するのだけれど、バルベスの界隈も面白い。まずバルベス・ロシュショア（Barbes Rochechouart）というメトロ駅を降りて、地上に出るとパリの中心街とは異質の空間が現れる。アラブ系、アフリカ系の人々が多いエリアだ。駅を出て目につくのが携帯電話屋だ。日本人は自分の使っている携帯電話を活用して中のカードを取り換えたりする人がいるが、パリでは「新しい携帯を買う」というケースが多い。しかも3000円くらいで買えてしまう。ほとんど使い捨てカメラみたいな感じだろう。

　路上では１ユーロ（約130円）の焼きトウモロコシを売っている。売り手の男は小さな焼き窯をもっていて、注文に応じて焼いてくれる。１ユーロは安い！焼きあがると「塩を振るかね？」などと聞かれる。おやつにはもってこいだ。アフリカのジンバブエを旅した時に町で焼きトウモロコシを買って食べたことがあったがその時と同じである。そっくりそのまま、パリに焼きトウモロコシがある不思議さなのだ。町の肉屋もアフリカからの移民の文化が濃厚で、豚の頭から足先まで売っている。理髪店も黒人女性にあった頭髪のスタイルを示したサンプル写真がウィンドーに貼られ、お洒落な女性たちで賑わっていた。アフリカの色とりどりの衣装の生地を扱う店があり、美しい。これを買って持ち帰って誰かに仕立ててもらうのだろうか。それとも自分で作るのだろうか。

　また、通りにはアフリカ食堂があった。中に入ると、黒人たちでほぼ満席状態だ。奥の突き当りにガラス棚があり、そこに総菜がトレイに入れてある。上に貼られたメニューを見ながら、好きな組み合わせをチョイスして食べるらしい。僕が目をつけたのは魚定食だ。魚のフライにご飯（白米とピラフと２通り）、そして一品バナナのフライか、野菜の煮物

がついている。日本の魚定食ランチみたいな感覚で、味付けは多少違うけれど日本と構成が同じだ。これで5ユーロ＝約650円。日本国内なら、ランチでこのくらいの値段は普通にあるだろうが、物価が高いパリだとかなりお値頃感がある。パリで中国系の人がやっている廉価の中華料理店はたいてい一か所で大量に作って店に運んでいるのだと思われる。あるいはそれぞれの店の厨房で作っているのかもしれないが、味もメニューもパターンが同じことが多い。だが、このアフリカ人の食堂の料理は自家製で手作り感満載だ。店は黒人の家族による経営らしく、中年のおばさんとおじいさんらしい人が営んでいて、これがまた日本の下町の定食屋を彷彿とさせていい味を出しているのだ。料理は基本的に5ユーロで、チキンやイカなどもあり、10種類くらいの料理があった。

さて、建物の階段を上ってパイエの部屋を訪ねると、窓から西にモンマルトルのシンボルともいえるサクレクール寺院の屋根が見えた。現在、投票せず自分で政治運動を行うことにした、とパイエは語っていたが、それは今どうなっているのだろう。実はパイエの住まいからそう遠く離れていない、メトロのジョレス駅周辺で彼女のグループは毎週木曜日の夕方に難民に暖かい飲み物や食料、生活用品を支援しているのだという。この難民支援運動は「紅茶と珈琲を難民に」と名付けられている。

▼「紅茶と珈琲を難民に」

欧州では「アラブの春」の後の内戦や紛争、イスラム原理主義勢力の支配、あるいはアフガニスタンやイラクでの戦闘などを逃れて渡って来る難民が絶えない。パリではそうした難民たちがスターリングラードやジョレスなど、18区周辺の駅の近くにテントを張り、身を寄せ合って暮らしていた。それら難民の数は3000人くらい存在したと報じられていた。だが、パリ市当局が事態を看過できず、テントを撤去させ、各地の難民収容施設に分散させたりした。パイエが支援しているのはこうした難民たちだ。

Q　どのような経緯で、またなぜ難民支援運動「紅茶と珈琲を難民に」を始めたのですか？

　パイエ　「私たちが多少なりとも行っているのは国家がしていないことです！私たちは住まいを提供したり、難民たちが証明書を手に入れる

第12章　難民支援運動

ジョレス駅前に集まった難民たち　Ⓒ「紅茶と珈琲を難民に」

難民に物資を配布するボランティアたち　Ⓒ「紅茶と珈琲を難民に」

ために手助けをしたりしていますが、とても十分とは言えません。フランス国家が難民を尊厳をもって、また人間的に迎え入れないことはけしからないことだと思っています。難民たちは何ヵ月にも及ぶ祖国を離れた旅をして苦しみや危険を経てきた人たちなのです。

　2016年の5月からパリ19区のメトロ駅のスターリングラード、ジョレ

支援物資の買い出し中　　　　　　　　フランスパンでサンドイッチの準備
左右の写真ともに©「紅茶と珈琲を難民に」

スそしてフランドル通りの間に難民たちのキャンプが作られました。11月には3500人のスーダン人、アフガニスタン人、シリア人、エリトリア人らがいました。男も女も子供たちもテントで暮らしていましたが、衛生用品や食料は相当に不安定なものでした！

　そこで私たちは友人たちとともに１つのグループを作りました。週二回、木曜と日曜に食料を難民に届けるためです。私はそこに毎日足を運び、ノートやおもちゃ、シャンプーや石鹸などを配ってきました。しかし、日が長引くにつれて少数の仲間によるこうした営みを持続するのは常に容易とは言えなくなりました。そこである日、私はみんなに相談を持ち掛け、暖かい紅茶と珈琲を届ける支援組織の結成を決意したのです。というのもパリに冷たい冬が迫っていたからでした。支援組織の結成には10日を要しました。そして、魔法瓶などを買いました。

　ところが、パリ市は11月の初めに難民キャンプを解体する許可を得たのです。その週はまさに私たちの組織が難民に最初の配給を行った週でした！数日間様子を見たのち、私たちは100人ほどの難民がスターリングラードとジョレスの間に戻って来ているのを確認しました。彼らが戻ってきたのはフランス語の講習を受けるためでした。寒い冬空の下で

語学の講習を受けるのです。そこで私たちは紅茶と珈琲を支給しに行くことを決めました。けれども、警察は私たちにテーブルを設置することは禁じました。というのはキャンプが再び設置されることを警戒したからです！私たちはフェンスの上にお茶と珈琲の魔法瓶などを設置して毎週木曜日に活動を行いました。間もなく、彼らが衛生用品や靴下などを必要としていることがわかってきました。」

Q 「紅茶と珈琲を難民に」の取り組みとあなたの放送ジャーナリストとしての職業はどのような関係にあるのですか？
　パイエ 「私にもそれらが直接結びついているのかどうかはわかりません。ただ私はジャーナリストですし、出来事を理解し、証言し、抗議し、人々に知らせなくてはなりません。ですから私はアンガジェした（コミットした）ジャーナリストであると名乗っています。そして隠されていることを明るみに出そうとし、状況を政治的に分析しようと試みています。確かに私はラジオで難民について、フランス国家やパリ市の人道的責任について話しています。ただ、ラジオで私がこれらについて語る時はフィクション（虚構）という形で語っているのです。これはリスナーを欺くためではないんです。こういう工夫をしなくては検閲を受けてしまうからなのです！けれども告発するだけでは私には十分ではないんです。このような悲劇を目の前にして、私は自分が人間であること、そして自分が尊厳を持っていることを感じたいがために行動の必要を感じるのです！」

Q 難民の問題を解決するにはどうすればよいのでしょうか？
　パイエ 「技術的にはシンプルなんです。というのはフランスと欧州は難民を尊厳をもって迎えるに足る十分な面積と豊かさを持っているからです。しかし、問題は政治にあります。選挙で関心を持たれる事柄や資本家が必要とするものは人的資本の必要性と国際的な連帯の必要性を訴えることです。その意味では戦争は平和よりもそれらの必要性をより容易に満たしてくれるのです。そして海外における脱植民地化よりも資源やその他の富の搾取と略奪の方が彼らの必要をより満たしてくれるのです。戦争の必要が消えない理由はそこにあります。資本主義や豊かな

国々はアフリカの飢餓や悲惨によって自らを養っているのです！」

▼難民を排斥する報道に対する抗議集会

　2016年に英国で行われた欧州連合から離脱するかどうかを決める、いわゆるブレグジット（Brexit）の国民投票の前に、大々的に移民に対する恐怖を煽るキャンペーンが行われたことはよく知られている。フランスの右翼勢力の中にも難民を標的にして選挙を有利に運びたい、と思っている人々がいる、と告発する人々に出会った。先ほどの難民がたまり場にしているパリ北東部に位置するラシャペル広場で2017年5月下旬に起きた出来事だ。この日も僕はパイエが立ち上げた「紅茶と珈琲を難民に」の活動の取材でその周辺を歩いていた。広場には多数の黒人を含む市民がたむろしていた。聞くとラシズム（人種差別主義）への抗議集会が行われていたそうだ。僕がその場に遭遇した時は今しも集会が終わったばかりの頃だったのだが、「何をやっていたのか」と主催者に尋ねてみた。主催者はティファーヌ・ガルシアという名前の女性とロマン・プルニエという名前の男性である。ガルシアが言うには、数日前にこのラシャペルの広場について、地元新聞のパリジャン紙が「女性が一人で歩けない危険地域」というルポを載せたのだという。ラシャペル広場周辺が男ばかりの不穏な地域になり、女性が一人で歩いたらセクシャルハラスメントを受けるため、女性が立ち入れない男性オンリーの地域になっている、という記事だった。しかし、ガルシアによると、この地域に何十年と暮らしてきた彼女はそのような危険を感じたことは一度もなく、記事は虚構だという。「記事には政治的な意図があります」とガルシアは答えた。

　そのパリジャン紙の記事をインターネットで僕も読んでみた。"Paris : des femmes victimes de harcelement dans les rues du quartier Chapelle-Palol"（パリ：シャベル＝パジョル地区の通りでハラスメント被害を受けた女性たち）というタイトルで、さらに見出しにはこう書かれていた。"Des femmes de ce quartier de l'est de Paris se plaignent de ne pas pouvoir se déplacer sans essuyer des remarques et des insultes de la part des hommes."（パリ東部のこの地域の女性は通りを歩けない、歩けば必ず男たちからじろじろ見られ侮辱を浴びせられると訴えている）。これが

第12章 難民支援運動

ラシャペル広場でのラシズム記事への抗議集会の主催者たち。左がティファーヌ・ガルシア

見出しで、そのあとに各論的に何人かの年齢層の異なる女性が自分の受けた不快な体験を記者に語るのである。

　報じられたのは５月18日で大統領選が終わり、次の国会議員選挙キャンペーンが始まった時だ。難民に対してどのような政策をとるか、ということは選挙の争点になる。難民が女性を襲った事件はドイツで起きた。しかし、問題はパリのラシャペル広場で、そうした事態が起きているのかどうか、ということだ。パリジャン紙に書かれているように、女性が独り歩きできないほど危険地帯なのか。僕はこの広場に足しげく通って観察したわけではないが、主催者の彼女が言っているように女性の姿は普通に目にする地域だ。抗議集会のガルシアやプルニエはこの場所を意図的に美しく語ろう、とは思っていない。二人が配布していたチラシにもラシャペル広場には政府の保護を受けることができない人々が多数存在しているため、貧困や不潔な側面もあることは認めている。しかし、だからと言って、男たちが女性に恒常的にハラスメントを行っている地域というのは現実ではない、というのだ。だから、二人は多くの人に５月25日の夕方（６時から９時まで）実際にラシャペル広場に来て、現場

182

を見て欲しい、と呼びかけたのだった。ガルシアはこうも僕に言った。
「パリジャン紙は男性が女性に性的にハラスメントをここで行っていると書いていますが、私はここでそのような経験をしたことはありません。むしろ、男性によるセクシズムはパリ中いたるところにあふれています。広告の中にも電車の中にもあふれています。」
　セクシズムというのはパリで女性たちからよく耳にする言葉である。抗議集会の中心となった場所には「性差別者（セクシスト）に対する闘いと人種差別主義者（ラシスト）に対する闘いは手を取り合おう」と書かれた紙が置かれていた。マスメディアがセクシズム（性差別主義）と闘っている女性たちをラシズム（人種差別主義）擁護陣営に引き入れようとしていることへの警戒である。
　こうした話をラシャペル広場で主催者たちから聞いていると、急に広場でざわざわと新しい動きが起きた。何かと思ったら、難民支援ボランティアの男たちがフランスパンやヨーグルト、水などの食料品を長くつなげた机の上に並べ始めたのだ。ものすごいスピードだ。ボランティアは10人くらい。彼らがそろいで着ている服の背にはムスリムの団体であることが記されていた。この界隈では「紅茶と珈琲を難民に」による支援活動も続けられているが、ムスリムたちも難民のために一肌脱いでいた。しかも、そろいの服まで着ているから、もっと大きな組織のようだ。服の背中にムスリムの団体名"Association Musulmane d'Alfortville"（アルフォールヴィルのムスリム組織）が記載されていた。アルフォールヴィルはインターネットで調べてみると、パリの南の郊外、クレテイユ周辺にある地名だろう。そこにはモスクがあるようだ。彼らが設置した即席の支援ブースの前に、たちまち行列ができた。並んだのは150人から200人ほどの難民たちである。
　難民たちの中に一定のイスラム国戦士が紛れ込んでいる、と言った情報や、ドイツで女性が襲われた事件などの情報、さらにはフランス国内でのテロ事件の記憶などが、1つの記事によって容易に呼び起こされるだろう。
　国民戦線の躍進がフランスで大きく目立ったのは2014年3月の地方選挙だった。国民戦線はムスリム系移民による犯罪を語り、恐怖を煽りたてた。象徴的なのは、移民が多数を占める南仏、マルセイユの選挙戦だ

「性差別者に対する闘いと人種差別主義者に対する闘いは手を取り合おう」

ろう。移民が多く暮らすマルセイユ北部はかつて社会党と共産党の手堅い地盤だった。ところが、2014年3月の地方選では最も有権者が多い選挙区である、第七連合区に治安回復を掲げる国民戦線のステファン・ラビエ候補が乗り込み、勝利したのだ。ラビエは海岸で起きたムスリム系移民の犯罪などをブログに書いていた。国民戦線はモスクがイスラム原理主義武装勢力のテロの温床になりえると警告し、フランス人をテロから守れるのは国民戦線以外にない、とアピールしたのだ。マルセイユではこの頃、7000人を収容できるフランス最大のモスクの建設計画も浮上しており、地元の住民の恐怖をテコに選挙で躍進した。マリーヌ・ルペンもパリに次ぐ大都市であるマルセイユの攻略のため、ラビエ候補の応援にやってきた。二人の写真は全国メディアでも大々的に報道された。

▼2011年のサルコジ大統領のリビアへの軍事介入が国民戦線を浮上させた

2007年に大統領になった右派政党・国民運動連合（UMP）のニコラ・サルコジはリビアのカダフィ政権つぶしに前のめりになっていた。2011

年の国連決議では外国軍はカダフィ政権と反政府武装勢力の中立に立って市民の生命の保護を行うことが前提だったが、サルコジは中立の立場を捨て、積極的に反政府派に加担して軍事介入した。背景にはサルコジ大統領が2007年にリビア政府から選挙資金を不正に送金してもらったという疑惑があり、カダフィを口封じしたかったなどと報じられていた。本来はイスラム教徒への排外的言動が目立った国民戦線初代党首のジャン＝マリ・ルペンとその娘、マリーヌ・ルペン党首は2011年にはサルコジ大統領のリビア攻撃に反対の論陣を張った。カダフィ政権を倒せばイスラム原理主義勢力が野放しになってしまい、結局フランスの治安を脅かすことになると批判したのだ。当時、父親のジャン＝マリ・ルペンはサルコジ大統領を「人殺し」と非難した。カダフィ大佐の赤ちゃんまでフランス軍が空爆で殺したからだ。国民戦線は「アラブの春」の虚妄性を訴えていた。「アラブの春」を裏で指導しているのはカタールなど、イスラム原理主義勢力だと考えたからだ。イスラム原理主義勢力にとって見ればカダフィ大佐やシリアのアサド大統領らいわゆる世俗派の政治指導者たちはその弾圧者である。だから「アラブの春」をフランスが支援したら、いずれ独裁政権から解放されたイスラム原理主義が地中海全域に広がり、フランスにも遡上してくると考えたのである。実際、現在、リビアにはイスラム原理主義勢力が入り込み、地元の権力紛争の隙間を縫って無法地帯を作っている。仮にフランスの軍事介入が正しかったと仮定しても外国で武力行使をすれば必ず現地の人々の恨みを買い、テロの原因を作ってしまうだろう。国民戦線は爆弾にNOをつきつける反戦ポスターまで作っていた。極右政党が反戦ポスターを作っていたことは多くの人々に国民戦線への見方を変える1つのきっかけになった。

　マリーヌ・ルペンにとっては大統領になるにはとんでもない政党と思われている現状から脱皮しなくてはならなかった。だから、ジャン＝マリ・ルペンのようなあからさまにイスラム教を貶める言動は党員に禁止した。表立ってイスラム系の移民を否定するのではなく、多文化主義を逆手にとって「フランスには歴史に基づく文化がある。だからフランス人になるならフランスの国民文化を尊重せよ」、という風に逆から攻めたのである。ナショナルアイデンティティを持って何が悪い、というように。

▼難民支援団体「紅茶と珈琲を難民に」の仲間たち

アリーヌ・パイエが立ち上げた「紅茶と珈琲を難民に」は食料品や飲み物、文具や衛生用品などを難民に提供していた。19区のメトロ、ジョレス駅前で珈琲と紅茶の入ったポットやバケットのサンドイッチの入った大きな袋を抱えて、何人かのスタッフが木曜の夜に現れる。僕が出会ったスタッフは「立ち上がる夜」にも参加していた人たちだ。フランソワ・トロンシュ（François Tronche）は科学者、山本百合（Youlie Yamamoto）は日本人の父とフランス人の母を持ったフランス人で、財務省で徴税の仕事をしている。訪れる難民は数百人のこともあれば断食月であるラマダンの期間など50人から100人くらいと少ないこともあるのだという。この夕方は100人弱の難民たちが訪れた。取材したのは5月だが支援活動が大切なのは寒さの厳しい冬なのだという。難民たちとは毎回、話し合いをして、支援活動にとって貴重な情報を得ているそうだ。始めたきっかけはパイエやトロンシュら5人の男女が、パリ市当局の難民に対する扱いがひどいということを話し合ったことだった。

「紅茶と珈琲を難民に」に参加したフランソワ・トロンシュ（右）と山本百合（左）

トロンシュ「僕はパリ市当局が難民に対して取っている方針にショックを受けてしまったんです。たとえば冬の寒い日や雨が降っている日でも警察官がしょっちゅうやってきては寝袋を取り上げたり、地域の住民や組織が与えたテントを解体して没収したりしてしまうんです。フランスの警察官は上からの命令に実に従順です。こうした命令は社会党政権や社会党員のパリ市長から出ていたのです。僕はこうした有様を見て、人間性に欠けた酷いことだと思ったんです。僕たちはこのことを話し合い、何か僕らにできる範囲のことであっても、定期的に行動しようと決めたんです。少なくとも暖かい飲み物なら毎週1回は提供できると。そして、難民たちと触れ合う中で、彼らの求めているものを聞き、適当な組織や支援団体につなげることはできるんじゃないだろうか、と。住む場所とか、医療とか、難民の地位を得るための法的な相談窓口などです。」

　彼らは募金を集めた。またFralibという組織から紅茶のティーバッグを、モントルイユのパン屋からはbio（オーガニック）のパンやショコラを無料で提供してもらうことになった。夏のバカンスの間は移民のグループに引き継いでもらうのだという。

　トロンシュはパスツール研究所やCNRS（フランス国立科学研究センター）などフランスの第一線の研究機関で働いてきた。分子生物学的なレベルで、人間の経験がどう長期的に人間の行動や感情を支配するかを細胞レベルで解き明かす研究をしている。

▼ロマのキャンプ解体から

　社会党政府はなぜ難民に冷たいのか。このことはロマ（ジプシー）の扱いにまで遡る。実は国民運動連合（共和党）のサルコジ大統領の時代にすでにロマの存在はフランスで大きな問題になっていた。ジャーナリストのパスカル・バレジカ（Pascal Varejka）は2010年のエッセイ「フランスからの手紙」の中でこうつづっていた。

　「2010年8月27日の報告によると、ジュネーブに本部を持つCERD（人種差別撤廃委員会）はロマに対するフランスの政策を非難した。9月末には、ブリュッセルの欧州委員会が、フランスは欧州連合内における自

由な人の移動を尊重していない、とフランス政府を強く非難した。さらにローマ教皇やキューバのカストロ元議長もフランスをとがめた。」
(Pascal Varejka「フランスからの手紙」より)

　ロマは欧州連合の枠組みの中でフランスに入ってきたのである。いったいどういう経緯だったのか。バレジカはこう続けている。

　「今フランスで起きている問題は2007年1月にブルガリアとルーマニアが欧州連合に加盟したことに起因する。この二つの貧しい国が欧州連合に加盟し、国境が開放されたことで、両国の地方に在住していたロマがどっと欧州の他の国々に入ってきた。ブルガリアとルーマニアから来たロマは今フランスに15000人近くいる。問題は複雑だ。まず、ロマたちは出国してきた国々でもあまりよく思われていなかった。彼らはしばしば隔離さえされていた。さらにブルガリアとルーマニアから来たロマたちは、両国から出て来た一般市民と同様、フランスで職を見つけるのが難しかった。移行期間に設定された7年間に開放された職業はわずか150種に限定されている。さらに雇用する側は特別な税を納めなくてはならない。これも彼らの雇用を一層難しくしている。

　フランス政府はフランス国内の労働市場を厳しく締めることで右派の有権者に取り入ろうとした。ブルガリアとルーマニアからやってきた多くのロマをフランス国内から強制退去させたのだ。今年(2010年)に入ってすでに8000人が強制送還されている。1969年に人種に基づく追放を禁止する条約を結んだにも関わらず、だ。」

　フランソワ・オランド大統領の時代の最初の内閣でマニュエル・バルスは内務大臣だった。バルスはフィヨン首相と同様、ロマのキャンプ解体と出身国への強制送還を続けた。バルスは「ロマは習慣があまりにも違うため、フランスに統合することは無理」と語り、次々と各地にあったロマのキャンプを解体した。そんな中、15歳のロマの女生徒レオナルダ・ディブラニ (Leonarda Dibrani) が学校行事のバスでの移動中にスクールバスから警察官によって連行され、家族と共に出身国であるコソボに送還された事件はフランスの若者にショックを与えた。世界にも大々的に報じられた。パリでは学生による抗議デモも起きた。学生は'L'EDUCATION, PAS L'EXPULSION'(排斥でなく、教育を)と書かれ

たプラカードを掲げ、政府に政策の変更を要求した。20を超える高校の前で学生たちが抗議活動を行った。バルス内相（当時）は「社会党だからと言ってなぜナショナリズムの問題を語ってはいけないのだろうか」とインタビューで答えていた。バルスはスペインのバルセロナで生まれ、20歳の時に自分の意思で帰化し、フランス国籍を取得した人間である。だから、フランスとは何か、ということはバルスにとっては個人史の中の大きなウエイトを占める事柄だろう。「立ち上がる夜」に参加した反レイシズムの活動家、バキ・ユースーフーはこの件について次のように語った。「バルスは国民戦線がとても怖いんだ。国民戦線に票を奪われたくないから、自分自身が国民戦線と同様の政策を行うようになった」

　左翼と敵対してきた新哲学派のアラン・フィンケルクロートは30年来続けてきたラジオ番組で「フランスとは何か」というナショナルアイデンティティの問題を近年積極的に行ってきた。様々な論客をゲストに招いて、フランスの歴史を紐解きながら、フランス国家とは何か、フランス国民とは何かを問いかけたのだ。哲学者のパトリス・マニグリエはアラン・フィンケルクロートの番組は国民戦線の思想に影響を与えただけでなく、近年のフランス社会の右傾化の源になったのだと言う。

▼日本人の父　フランス人の母　山本百合の闘いの日々

　「紅茶と珈琲を難民に」に参加しているユリ・ヤマモトは一見、日本人のようでもあるが、父親がフランス人の女性と結婚して生まれたのだと言う。だから彼女はフランス人であり、綴りも Youlie だ。ユリエではない。e はフランスではしばしば女性名詞の末尾につく文字であり、それを意識してフランス人の母親が添えたのだと言う。日本で表記する場合はカタカナか、あるいは漢字があるのか訪ねてみると、「父に相談します」と言って、しばらく後に「山本百合」と漢字が書かれた写真が届いた。父親が書いてくれた漢字だった。

　山本百合の左の肩には骸骨のタトゥーがある。「テトラ・ファルマコン」という文字が添えられている。古代ギリシアのエピクロスの言葉で、4つの薬を意味していると言う。骸骨の意味は自由と虚栄心だそうだ。彼女の職業は徴税官で、Ministere de l'Action et des Comptes publics という日本で言えば財務省の役人である。日本の官僚でタトゥーを入れ

第12章　難民支援運動

タトゥーを見せてくれた山本百合

ている人がいるかどうか知らないが、いたとしても多くはないに違いない。山本は右の胸の上にもボードレールのシュプリーンという言葉を入れているし、夫のロベールの名前も刻んでいる。

Q　タトゥー（入れ墨）に日本人のお父さんが怒ったりしませんでしたか？

山本　「ヤクザだ、とか言われましたが、私はタトゥーはやくざの文化になる前は職人の文化だったと言って理解してもらいました」

Q　官僚になるのは難しくなかったですか？

山本　「難しかったです。競争が激しくて、200から400くらいのポストに2000人くらいが応募するんです。」

Q　学生時代はどんな勉強をされたんですか？

山本　「パリの南にあるクレテイユのパリ第12大学（Université Paris-Est Créteil Val-de-Marne）で法律を専攻しました。行政法とか憲法など、公法を中心に、です。」

Q　政府に反対する運動でもあった「立ち上がる夜」に参加することは

官僚であったあなたにリスクを与えませんでしたか？

　山本　「共和国広場に放送局の TV クルーが来て私にインタビューをしたことがありました。それを職場のボスが見ていまして。私は革命を起こすわけじゃないし、グローバル経済の問題を地道に考えているのだなどと説明したんですよ」

　上司は理解してくれた。山本はもともと金融の問題を考えるアタック（Attac）という国際組織に所属していた。アタックは投機的な金融取引に課税せよ、という主張をしている。徴税官としても、課税を逃れるタックスヘイブンは大問題である。

　山本　「アタック・フランスでは全国大会に備えて、活動のやり方の説明会を行いましたが、私が説明したのです。私はかなりな活動家なんですよ」

　僕はソーシャルネットワークで山本百合の写真を何度か過去に見たことがあった。それらは機動隊が背後に立っている写真だったり、アタックの抗議活動の写真だったりした。日本人に近い顔をしているのでパリ

アタックフランスの抗議集会に参加した山本百合（大きなスマートフォンを抱えている）。 © Éric Coquelin

に留学中のいささか過激な大学生かな、などと思っていた。ところが彼女は国籍的にはフランス生まれのフランス人だったのである。そんな彼女がどのようにして、こうした活動家になっていったのだろうか。

山本　「私がアタック・フランス（Attac France）に参加したのは2015年5月です。私の郵便箱に『サメに対抗するための一式』というパンフが入っていたのです。この場合、サメというのは経済的な捕食者のことで、金融機関や多国籍企業を指します。大衆を啓蒙するためのパンフだったわけです。私はこれを読んで理解しました。新自由主義に立ち向かわなくてはならないと思ったのです。その象徴はお金です。金融機関や多国籍企業が応分の税金を支払うことなく、不正に利益を貯め込んでいるのです。このお金は本来、税金として公共のものになるべきものです。そのお金は社会の進歩や環境保護に本来役立てられるべきものなのです。私は徴税官として税金の取り立てや税金の管理を職務にしておりますので、経済の金融化や法外な力を持つ多国籍企業に立ち向かうアタックのような組織に参加することは根っこには共通するものがあるわけです。特に多国籍企業が税金を支払わず、課税逃れをしていることと闘うことは私の仕事につながることなんです。私はアタックからは給料をもらっていませんので、そちらの活動は完全にボランティアでやっています。

『立ち上がる夜』に参加してから、私のアタックへのかかわりも強まっていきました。アタックに参加した当初は2015年12月にパリで開催されたCOP21に対する異議申し立ての運動をクリエイティブな形で展開していました。しかし、私がリーダーシップを取って運動に参加するようになったのは2016年3月に労働法改正への反対運動が始まった時でした。アタックと「立ち上がる夜」と両方の活動に力を入れるようになっていました。たとえば「立ち上がる夜」が始まった2016年3月31日に私はアタックの展示ブースで催しの司会をしていたのです。"La Valls des bobards"（嘘つきバルス）というフレーズはマニュエル・バルス首相にダンスを意味する"valse"をかけた言葉遊びです。"bobard"は嘘やデタラメという意味です。私たちはバレリーナのはくスカートを身に着けてワルツの音楽に乗せて労働法改正をめぐるデタラメを踊りで表現し

労働法改正反対の抗議デモで、ボクサーに扮した山本百合(右)

夫のダミアンとマクロン大統領の難民政策に反対するデモに参加した山本百合
ⓒ Éric Coquelin

てみました。そして、その場でアタックが作成した小冊子を人々に配ったんです。労働法改正をめぐって政府から拡散されている嘘を暴いたものです。3月31日のこの抗議デモの後、私たちは共和国広場に集結し、『立ち上がる夜』を始めたんです。私は『コミュニケーション』という委員会に積極的に参加し、メディアや新聞、労組などとの窓口を担当しました。もう少し細かく言いますと、『物理的なコミュニケーション』が担当で、つまり、チラシやパンフレット、新聞、映像、シールなどを作っていたんです。また、同時にアクションやデモ、インタビュー、集会、討論など多くの活動も担当していました。『立ち上がる夜』の始まった3月31日から、息切れしてしまう同年9月までです。

　私にとってこれらの活動の実践において、クリエイティブで視覚的な表現をするようにつとめてきました。私たちの要求を効果的に訴えるために、扮装をしてみたり、プラカードを使ってみたりと様々な工夫を凝らしたんです。様々な要求をこうしたクリエイティブな形の表現にしてみることが私は好きなんです。環境問題や社会問題、フェミニズムなどのテーマは私に関心のあることですから、それらの運動に自分が参加してみようと思うわけです。全部合わせると50以上のアクションや集会、デモ行進、それらを訴える芸術的な表現活動などに私は参加しました。今思えば『立ち上がる夜』が最初に掲げた『闘争の集結』(la Convergence des luttes)に参加してよかったと私が確信するようになったのは偶然ではなかったと思えるんです。『立ち上がる夜』は私の想像力が翼を広げることができるカタルシスを与えてくれたからです。『立ち上がる夜』に参加する以前から私は政治的運動に参画するようになっていましたが、『立ち上がる夜』は私に運動の創設者たちに直接会う機会を与えてくれました。さらに闘争がもたらす濃密で多様な経験をすることができました。『立ち上がる夜』での人々との出会いは私に大きく木が育っていくための地中の根を与えてくれたのだと思います。」

　山本百合は運動に参加して放送ジャーナリストのアリーヌ・パイエや本のデザイナーのルイーズ・ムーラン、科学者のフランソワ・トロンシュなど様々な活動家や市民と出会い、それらの触れ合いを通して大きく変わっていった。そして、「立ち上がる夜」が共和国広場から離れたあとも、これらの仲間たちと難民支援活動を今日も続けている。

第13章　海外県と植民地
―ラシズム（人種差別主義）との闘い―

大統領選挙の投票日の夜に行われた反ラシズムの討論会

▼バー「植民地」での「反ラシズム」討論会

　パリ北駅から徒歩2分。ラファイエット通りに「植民地」(la Colonie)と言う名の風変わりなバーがある。2017年5月7日、大統領選挙決選投票の夜、「植民地」には人だかりができていた。集まっていたのは北アフリカのマグレブ地方の移民やその二世、三世が多い印象だが、中東から来た人たちもいたかもしれない。集会は「反ラシズム（反人種差別主義）」の討論会だった。集会について教えてくれたのは放送ジャーナリストのアリーヌ・パイエだった。フランスの反ラシズムの闘士や知識人が一堂に会するらしいので、出かけて見た。集まった人の中には北アフリカのマグレブ地方の出身者もいれば、コンゴの出身者もおり、マルチニックなどカリブ海諸国からの移民の子孫もいた。この日の投票で、エマニュエル・マクロンの得票率は約66％、マリーヌ・ルペンの得票率は約34％とダブルスコアと言えるが、15年前の2002年のジャン＝マリ・ルペンとジャック・シラクとの一騎打ちと比べると、極右の得票率はほぼ

右から、フランツ・ファノン財団理事長のミレイユ・ファノン、アリーヌ・パイエ、政治学者のフランソワーズ・ベルジェス

倍増していた。

　参加していたパネラーの中にはフランツ・ファノン財団理事長のミレイユ・ファノン・マンデス・フランス（Mireille Fanon Mendes France）、政治学者のフランソワーズ・ベルジェス（Françoise Vergès）、ジャーナリストのアリーヌ・パイエ、反・イスラモフォビア（反・イスラム嫌悪）活動家のマルワン・ムハマド（Marwan Muhammad）などがいた。パイエは政治学者のベルジェスやミレイユ・ファノンと同じテーブル席についていた。会場には小さなテーブル席が無数にあり、参加者た

ミレイユ・ファノン

ちは座って飲み物を注文していた。後ろには4～5列の立ち見の人々が並んでいる。中央には大きなスクリーンがあり、開票速報が刻々と映し出される。マイクを持った司会の女性が会場をインタビューしながら回ると、2～3人の小型ビデオカメラマンが移動して撮影をしていた。論客がそれぞれ意見を述べていると、突然、スクリーンに投影が始まり、エマニュエル・マクロンの勝利宣言が始まった。マクロンはその時は意外と静かに落ち着いた声で感謝を語り、ライバルだったマリーヌ・ルペンを讃える言葉をも語った。マクロンは39歳、ナポレオン以来の若い大統領と報じられていたが、この夜ははしゃがず、大人の落ち着きを演出しているかのようだった。その後、司会はミレイユ・ファノンにマイクを向けた。

　ミレイユ・ファノン　「先ほど当選したマクロンが画面に登場した時に、彼は青白赤の三色旗の前に立っていました。この三色旗が象徴する自由・平等・博愛という精神がフランス共和国を建国したのだ、という人がいますが、間違っています。フランス革命が成し遂げられた時も、私たちの先祖は奴隷にされていたんです。そして（いったん1794年に奴隷制度を放棄したものの）1802年になると（クーデターを起こして第一統領となったナポレオンの決定で）フランスは奴隷制を再開したのです。当時、フランス国内ではもう市民が平等になっていたのに海外では奴隷制が

残っていたのです。フランス共和国を創設した人々は人種差別を経済構造に組み込んでいたのです。ですから、私はマクロン大統領の後ろの三色旗を見た時、めまいがしました。マリーヌ・ルペンは人種差別主義者ですが、マクロンも白人中心主義を導入する人物だと思います。」

そしてミレイユ・ファノンは今、政治にどう取り組むべきかについて、こう語った。

「個々の政治家だけを問題にしていたのではいけないのです。仮にマリーヌ・ルペンの時代が終わったとしても若い姪のマリオン＝マレシャル・ルペンがいます。大切なことは構造的なラシズム（人種差別主義）と闘うことなのです。権力のラシズム、知のラシズム、文学・報道のラシズム、これらを解体しなくてはならないのです」

アルジェリア独立に思想家として貢献したフランツ・ファノンだが、生まれはカリブ海地域のマルチニック島だった。今日、日本では書店の棚からほとんど消えているが、未だに重要な思想家である

ミレイユ・ファノン・マンデス・フランスはフランツ・ファノンの娘である。ファノンと言えば1960年頃のアジア・アフリカの独立運動の思想的指導者として知られている。フランツ・ファノンはカリブ海地域の

マルチニック島の出身者で黒人である。マルチニック島はかつてフランスの植民地であり、奴隷制も敷かれていた。秀才だったフランツ・ファノンは学生時代にフランスに渡り、精神医学を学んだ。ファノンの祖父はフランス人の奴隷だった。ファノンは白人と黒人の差別の問題を心理学、あるいは精神医学の面から分析し、黒人が持つ劣等感の構造を抉り出した。20代の若さで書き下ろした「黒い皮膚・白い仮面」(Peau noire, masques blancs)でファノンがまず欧州に渡った黒人の心理を徹底的かつ多面的に分析しているのは興味深い。

　フランスが最終的に奴隷制を放棄したのは2月革命のあった1848年だった。フランス革命が起きたのが1789年だから、一時期、廃止された時期もあったが、結局革命から全廃まで59年も奴隷制が続いた。このことは奴隷にされた側の人間から見れば自分たちは「自由・平等・博愛」の例外にされていたということになるだろう。フランスには現在でも海外県というものがある。カリブ海にあるマルチニックや南アメリカのギアナ、マダガスカルの脇にあるレユニオンなどだ。これらはかつてフランスの植民地だったが、現在は自治を行っている。海外県だからフランスの国会に議員を送っているし、またフランスの大統領選挙の選挙権も持っている。オランド大統領時代に法務大臣だったクリスチャーヌ・トビラという政治家は海外県・ギアナの政治家である。理想を貫く強い意志を持っているため彼女を尊敬するフランス人は少なくない。

　ファノンと同じテーブルにいた政治学者のフランソワーズ・ベルジェスは植民地主義についての研究とフェミニズムの研究そして双方の活動家としても知られている。ミレイユ・ファノンのルーツはカリブ海のマルチニック島であり、フランソワーズ・ベルジェスはレユニオン島だ。地図を見ると、レユニオン島はアフリカの東、マダガスカル島の東の小さな島だ。マイクを向けられたベルジェスはこう語った。

フランソワーズ・ベルジェス　「フランスの歴代大統領で海外県の私たちに関心を持った人は皆無です。今夜の決選投票は右翼候補が極右候補に勝った選挙です。新大統領はラシズム（人種差別主義）の政治を行うでしょうし、またそれは人種主義に立脚した資本主義の政治でもあるでしょう。その一方で国際的にあるいは欧州連合というくくりで見た時に許容範囲を超えるラシズムは排除したのです。」

ベルジェスはエマニュエル・マクロンもまたラシスト（人種差別主義者）であるという見方だ。国民戦線ほど明からさまではないが、五十歩百歩だと考えているのだ。また、ベルジェスはこうも語った。
「今日のフランスでは自由や平等や正義の代わりに、国家が大きなテーマになってしまいました」

▼海外県レユニオンのベルジェス一家

フランソワーズ・ベルジェスがどんな人物なのか、インターネットで調べていると、彼女が著名な政治家や弁護士を輩出した一族の出で叔父にジャック・ベルジェスという弁護士がいることを知った。ジャック・ベルジェスという名前は記憶にあった。イラク戦争の後の2004年の頃だった。米軍に拘束されたサダム・フセインの裁判が行われるというので、テレビ番組の取材をすることになったのだが、その時ジャック・ベルジェスが弁護士を引き受けることになりそうだった。最終的にアラブの弁護士たちが弁護団を結成したためベル

政治学者のフランソワーズ・ベルジェス

ジェスではなくなった。この時の調査でジャック・ベルジェスには「悪魔の弁護士」などという印象のよくないニックネームがあることを知った。それはベルジェスがナチ残党の弁護を引き受けたことから来ていたようだ。フランソワーズ・ベルジェスがジャック・ベルジェスの姪に当たることを知って、これも何かの縁に思えたのだった。

フランソワーズ・ベルジェスがどのような事情で政治学を学んだのか、またどのような家族だったのか、もっと知りたいと思い、インタビューを申し込んだ。ベルジェスに指定された場所はセーヌ川の南側、13区のオステルリッツ駅（Gare d'Austerlitz）に近いカフェだった。

フランソワーズ・ベルジェス　「私は左翼政治に強くコミットした家庭に生まれました。私の父方の祖父のレイモン・ベルジェスはレユニオン島で生まれました。彼は1900年代に中国で技術者として働きましたが、

その際、(清王朝を打倒した) 1911年の辛亥革命を目撃することになりました。この革命について彼は情熱的に多数の記事を書きました。レイモン・ベルジェスは第一次大戦では負傷することになりましたが、これを機に医師になることを決意します。そして医学の勉強が終わった時、祖父は中国に再び向かい、上海で若い中国人のための学校を作りました。その後、祖父は病院長の地位でラオスのサワンナケート (Savannakhet) に赴任します。この地で祖父はベトナム人の私の祖母、ファム・ティ・カン (Pham Thi Kang) と出会いました。彼女はベトナムのフエという町の出身でした。祖父はフランスの在シャム国領事に任命され、ウボン・ラチャタニに移動します。そこはタイの東北部です。この地で祖父は双子の男の子を得ました。ジャックとポールです。ジャックは私の叔父で、ポールは私の父です。祖父がファム・ティ・カンと結婚して双子を認知した時、フランスの植民地社会はそれに抗議し、植民地当局に祖父を非難する手紙を書いたのです。

　フランス領事の地位の人間は愛人とその子供を持つことは許されても、住人と結婚することは認められないというのです！そのため、祖父は領事を解任され、生まれ故郷のレユニオン島に何十年かぶりで妻子を連れて帰ったのでした。祖母はレユニオン島で亡くなりました。それでも祖父はどうしても復職はかないませんでした。そこで祖父はレユニオン島に腰を据え、島の政治に打ち込むようになったのです。レユニオン島に共産党組織や労働者の組織を立ち上げ、日刊新聞 Témoignages (直訳すれば、証言あるいは記録となる) を創刊しました。これは声なき人々の声を伝える、というのが目的でした。第二次大戦後、祖父は国会議員に選ばれ、マルチニック島出身の詩人で作家のエーメ・セゼールとともに植民地の解放運動を展開します。対象となったのはマルチニック、グアダルーペ、ギアナ、レユニオンなど奴隷制度を体験したフランスの植民地でした。祖父たちの努力が実り、植民地の地位から解放されたのは1946年3月19日のことです。

　私の父と叔父はレユニオン島で育ち、母親が受けたのと同様の、フランス植民地主義によるラシズム (人種差別主義) を目の当たりにすることになりました。16歳の年に二人はナチスと闘う連合軍に志願して兵役に就きました。私の父は連合軍の反撃に備えてマキというレジスタンス

組織に配置されました。戦後、二人はパリに住むようになりますが、この地で宗主国フランスに対して反植民地闘争を繰り広げることになる数多くの未来の指導者たちに出会ったのです。アルジェリア、マダガスカル、モロッコ、西アフリカ、カリビーン、ベトナムなどから来た人々でした。彼らはフランス共産党に入党しました。私の父がレユニオン島に帰ったのは1947年でしたが、この時、彼は島のファシストを殺した容疑で逮捕され、フランスのリヨンで裁判を受けました。これは反植民地活動家に対して行われた裁判で、この後随分同様の裁判が続くことになります。1955年に父は私の母、ローレンスと二人の子供である姉と私を連れてレユニオン島に帰りました。ローレンスは共産党員のフランス人で、婦人解放運動の闘士でもありました。祖父は1957年に亡くなりました。父は1959年に島の人々とレユニオン共産党を設立します。同じころ、叔父のジャック・ベルジェスもフランスで学生の反帝国主義運動にコミットしており、法律の勉強を始めていました。

　1940年代の末から1980年代初期にかけて、フランスはあちこちに抱えていた植民地で独立闘争を武力鎮圧しようと懸命に戦っていました。検閲を行い、人々を刑務所に送ったり、殺したり、ナパーム弾を投下したり……。フランスは植民地の独立を認めようとせず、「自由主義陣営」の政治力を行使しながら、同時に植民地主義のイデオロギーが国家を動かし、独立運動を鎮圧するために武力だけでなく、文化的な支配力も利用していました。レユニオン島では共産主義者の活動家が多数暗殺され、検閲が行われ、レユニオンの民族音楽も宗教も言語も文化も抑圧されていました。島は白人至上主義に染められていました。経済はフランス本国への依存を強め、失業率は高かったのです。フランスが海外県では発展は不可能だと結論づけたせいです。消費主義のための様々なツールと同様に、強制的な堕胎や不妊にする手術を行う政策まで行われていました。

　私は子供時代から10代にかけて、抑圧や検閲を経験しています。市民が選挙や集会の時に殴られて殺されていますし、私の両親は嫌がらせを受けていました。死の脅迫もありました。公衆の場で両親の名前が貶められたこともあります。父は憲兵たちから殺されかけたこともありました。刑務所にも入れられています。しかし、同時に信じられないほどの

少女時代のフランソワーズ・ベルジェス(左)。父のポール・ベルジェスらとレユニオン島で

連帯もあったのです。喜びに満ちたエネルギーと力がそこには漲っていました。私はそこから生涯にわたる薫陶を受けたのです。裏切りや傲慢やラシズムも見ましたが、抵抗する人々の美しさも知りました。1964年から66年にかけて私の父は身を隠した時期がありました。朝の6時に家宅捜索が行われましたし、母と私たち4人の子供はいつも尾行されていました。電話も盗聴されていたんです。

　こうした常々の監視にも拘わらず、心躍る時がありました。小さな島ではみんな何が起きているか知っているのです。共産党のリーダーが警察から逃れたのですが、彼を殺すための傭兵が差し向けられました。国家に対して抵抗する力があったためにフランスは独立闘争を叩き潰そうとしたのです。言い換えれば権力を過小評価してもいけませんし、過大評価してもいけないのです。しかしまた、国家は誰であれ、ひとたびその人物を叩き潰す決定をしたなら、武器を使うことを躊躇しません。あなたの家族や友達を中傷し、嫌がらせを行いますし、腐敗、検閲、情報操作、刑務所、そして暗殺などどんな手も厭いません。

第13章 海外県と植民地

　弁護士になった叔父のジャック・ベルジェスはアルジェリアの独立闘士たちを弁護していましたが、私はこの叔父からも多くを学びました。彼は後にパレスチナ闘士たちも弁護していました。ナチスのクラウス・バルビーを弁護した時はフランスのメディアや政治家は叔父を侮辱しました。彼らはナチスの裁判を道徳の教訓に替えたかったのです。ジャック・ベルジェスは植民地主義における虐殺はどうなのか、と問題提起を行ったのです。「人道に対する罪」はナチズムには適用されるのに、なぜフランスは過去の自らの人道に対する罪と向き合おうとしないのか、と問いかけたのです。

　私はもちろん母からも多くを学びました。彼女は非常なフェミニスト活動家であると同時に、読書家で映画の愛好家でもありました。家にはたくさんの本がありました。小説もあちこちにありました。世界についての討論もよくしたものです。子供時代に、アフリカやアジアや南アメリカでの反帝国主義闘争に注目していました。それらのリーダーの名前も知っていました。南北問題に関しては南の映画をよく見ました。両親は私たちを自由にさせていたんです。私は何であれやりたいことができました。私は一人の独立した少女として尊重され、制限を与えられなかったのです。私は国際的な政治や文化、そして映画などに関して信じられないほど非常によい環境に置かれていたのだと思います。」

　こうして聞いてみると、ベルジェスはレユニオン島の人々だけでなく、ベトナム人の血筋も引いていて、祖父は中国やアジアにもコミットした人だから、彼女の中には様々な民族や文化の背景が溶け込んでいると知った。フランソワーズ・ベルジェスから見れば国民戦線は植民地主義を引き継ぐ、非常にフランス的な政党だということになる。

　ベルジェスは本もたくさん書いているが、"Le Ventre des femmes"（女たちの腹）という最新刊では先述のレユニオン島で行われた強制堕胎政策を扱っている。フランスで人工妊娠中絶が合法化されたのは1975年のことでそれまで堕胎は違法だった。1975年にシモーヌ・ベイユ健康担当大臣にちなんで名づけられたベイユ法という法律が制定されたのである。ところが、ベイユ法が制定されていなかった1960年代から1970年にかけて、フランスは海外県に於いては堕胎や避妊を強制していたというのだ。海外県の島々で人口が過剰になり始めたため、フランス政府は海外県の

人口を管理して本土に移民が流入するのを防ごうとしたのである。しかし、ここでもまた本土での人権基準と旧植民地地域での人権基準が異なっていたことをベルジェスは明らかにした。

▼フランツ・ファノンの娘　ミレイユ・ファノン

今回の取材ではもう1人の反ラシズム活動家であるミレイユ・ファノンにはバー「植民地」で話に耳を傾けた以外は会うことができなかった。多忙な彼女が外国に出かけてしまったからだ。ミレイユ・ファノンが理事長をつとめるフランツ・ファノン財団はフランツ・ファノンの著作物の普及につとめるだけでなく、植民地主義や差別、あるいは経済力を持った国家群によって脅かされる小さな国の人々を守るために日夜闘っているのだそうだ。グローバリズムに基づく市場原理主義ではなく、連帯を基盤にした経済の仕組みを求めているのである。ミレイユ・ファノンにもまた多数の著作があり、人権問題や国際法、あるいは人種差別などを主なテーマとしている。またミレイユ・ファノンはフランスの首相、ピエール・マンデス＝フランス（Pierre Mendes-France）の長男の妻でもあった。ピエール・マンデス＝フランスは第一次インドシナ戦争（1946-1954）を終結させ、ベトナムからフランス軍を撤退させた政治家として知られる。インタビューの代わりに、と彼女は僕が送った質問に対してメールで丁寧な回答をよこしてくれた。大統領選挙の結果に関しての質問だ。

ミレイユ・ファノン　「今回の選挙は大統領選も国会議員選も重大な危機の兆候を見せました。政治の危機だけでなく、モラルや社会の危機でもあります。今回の大統領選は政治的ではない人物を浮上させたのです。マクロンは労働法を改変したことだけで知られていますが、それも他の政治家にやらせたことでした。マクロンは労働法の議論が終わる何週間も前に辞職してしまったのです。これはフランスの政治の衰退と勇気の喪失を示しています。アメリカでも同様の事態になっています。ただ、恐らくはフランスの方がまだいささかでもマシだというだけです。というのはマクロンがグランゼコール出身のエリートだからです。とはいえ、マクロンは政治に関してまったく無知です。その上、さらに外交

についてはもっと無知なのです。マクロンはエリートですが、フランス社会の実像を知りませんし、上流階級の利益を守っています。これはエゴイズムとリベラリズムの典型です。マクロンはトランプと同様、国連憲章の基本原則に逆らい、終わることのない戦争を継続して、民族の自治権や主権を奪っています。マクロンからは何も期待することはできません。

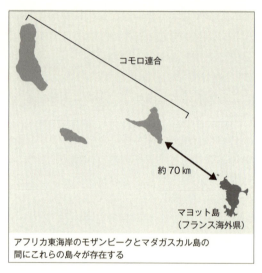

アフリカ東海岸のモザンビークとマダガスカル島の間にこれらの島々が存在する

　その例としてコモロ連合の kwassa-kwassa（クワサ-クワサ：コモロで使われている漁民の小舟）のケースが挙げられます。フランス政府によるこの敵意に満ちた政策はシステマティックなものでした。フランスは毎年、フランス海外県のマヨット島から2万人近くものコモロ人を追い払ってきました。これは国際法に違反しています。フランスはマヨット島に厳重な監視体制を敷き、越境しているコモロ人を見つけようとしています。越境してマヨット島に入ったコモロ人は当局に捕まれば素早い審査が行われ、24時間以内に追い出されてしまうのです。しかも、この審査のシステムはマヨット島でしか使われていないものです。
　この領土へのアクセス禁止は完全に国際法に反しています。このためコモロの人々はクワサ-クワサと名付けられた小さな船に乗って死の危険を冒して渡ろうとするのです。この船は漁船で長さは10メートルほどしかなく、幅に至っては1メートルほどの狭さです。船底は平らになっ

ています。これに２つのモーターが取り付けられていてできるだけ早い速度で移動できるように設計されています。コモロの人々はこれに乗り込んでおよそ70キロ離れたマヨット島に渡ろうとするのです。この航海は大変危険なものです。まずこのクワサ-クワサという小舟は人をたくさん乗せるには適していないことです。それなのにフランス当局は海上警備に最小限の人員しか使っていません。本当はもっとできるはずなのです。フランスはマヨットの領土を維持するために領土には警察の管理体制を敷いていますが、海上には最小限のマンパワーしかありません。コモロ連合によると、過去20年間で12000人から15000人が島の「死の海峡」で命を落としました。フランス側の上院の2012年の調査では1995年以後、７千人から１万人がマヨット島に入ろうとして亡くなっているとされています。」

　ミレイユ・ファノンが例に挙げたコモロ人がマヨット島に上陸を果たせず、遭難して溺死している問題は最近、フランスメディアで話題になったことでもある。マクロン大統領がちょっとした冗談のつもりで口を滑らせた言葉が国際的な問題にまでなったからだ。

　マクロン　「クワサ-クワサではあまり魚は釣れない。持ち帰るのはコモロ人ばかりだよ」（Le kwassa-kwassa pêche peu ! Il amène du Comorien !）

　もともとは島と島の間に国境という線引きはなく、人々は行き来できたのだが、1974年に海外県だったコモロ諸島の人々が住民投票を行い、フランスからの独立を選んだ。ところがコモロ諸島の中でマヨット島だけが海外県に留まることを選んだ。この時、島々の間に国境線が引かれてしまったのだ。独立を選んだ島々は「コモロ連合」となった。フランスがコモロ人の流入を警戒しているのはマヨット島が将来、コモロ連合に併合されるのを恐れているからだ。

▼子供たちにフランツ・ファノンの著作を読ませてみる

　本書の冒頭でも述べたが、フランスでは1970年代以後、左翼の間でもフランス革命を単なる伝説として否定的に見る人が増えてきたが、そのことはソ連の崩壊とも結びついている。黒人思想家フランツ・ファノンも民族独立運動が熱かった1960年代から比べると、随分遠い存在になっ

第13章　海外県と植民地

てしまった。革命や民族の独立にはしばしば戦争を伴うため、戦後に逆に抑圧的なシステムを新たに作り出してしまうリスクがある。だが、そんな風に人が賢くなればなるほど、逆に労働者や有権者が巨大な資本を持つ権力に服従させられるままになりがちだ。革命的な行動への怖れから、何もできなくなってしまう。そんな中で思想書も人々の目にとまりにくいところに隠され、あるいは放逐されていく。しかも、ファノンをテロの思想家だとして図書館から追放する試みすら起きているそうだ。

ロベール・デスノス図書館で子供たちに生きた言葉を使うことの大切さを話すアリーヌ・パイエ

　そんな中、放送ジャーナリストのアリーヌ・パイエがパリ郊外のモントルイユにあるロベール・デスノス図書館で10代の若い学生たちに作文と読書の取り組みを毎年行っていると聞き、出かけてみた。子供たちの学習計画の中に、フランツ・ファノンの著作を学ぶグループもあったからだ。モントルイユはパリの東側に位置しているが、町を歩いた感じから移民や黒人が多い地域だ。この図書館は第二次大戦中にナチの収容所で死亡した詩人のロベール・デスノスの名前を冠している。子供たちに読書の大切さと作文の大切さを教えるために、図書館がパイエに子供たちを指導させ、子供のグループに読書の発表会や作文の発表会などをさせているのである。というのもパイエはラジオで子供向けの本や映画などの紹介をずっと行ってきたからだ。ファノンの本を読んだ子供たちは多くが黒人からなるグループで、今まで知らなかった思想に触れて大きな刺激になっていることがよく伝わってきた。とはいえ、そうした取り組みは大人がしっかり取り組む姿勢がなければ続かない。パイエは言葉が感情を表現する道具であり、思想を表現する道具でもあり、言葉を意識して使うことの大切さを教えようとした。暴力に走るのではなく、絶望に陥るのでもなく。長年、フランスのTVやラジオでインタビュアーや司会をしてきた女性だから、なおさら言葉の大切さを身に染みて知っていたに違いない。

第14章　芸術と政治

コリーヌ・ボネ画廊の入り口には天使の像がある

第14章 芸術と政治

▼コリーヌ・ボネ画廊

　パリと言えば芸術の都だが、今日、芸術家は政治にいったいどう関わっているのか。パリの画廊主の中に「立ち上がる夜」に興味を持ち、何度か共和国広場を訪れていた人がいると聞いた。モンパルナスに近い14区のダゲール街に画廊を持つコリーヌ・ボネ（Corinne Bonnet）だ。

　ダゲール街は肉屋やレストランや酒屋、ショコラ専門店、鮮魚店、アジア料理店、NGOのオックスファムが営む書店まで様々な商店が軒を連ね、活気に満ちていた。通りを進んでいくと、脇にCité artisanaleと書かれた大きなドアがあり、中には色とりどりの花々が咲く集合住宅になっている。その中にコリーヌ・ボネ画廊がある。入り口に天使の彫像が飾られている。画廊の広さは特に広くはないが、中庭が広いため中庭に机や椅子を出して展示会のベルニサージュ（オープン前夜の催し）を行うことができる。2017年5月に画廊を訪れるとプラシド（Placid）という画家の展示会を行っていた。プラシドは漫画的なタッチのほのぼのとしたアクリル画を描いていたが、漫画の本やデッサン集なども出している。ボネは抽象芸術家よりも、むしろ、イラストや漫画と芸術の境界領域にいるようなタイプの画家の展示をよく行っているようだ。

Q 「立ち上がる夜」はボネさんにとってどんな経験だったですか？

　コリーヌ・ボネ　「『立ち上がる夜』には2～3度行きました。最初はメトロで出かけたんです。初めのうちは大きな希望を感じました。広場に市民が集まり世界について、生活について、労働法を守ることなどについて議論していました。著名な音楽家が演奏したり、市民がオーケストラを結成して、リハーサルを行ったり、コンサートを行ったりと素敵な試みでした。ただその後、警察や消防隊などが広場を取り

画廊主コリーヌ・ボネ

囲み、外から運動に参加する人を遮断してしまったのです。でも広場の人々は運動の方針を採択したり、リーダーを選んだりすることを徹底的に拒否していましたので、このやり方では続かないだろうと感じました。運動を大きくして長く続けていくには誰か代表を選んで、何らかの組織にならないといけないのではないかと感じました。これでは一時的には成功したとしても、長期的にはうまく行かない気がしたのです。」

「立ち上がる夜」に対する「希望」とは祝祭のようなものなのだろうか。ボネは左翼だと言うのだが、政治運動家という印象はない。ボネの中で芸術と政治はどう結びついているのだろうか。

ビデオ作家のパコム・ティルマンと打ち合わせ中のボネ（右）

Q　いつ、どのように、そしてまたなぜ画廊を始めたのですか？

　ボネ　「画廊を始めたのは2009年のことです。現在活動している30人ばかりの画家、彫刻家、造形芸術家らに詩的な空間を提供したいと思ったのです。それらの芸術家たちは批評精神が旺盛で、辛辣でもあり、記号や言葉や色彩を縦横に用い、いつも感情を的確に表現していると同時に、常識に反する思考を常々行っています。コリーヌ・ボネ画廊が支援しているのは1970年代や80年代から活動してきた芸術家たちです。彼らは画家でデッサンやグラフィズム、ポスター、出版物への装丁などに情熱を傾けてきました。最近、私の画廊ではとりわけメディ・ホルトロップ（Medi Holtrop）、オリビア・クラベル（Olivia Clavel）、フィリップ・

ラゴートリエール（Philippe Lagautrière）ミュゾー（Muzo）、ミシェル・クアレス（Michel Quarez）らの最新作を展示しました。さらに、2つの共同展示会も行いました。その展示会てミス・チック（Mis Tic）やウィレム（Willem）などの芸術家の展示も新たに行いました。この画廊は音楽家や舞踊家、作家などを含めた他のジャンルの芸術家たちによる展示会ともつながり、世界に開かれているのです。その目的は芸術を街の中心にふたたび据えたいということです。ですから、美術市場における投機的なシステムの外にあります。芸術家こそが表現の自由の最後の砦であり、開かれた精神の砦であり、繊細な知性の砦なのだと思っています。」

Q　どのようにして芸術家を見つけるのですか？
　ボネ「このギャラリーは1970年代から80年代にかけて活躍したアーチストを応援しています。彼ら、彼女らの多くは新しい表現に取り組んだ芸術家たちです。彼女らとあえて書いたのは男女にかかわらず多くの芸術家を扱ってきたからです。彼らの大半が美術的であると同時に政治的なアートを志向しています。たとえばオリビア・クラベルたちの芸術家グループの『バズーカ（Bazooka）』（1974年結成）、ポスターを描くときのミシェル・クアレスらです。彼らは表現の自由の領域を前に押し広げてくれました。デッサンや、グラフィックアート、ポスター、出版などによってです。芸術作品を選ぶときの画廊の方針は共同作業で少しずつ形作られていきます。たとえば一人の画家が他の画家を紹介したりなどしながら。それによって展示に一貫性が生まれ、信頼に満ちた雰囲気と有益で得がたい友情の中で、芸術家たちが共同で作業できます。私は芸術家たちがリスクをとることを守り支え、私たちが生きているこの世界の重みにコミットするような思考を切り開くのです。もし芸術家たちが人々の目を開かせる活動をしないとしたら、いったい何のための存在だというのでしょう？

Q　2015年のパリのテロ事件はあなたに影響を与えましたか？
　ボネ「もちろんです。それらが危険の増大であり、不寛容や他者に対する憎しみの増大であると解釈される限りにおいては影響を与えたと

言えます。しかし、テロだけではなく、気象の変動やフランスやヨーロッパで声高になりつつある過激なピューリタニズム（清教徒主義）なども不安の要因です。今、さまざまな領域で、原理主義的なものが高まっているのを私たちは目にしています。画廊での展示はその傾向に対する意思表示なのです。展示は自分の取る姿勢を示すことであり、常に喜びに満ちたものです。画廊での展示は恐怖に負けてはいけないということを静かながら、繰り返し、繰り返し示しているのです。2015年9月、フランス国内でテロへの警戒心が高まっていましたが、そうした抑圧的な空気に対抗するために、芸術家のムスタファ・ブータジン（Mustapha Boutadjine）を画廊に招いて『抵抗のコラージュ』という展示を行いました。すべての文化の、知名度のあるなしに関せず、男女を問わず、今までに抵抗活動を行った人々に感謝を表明したのです。そこではジャン・ジュネの肖像画が強制収容所で死んだジプシーの肖像画の隣にありました。また『世界の源を見る16人の眼差し』という共同展示は画家のフィリップ・ラゴートリエールが中心となっていますが、検閲に対する表現の自由の擁護が狙いです。最終的には芸術家は特別の存在意義を持っており、芸術家を抑えることはできないということこそ私が支持するメッセージです。」

Q　ボネさんご自身はどのように自分の芸術を発展させてきましたか？
　ボネ　「私はいつも文学の人間です。博士号も文学でとっています。子供の頃から本の中で育ちまして、私自身も本を出版しています。私の兄が画家でして、この兄に触れながら、芸術家たちの周りで私も成長しました。その後、私はジュ・ド・ポーム国立美術館の講義を受けました。そこで学んだのは現代美術の歴史についてです。私はこの現代世界そのものに関心を抱いています。私は生きているわけです。私は頭で考えるよりもむしろ、直感に耳を傾けています。そして答えを得るために遠くまで足を運んでいます。随分たくさんの道を歩いた結果、このギャラリーの開設に至ったのです。」

　ボネは1981年にミッテラン大統領が誕生したその夜、革命の発端となったあのバスチーユ広場に駆けつけた一人だ。その夜、バスチーユ広場には群衆が押し寄せ、左派の大統領の何十年ぶりかの登場を祝って、

第14章　芸術と政治

歓喜に沸いた。当時、20歳だったボネはソルボンヌ大学で文学を専攻していた。ボネは偶然だが、この時、報道写真家に写され、当時のルモンドの紙面を飾っていた。共産党と社会党が手を組み、左派の勢力を集結させてつかんだ勝利の瞬間だった。大学生だったボネは読書を愛し、作家を目指していた。

　ボネ　「精神分析とか、社会学とか、いずれにせよ批判的思考を磨いてくれる本は学生時代に毎日読んでいました。ロラン・バルト（Roland Barthes）の本は全部読みましたよ。」

Q　実際に批評家のロラン・バルトに会ったことはありますか？
　ボネ　「コレージュ・ド・フランスの講義を聞きに行きました。でも間もなく死んでしまったのです、私が学生の時に。ですからもっぱら彼のテクストを読むことでした。彼は非常に多産でした。断章で書かれた愛について。写真について、神話について。バルトの文章は最近まで読み続けています、3年くらい前にも出版されました。母の死後に発表した母親との関係や母親の苦しみについて。古典であれ、現代作品であれ、作品と言うものは人間の言葉が織り成す中にあり、バルトはそこから『作者の死』という考え方を提唱しました。ロラン・バルトは一連のテクストを通して、物事を豊かに感じる感性的な存在である人間の素晴らしさを示したのです。」

Q　17世紀から18世紀にかけて次第に科学が発展してきましたが、文学にも近代化の波が訪れたのでしょうか？
　ボネ　「私が学生時代にソルボンヌ大学で研究したのは17世紀の辞書編纂の歴史でした。絶対王政の時代です。ルイ14世は17世紀にアカデミー・フランセーズを作りました。そして津々浦々の地方のフランス語を統一するために辞書が編纂されました。大量の言葉が全国から集められたのです。そして代表的な3冊の辞書が当時アカデミーで作られました。どうやって、よいフランス語を作るかがルイ14世の命令で検討されていたんです。ラシーヌやモリエールなど当時の趣味がよく、優れた言葉を使う作家たちの作品群が良いフランス語の基本とされました。さら

に、2冊の別の辞書の編纂も始まっていたのですが、こちらは当時の科学に関わる言葉をまとめたものです。この流れの中で後に啓蒙主義時代の百科事典も編纂されていき、ディドロやルソーらによって政治的思考の基礎が作り上げられていきました。辞書の中に政治的思想が育まれていくことにもなったのです。しかし、当初のアカデミー・フランセーズは国家統一のための組織でしたし、ミシェル・フーコーが指摘したようにそれによって権力と統制の体系を作り出したのです。」

　ボネは1980年代初頭にソルボンヌ大学で、フランスの知的な空気を十分に浴びて育った人だ。ボネが書いた小説は出版社に採用されて本になった。しかし、その後も書き続けたが、小説で生計をたてるのは無理と悟った。ボネは企業に就職した。ところが、ある日、同期入社して同じ学歴で同じ仕事をしている男が自分より給料が30％も高いのを知り、即座に会社を辞めた。その後、様々な経験を経て2009年にボネは画廊を開いた。ボネが画家たちに注ぐ優しい眼差しにはボネの家族の歴史があった。ボネの兄は抽象画家だったが、生活が苦しく、後に自殺してしまったのだと言う。だからだろうか、ボネの画廊にはいつも画家が集まり、放課後の部活の部屋のような賑やかな場になっている。僕はボネの画廊で展示を行ってきた画家たちを訪ねて見ることにした。

▼コラージュの闘士たち　ムスタファ・ブータジン
　　（Mustapha Boutadjine）

　コリーヌ・ボネ画廊で『抵抗のコラージュ』と題した展示会を行ったのはアルジェリア人の芸術家、ムスタファ・ブータジン（Mustapha Boutadjine）である。ブータジンはパリ13区にアトリエを持っており、そこで自分の作品を展示し販売もしているのだ。アルジェリアからパリに渡ってもう随分長いようだ。13区はパリの南端に位置する地域で、中心部から離れているが故に高層マンションも立ち並び、日本の都市に近い。ブータジンのアトリエについてみるとアトリエというよりは商店かオフィスのような瀟洒な外観で、ARTBRIBUSと書かれていた。一歩入ると、大きな髭を蓄えたムスタファ・ブータジンが陽気に迎えてくれた。彼はお洒落であり、美的センスはコラージュにも表れていた。入り口に面した部屋の壁には一面にマイルス・デイビスやチェ・ゲバラ、ホー・

チ・ミンなどの色鮮やかなコラージュ作品が飾られている。ブータジンは人類の解放や人権のために戦ってきた闘士たちをコラージュにしているのだそうだ。作品も膨大になる。

たとえばアルジェリアの独立のために戦ったジャミーラ・ブーパシャ（Djamila Boupacha, 1938-）である。ブーパシャはアルジェリア独立闘争の最中、1959年にアルジェで起きた爆弾テロ未遂事件の容疑者として逮捕された。アルジェリア民族解放戦線（FLN）のメンバーだったからだ。彼女は無罪を主張したが、電気ショックを与えられたり性器などへの凄惨な拷問を受けたりしたと言う。FLN の顧問弁護士ジゼル・アリミ（Gisèle Halimi, 1927-）がブーパシャに面会した。アミリは無罪を確信してブーパシャの弁護活動を始めた。アリミは哲学者のシモーヌ・ド・ボーヴォワールや作家のフランソワーズ・サガンらと国際的な救援活動を行った。この事件こそ、アルジェリアの独立をフランスの世論が支持するようになるきっかけとなったのだと言う。ブータジンは40年もこうしたコラージュを作り続けてきたのだ。2017年5月、ブータジンに会って話を聞いた。

ムスタファ・ブータジン

Q　パリについてどうお考えですか？

　ブータジン　「私は1970年からパリに住んでいます。パリにはボボ（左翼の中流階層）がたくさんいて、社会党員たちによって統治されています。なんであれ、パリはいつも美しい町です。人気があって暮らすには心地よいところです。パリには分かち合う精神と連帯の心が今でも存在するんです。」

Q　いつ、どのようにして画風を発見されたんでしょうか？

　ブータジン　「僕のテクニックはイラストとコラージュを組み合わせたもので、1970年以来ずっとこれだけを僕はやっているんです。ブルジョワ雑誌を引き裂いて、もっと社会にコミットした人々の姿に再創造しているんです。

アルジェリア独立の闘士ジャミーラ・ブーパシャをかたどったムスタファ・ブータジンによるコラージュ

Q 学生時代はどんな作品を作っていたんですか？ 芸術家としてはどう発展されたのでしょうか？

　ブータジン「社会のシステムを告発するために明快な絵を描いていました。僕の思想に変化はありませんが、作品は進化しています。僕の作品は見る人の意識をつかまえ、真実の歴史を再創造するのです。偽りの歴史が生まれるのは"presstitution"のためです。」

Q "presstitution"（プレスティテューション）とは？
　ブータジン「新聞の売春行為です」

Q それはどういう意味ですか？
　ブータジン「ペンによる売春です。僕は本当の売春婦たちには敬意を示しています。報道による売春行為はマスメディアで行われていることであり、記者たちは毎日嘘を大量に垂れ流しています。この言葉は実はアメリカの言葉なんですよ。」

Q 風刺媒体のシャルリ・エブドが襲撃された事件についてどうお考え

第14章 芸術と政治

キューバ国旗を手にして凱旋門前に立つブータジン

ですか？
　ブータジン　「シャルリ・エブドの事件では二人の親しい友人を失いました。シャルブとティニウスです。本当の仲間でした。でも誰が彼らを殺したのかわかりません。」

Q　ご自身を短く言葉で表現するとしたら？
　ブータジン　「僕はスコッチウイスキーとアイリッシュウイスキーが好きです。それに最近では日本のウイスキーも好きなんです。」

Q　好きな本や映画について教えていただけますか？
　ブータジン　「僕の枕頭の書はフランツ・ファノン著『地に呪われたる者』です。僕の好きな映画はジッロ・ポンテコルヴォ監督の『アルジェの戦い』です。」

Q　凱旋門前でキューバ国旗を手にした写真を拝見しましたが、なぜあそこでキューバ国旗を手に写真を写したのですか？
　ブータジン　「ラウル・カストロがパリに来たとき、僕もキューバ国

旗を持って敬意を表すためにエトワール広場に行ったんです。写真はその時、AFPのカメラマンが撮影してくれました。キューバは『ダビデとゴリアテ』の神話にたとえると（巨人ゴリアテに立ち向かった）ダビデなんです。キューバはアメリカ帝国主義に立ち向かって闘い続ける人たちの砦です。そしてまた世界の植民地で暮らす人々や辱められた人々とキューバは連帯しているんです。キューバは抵抗であり、尊厳であり、連帯なんです。」

　ブータジンのアトリエの壁際にはエルやフィガロなどのファッション誌が積み重ねられていて、それらを彼はちぎってカンバスに張り付けてコラージュにしていくのである。それらのブルジョワ雑誌は上質な紙を使っているのだ。モデルになる闘士たちはゲバラにせよ、カストロにせよ、よく見る著名なイコンなのだが、それに沿って色とりどりの紙を張り付けていくことで写真が新しく生まれ変わるのである。その手際に高度のテクニックが感じられるのだが、ブータジンによれば40年間、一心にこればかりやってきたので技法も進化してきたということだった。取材した時、作成していたのはアメリカ先住民の闘士、ジェロニモだった。

Q　マクロンの「右でもなく、左でもない」(Ni droite, Ni gauche) というキャッチフレーズはどう思いますか？
　ブータジン　「僕に言わせれば、『左ではない、左ではない』(Ni gauche, Ni gauche) です」

Q　大統領選挙は誰に投票したのでしょうか？
　ブータジン　「極左と言われる、フィリップ・プゥトゥに入れました。2回目は投票用紙に、私の顔を描きました」

　ブータジンはアルジェリア人だが、フランス国籍も持っている二重国籍者だ。彼は左翼でありながら、左翼の巨人、フランソワ・ミッテランは大嫌いだと言う。ブータジンが嫌う理由は歴史にあった。ミッテランが1954年にピエール・マンデス・フランス内閣の内務大臣に抜擢された時、ミッテランはアルジェリアの独立に反対の立場を取り、アルジェリ

ア人の闘士たちに徹底的な弾圧を加えた。「フランスのアルジェリア」を守ることがミッテランの考えだった。1956年にギ・モレ内閣に代わるとミッテランは司法大臣になり、今度は45人に上るアルジェリアの独立闘士らの死刑執行にサインをしてギロチンに送った。アルジェリア人からミッテランを見れば独立の敵である。「ミッテランは社会主義者などではない」とブータジンは断言した。

　ブータジンの言葉は衝撃だった。ミッテラン大統領の14年間と言えば社会党が最も充実した時期だと思われているからだ。ブータジンの言葉に触発されて、ミッテランの人生や1981年に始まる14年間の大統領期間を調べてみると、大統領になってから死刑廃止や最低賃金の引き上げ、労働時間の短縮や有給休暇の拡大などを実現している反面、国営企業の民営化や規制緩和も行っている。グローバリズムに繋がる欧州統合に向けてフランスが舵を切ったのもミッテラン大統領の時代だった。ミッテランの過去を見れば戦時中は親ナチスのヴィシー政権の官僚だったし、もっと遡ると青年時代は極右組織アクションフランセーズのデモにも参加していた。想像以上に複雑な顔を持っているのがミッテランだ。

　ミッテランをブータジンが嫌う理由はまだあった。1991年のアルジェリアの国政選挙でイスラム主義政党「イスラム救国戦線」が躍進しそうだった。そこで世俗派の与党「アルジェリア民族解放戦線」が選挙の中止を宣言したため、アルジェリアは内戦に突入した。以来、テロや戦闘で10万人とも20万人とも言われる膨大な数の市民が殺された。「失われた10年」と呼ばれるこの長い暗黒の時代、ブータジンはアルジェリアにいて、生命の危機を身近に経験していた。実はこの内戦の背後にもミッテランが潜んでいた、とブータジンは怒りを持って語るのである。

　ブータジン　「ミッテランたちはイスラム主義者を励まし、内戦を拡大させたんだ。というのもアルジェリアが独立したことへの復讐なんだよ。ミッテランだけじゃない、フランスの社会党の政治家たちはみんなイスラム主義者を励ましたんだ。僕はその頃、アルジェリアの美術学校で教師をしていた。当時、知識人も芸術家もみんな脅迫されていたんだ。暗殺される予定者のリストがモスクに張り出されていて、僕の名前もそこにあった。」

　ブータジンは北アフリカの先住民のベルベル人であり、ベルベル人は

アラブ系に比べると、イスラム教徒でも信仰的には寛容な立場の人が多いようだが、ブータジンの場合はさらにアテイスト（無神論者）だった。

　ブータジン　「アルジェリア人の90％はムスリムだが、キリスト教徒もいれば無神論者もいるよ。僕は無神論者だったから、モスクへは行かなかったんだ。」

画家のオリビア・クラベル

▼オリビア・クラベル（Olivia Clavel）とバズーカ（Bazooka）

　コリーヌ・ボネ画廊でよく展示をしている画家のオリビア・クラベルは自由奔放な作風の持主で、70年代にメディアの寵児となった若手イラストレーターのグループ「バズーカ」の一人だ。バズーカはパリのボザール（国立高等美術学校）の学生たちが結成したもので、左翼新聞のリベラシオン紙を中心に新感覚のイラストを次々と世に出した。1980年代にグループは解散するが、メンバーはその後も個別に活動を続けてきた。最近のオリビア・クラベルの画風は猫や鹿、TVの枠が顔にはめ込まれたテレビ人間、福島原発事故を逃れて彷徨う日本人などの常連が描かれている。色彩はまさに燃えるような力強さと生命力を持っている。

　オリビア・クラベルの住まいはパリ6区のサンシュルピス教会の近く

第14章 芸術と政治

クラベルと猫のヒースクリフ

で、訪ねていくと周辺には古い町並みが並んでいる。戦後フランス文化の中心地、サンジェルマンデプレに近く、クラベルたちが学んだボザール（国立高等美術学校）も遠くない。

Q　パリについてはどう思いますか？
　クラベル　「私はパリで生まれてずっとパリで暮らしてきました。パリがとても好きなのです。もちろん、パリは変わってしまった！　今の

オリビア・クラベルの作品。顔にTV画面がはめ込まれている人物が主人公

パリは観光客や富裕層の町になっています。でも、私が子供だった頃とか、大人になってしばらくの間もそうでしたが、かつてはいろんな層の人々が溶け合う町でした。労働者もブルジョワも、若い家族も。もっと様々な人々の町でした。でも、こんな今日であってもやはり私はパリの町になじんでいるのです。私はとてもいわゆるパリジェンヌ的ですし、またとてもフランス人的でもありますね。」

Q　ご自分の絵のスタイルはどうやって発見されたのですか？
　クラベル　「私のスタイル？　少しずつできていったのよ。本当にスタイルを見つけたのかどうかも定かではないわね。」

Q　学生時代はどのような作品を作っていたのですか？　芸術家としてどう発展してきたのでしょうか？
　クラベル　「私は漫画から始めたのよ！絵を描き始めたのは1980年代の初めになってから！最初はpopという媒体に漫画を描き、次にCharlie Mensuel や Metal Hurlant などでした。私の漫画には間もなく主人公が生まれましたが、それはテレビ人間でした。コンセントが抜かれたテレビ箱に手足が生えて、本当の世界を見ようと冒険に出かけるのよ。」

Q　バズーカ（Bazook）という集団を作られた経緯を教えていただけませんか？　バズーカとはどのようなグループでしたか？
　クラベル　「私はパリのボザール（国立高等美術学校）で反逆的な若いアーチストたちとたくさん出会いました。キキ・ピカソ（Kiki Picasso）やルル・ピカソ（Loulou Picasso）、ルル・ラーセン（Lulu Larsen）、ベルナール・ビダル（Bernard Vidal）などなど。私たちは新聞に描きたかったし、社会の泥沼を動かしたかったのです。そうしてバズーカというグループが生まれました。私たちは17歳から18歳でした！妥協することなく、アートを変えたかった。そして実際に変えたのよ！リベラシオン紙ではやりたい放題にやりました。実際に私たちは漫画・美術でリベラシオン紙を動かしていましたし、またリベラシオン紙もそう望んだのです！私たちは芸術の世界では不良少年少女だったのです。リベラシオン

紙はリスクを冒して私たちの新しいまなざしを受け入れてくれたのです。バズーカの冒険は1974年から1980年の間です。」

Q　シャルリ・エブドの襲撃についてはどう受け止めていますか？
　クラベル　「私にとってとてもつらい出来事です。15歳から私はシャルリに漫画を持ち込んでいましたから。当時の編集長はウォリンスキ（Georges Wolinski）でした。私は彼のもとに漫画を持ち込んでいたのです。殺された漫画家たちを私はとても愛していました。国家的権力にさからうアナーキストにとっては大切な媒体だったんです。私はHarakiriの編集長だったChoron（Georget Bernier）や漫画家のGébé（Georges Blondeaux）らがとても好きでした。もちろん、私が出入りしていた頃と比べるとシャルリもずいぶん変わってしまいました。もう時代も違っているのです。しかし、だからといって殺すことはありません。とてもショックでした。漫画家も、芸術家も、そして人は誰も殺すべきではありませんよ。今の時代のもっともよくないところがあの事件に見えます。」

Q 好きな本や映画について教えていただけますか？
　クラベル　「私が好きなのはタンタン。それとベルギー、フランス、アメリカなどの漫画の中の良質なものが好きです。プルースト！　ジャン・ジュネ！　チェーホフの小説。フィリップ・K・ディック。トールキン。マルコム・ラウリーなど。
　詩人ではロベール・デスノス、ボードレール、アラゴン、ランボーなど。映画ではジャン・コクトー監督の『オルフェ』、ディズニーの『眠れる森の美女』。子供の頃はアルベール・ラモリス（映画『赤い風船』の監督）も好きでした。ビスコンティの『ベニスに死す』、『ロバの皮』、ファスビンダーの作品群、キューブリックの『2001年宇宙の旅』それからデビッド・リンチのほぼすべての作品！　それにまだまだありそう。
　そうそう、忘れていたけど、私の好きな本の作者にカール・ギュスターブ・ユングも加えてください。私は母が亡くなった2009年以来、ユング主義者なんです。神秘的になったわけです。ユングはフロイトと精神分析を開拓したのですが、ユングは霊媒だったのです。ユングは『易

経』の翻訳者であるリチャード・ウィリアムの友達でもありました。ああ、なんという偉大な本でしょう、『易経』は。これも愛読書に加えておいてくださいよ。」

Q 福島についてどう思いますか？

クラベル 「私の漫画のヒーローであるテレビ人間が最近出会った旅仲間がさすらう日本人です。彼は福島から逃げてきたのです。そして世界を旅しているのです。彼は世界の終わりから逃げているのです。福島で起きていることは恐怖だと思いますよ。」

クラベルはアパートの高層階に住んでいるのだが、室内で二匹の猫を飼っている。ヒースクリフという名前の雌の黒猫とリタという名前の雌の三毛猫である。彼らはクラベルの絵によく出てくる。クラベルの部屋には窓の外に花のポットを置く入れ物が突き出してあるが、ヒースクリフは日中、暖かいその中で昼寝をするのを好む。ヒースクリフは人なつこいが、リタは人を見ると警戒して奥に隠れてしまう。獣医の話ではリタの先祖は野生の猫だったそうだ。クラベルは画廊主のボネとはビジネスを越えた付き合いで、ボネも猫を飼っており、猫の飼い主同志で気が通じ合う。

ボネの住まいもマンションの高層階にある。かつて飼っていた子猫がうっかりバルコニーの窓を開けていた時に外に出て、ハトでも追いかけ

ボネの死んだ小猫のためにクラベルが描いた1枚

たのだろう、転落死してしまった。その時、クラベルは悲しみに沈んだボネのために1枚の絵を描いた。亡くなったボネの子猫がオリビアが過去に飼っていて亡くなった猫たちと一緒に宇宙遊泳をしている絵だ。ボネはこの絵を机の前に飾り、心を慰めているのだ。死後の世界を感じさせるこの絵は生命の無限の流れを表しているようでもある。亡くなったコリーヌ・ボネの死んだ子猫はサウダージという名前でポルトガル語の「郷愁」という意味である。船で冒険に出かけるポルトガル人の船乗りたちが岸から出ていく哀感を歌った歌にも「サウダージ」という言葉が使われるが、亡くなった猫たちの宇宙への旅立ちと重なるようだ。

▼ジャン＝フィリップ・ミュゾー（Jean-Philippe Muzo）

最近、コリーヌ・ボネ画廊で個展を開いたジャン＝フィリップ・ミュゾー（Jean-Philippe Muzo）は新聞や雑誌にイラストを描いてきた風刺漫画家で、本も多数に上る。穏やかなタッチの中に批評がピリッと込めら

アトリエのミュゾー　© Stéphane Cauvin

れている。風刺漫画家だがミュゾーはもの静かな感じの人である。じっくり周囲を観察しているのだろう。画廊のベルニサージュの時にミュゾーと話をする機会があった。

Q　パリにお住まいなんですか？　パリについてどうお考えですか？

　ミュゾー　「私はパリの近郊に位置するロニー・スー・ボワ（パリの東部）で暮らしています。家は庭つきで広いんですよ。もしパリ市内で

ジャン＝フィリップ・ミュゾー展より「かくれんぼ」© Muzo

暮らしていたら、こうした家に住むことは不可能です。でも私はパリをこよなく愛していて、そこで目に入るすべてのものを興味深く思っています。人々、通り、展示会などなど。」
Q　いつどのようにして画風を確立されたんですか？
　ミュゾー　「私は本当のところ自分のスタイルというものを探していたわけではありません。私の作風は長い時間をかけて描き続ける中で、自然と生まれて来たものだと思います。私が12歳の時に描いていた絵を見ますと、今日私が描いているものとかなり似ているんです。つまり、私は長い時間をかけて絵の技法こそ身につけましたが、作風自体は子供時代から変わっていないのでしょう。」

Q　学生時代にはどんな絵をお作りになっていたんですか？　どのようにして漫画家／イラストレーターとして発展して来られたのでしょうか？
　ミュゾー　「学生時代は表現主義的な絵画を描いていました。それらの絵画は物語性を帯びていました。今日と同様にね。パリのボザール（国立高等美術学校）の最初の年に私は個展を開きました。ですから、学

生生活はそれで打ち切りまして以後は絵に専念したのです。」

Q　シャルリ・エブド襲撃事件についてどうお考えですか？
　ミュゾー　「それについては考えまいとしているんですよ。」

Q　ご自身を短く言葉で表現するとしたら？
　ミュゾー　「私は静かな生活を送っています。新聞にたくさんのイラストを掲載してきました。また大人向けも、子供向けもあわせて本も作ってきました。絵に専念することができた人生をとても幸せに思っています。絵を描き始めてすでに50年が経ちましたが、今も絵を描くことに情熱を持っています。」

　ミュゾーは2017年の大統領選では1回目も2回目もエマニュエル・マクロンに投票した。ミュゾーは右翼というわけでもないようだ。というのはミュゾーがサルコジ大統領の革命記念日の式典を描いた風刺画は非常に優れた作品になっていたからだ。タイトルは「キャトルズ・ジュイエ（革命記念日）」。ロック歌手のオリビエ・エベール（Olivier Hebert）から依頼されたミュージックビデオのためのイラストである。7月14日の革命記念日の式典に息子を連れてエリゼ宮に出かけて見ると、サルコジ大統領がごますりたちや、権力になびく報道陣や取り巻きたちに囲まれて得意になっている様を風刺したものだ。革命という言葉とまったくそぐわない権力者たちを歌った風刺歌で、その挿絵はミュゾーの作品の中でも傑作に入るのではないだろうか。これはYou tubeで視聴できる。

▼パスカル・ブロンドー（Pascal Blondeaux）

　漫画家のパスカル・ブロンドー（Pascal Blondeaux）に会ったのはパリのエコミュゼ（ECHOMUSEE）での共同展示会だった。「医療用麻薬の使用をフランス政府は認めよ」という政治的な要求を掲げたキャンペーンで、20人以上の漫画家、イラストレーター、画家、写真家らが作品を持ち寄った。この展示会のことを教えてくれたのもコリーヌ・ボネで、ブロンドーはコリーヌ・ボネ画廊での共同展示会に参加したこともある。エコミュゼは18区のバルベス周辺にあり、エスニックな展示会やコン

サートもよくやる。展示場は外壁が黄色く塗られているからすぐにわかる。初日ということもあって、展示場の前には人だかりができていた。皆、ビールやワインを片手に話し合っている。エコミュゼの奥にはワインやビール、軽食を売っている窓口があるのだ。オリビア・クラベルと「バズーカ」を結成していたイラストレーターのキキ・ピカソに会ったのもこの時だ。バズーカにはキキ・ピカソとルル・ピカソというフランスでは大変有名な2人のイラストレーターがいた。でも、伝説の巨匠、ピカソとは何の関係もない。ルル・ピカソは後にブルターニュ地方に移住し

パスカル・ブロンドーの作品。医療用麻薬解禁キャンペーン展示会で

てしまったために、なかなかパリにすぐに出て来れない。この日、パスカル・ブロンドーも漫画を出品していた。北アフリカの上空をハシッシュの葉っぱの形をした翼を持つ鳥が飛んでいる、というような作品群だ。タッチがあまりにもほのぼのとしていて、日本の漫画家の園山俊二

画家のパスカル・ブロンドー（右）

を思い出した。ブロンドーと話をしてみると石器時代の絵が好きだという。そういえば園山俊二の代表作も石器時代の人間たちを描いたものだった。

Q　どのようにしてイラストレーターや漫画家になったのですか？

　ブロンドー　「僕が漫画家になったのは30歳になるころで、それまでに様々な経験を経ていました。何年もの間、出版社でドキュメンタリー写真の撮影や、編集業務、あるいは美術監督などをつとめました。80年代の初頭で、その出版社はハラキリや月刊シャルリ、週刊シャルリ（シャルリ・エブド）あるいは漫画本などを出版していました。この出版社で僕は最初の作品を世に出したんです。ここで多くの漫画家たちと出会いました。彼らの生活は普通の会社員と違っていて、冒険心に富んでいて、そうしたことも僕が漫画家になる決意をするにあたって影響を与えたのだと思います。

　しかし、恐らくは話はもっと前からしなくてはならないのでしょうね。僕の父親はジェベ（Gébé、本名は Georges Blondeaux）という名前の漫画家で、子どものころから家の中は漫画だらけだったんです。ですから漫画の中で生まれ、漫画の中で育ったのです。僕の漫画への関心は父親から来たわけです。子供時代から僕には有史以前の絵に対する関心があり、この数年僕は漫画の仕事を中断して、その方面の研究にのめり込み、記事なども書いていました。すでに答えは述べたと思うのですが、漫画の仕事は僕には完全にあっていたのだと感じます。というのも、音楽を聞いたり、タバコを吸ったりしながら家の中で仕事ができたからです。」

Q　ブロンドーさんが編集している「何も失われない」という小さなイラスト冊子について教えてください。

　ブロンドー　「この冊子『Rien ne se perd（何も失われない）』は普通の雑誌とは違ったミニ出版でして、絵に敬意を表して150部だけ刷っています。40ページと表紙です。大きさは横16センチ×縦21センチです。ホッチキスで留め、郵送しています。

ミニ画集「何も失われない」

毎年一人の漫画家の絵を掲載しています。僕は敬愛する漫画家たちと何かを作ってみたかったのです。何人かは僕が長年知っている人たちで、オリビア・クラベル、プラシド、キャプテン・カバーン、キキ・ピカソたちです。この冊子は書店では扱っていませんが、催しの場で販売しています。たとえば2016年末のコリーヌ・ボネ画廊での忘年会の時にこれを持ち込みました。最初の第五号までです。この冊子には文字はありません。イラストだけです。この冊子を一番よく伝える言葉は『詩的グラフィズム』です。」

Q　フランスの政治についてどのようにお考えですか？

　ブロンドー　「フランスの政治はますます不安なものになっています。マクロン大統領は最悪だと思います。僕は世界の中でももっともリッチな国の１つに生きているはずなのに、何万人もの人々が何年もの間、ホームレスになっています。そして何百万人もの人々が貧困にあえいでいます。フランスでは貧乏な人々が増えていてますます貧しくなっています。一方、リッチな人々はますますリッチになっています。中には１年に何百万ユーロ（何億円）と稼ぐ人々がいます。

　フランソワ・オランド大統領は2012年に大統領に選出されたとき『金融界と闘う』と誓いました。オランドによると、金融界こそが本当に政治を動かしていて、選挙などには影響されることもなく、見えないところから力をふるっているのです。金融界こそが私たちの問題を起こしている原因だと言ったのです。でも、オランドは大統領になったら、銀行に甘くなってしまいました。最悪だったのは金融業界出身のマクロンを経済大臣に抜擢したことです。フランス政府は労働者をますます不安定な身分にしてきました。一方、政府が力を入れているのは絶え間ない兵器の輸出です。フランスは世界でもトップレベルの兵器の輸出国です。裏も表もフランスは混乱そのものです。」

▼フィリップ・ラゴートリエール (Philippe Lagautrière)

　どこか懐かしい漫画的なキャラクターが無数に絵の中に存在して、あちこちでいろいろな事件が起きている。解釈の仕方はさまざま。ただ言えるのは理屈や物語の解読はさておき、純粋に色と形の集まり、つまり

第14章 芸術と政治

フィリップ・ラゴートリエール

絵画として非常に目を楽しませてくれる。フィリップ・ラゴートリエール（Philippe Lagautrière）はコリーヌ・ボネ画廊の共同展示会「世界の源を見る16人の眼差し」の企画の中心となった画家でもある。

Q　パリにお住まいですか？

フィリップ・ラゴートリエール「ええ、ずっとパリで暮らしてきました。アトリエは時々かわりましたけどね。私がいつも住んで、作業をしているのは有名な『蜂の巣』（La Ruche）と呼ばれる共同アトリエなんですよ。『蜂の巣』は1902年にアルフレッド・ブシェーという彫刻家によって作られたんですが、彼はロダンやカミーユ・クローデルとも親交のあった人です。私は22歳の時から、ずっとここで過ごしているんですが、アトリエはマルク・シャガールがいた部屋なんです。」

Q　いつ、どのようにして現在の作風を構築されたんですか？

ラゴートリエール「1970年代の末に私がパリのボザール（国立高等美術学校）の学生だった時に、私の特徴となる何かを探していました。そのとき、スタンプの箱を見つけたんです。それは6歳の時から持っていたものでした。『農場の動物たち』です。そこでスタンプを使ってできることを探してみたんです。そして、またスタンプをコレクションし始めました。今ではスタンプミュージアムをオープンできるぐらい、大量にあります！それらを用いて、スタンプを押し、また様々なものを使って造形的に様々な物語を語れるようにコラージュを行いました。

デッサンやシルクスクリーン、新聞の活字、テレビのアニメーションのキャラクターたち、絵本や絵画などなどです。」

Q　ラゴートリエールさんが学生だった頃はどんなものを描いていたんでしょうか？

　ラゴートリエール　「つまり、どのように芸術家として発展してきたか、ですね。学生時代は大きなスタンプを使って大きな画布に作品を作ったものです。直感に応じて引いた蛍光色の線の上に、青い光がゆらめいていました。一方で、私は『リベラシオン』などの新聞にイラストを掲載し始めました。その仕事を通して、タイプの違ったアーチスト達と出会いましたが、彼らはメディア専門の画家とも言うべき存在でした。つまり、表現においてあらゆる媒体を使っていました。以来、私は展覧回の回数にはこだわらなくなり、むしろ世界を幅広く横断的に活動していきました！」

イメージが氾乱するフィリップ・ラゴートリエールの作品

Q　シャルリ・エブド襲撃事件についてはどのようにお考えですか？

　ラゴートリエール　「個人的に襲撃された風刺画家たちを知っていました。私自身もなんどかそこに私の作品に関する記事を掲載されたことがあります。ですから、非常に悲しく思いますし、大きな喪失感を感じています。」

Q　あなたご自身について簡単に紹介していただけませんか？

　ラゴートリエール　「私の仕事はこの２年の間に新たな方向に向かい始めました。私は白い紙や画布の前に座って、色鉛筆や絵筆で奔放に制御せず描いています。効果は驚きでした。不可思議な世界が次々と立ち現れて来たのです。私の詩的な実験室から、これらの探求の結果として、一冊の本すらも生み出せるかもしれません。」

Q　学校で美術を教えることもあるのでしょうか？

　ラゴートリエール　「ええ、しばしば子供たちや学生たちに授業を行っています。学校から依頼された場合ですが。新たな世代に、私が身につけたもののいくらかでも伝授できたら、とても嬉しいですね。」

▼コリーヌ・ボネの家族

　コリーヌ・ボネ画廊を営むボネが住んでいるマンションはパリの学生街であるカルチエ・ラタンの少し南に位置し、メトロのサンシエ・ドーベントン（Censier - Daubenton）に近い。サンシエ・ドーベントンはパリの中では富裕層が多いエリアと思われているらしい。ボネに聞いてみると、「そうね、私の家は中流の上あたりに位置するかしら」と言った。ボネの夫のフランソワはかつて国立銀行に勤めており、今は IT 企業に再就職して毎日出勤している。ボネによると、夫はブルジョワ階級の出で、政治的には保守だったという。庶民的な家庭の出でリベラルな母親に育てられたコリーヌ・ボネは「私とフランソワはある意味では別々の惑星に住んでいる人間なんですよ」と言った。

Q　夫のフランソワさんとはどういう風に恋人になったんですか？

　ボネ　「フランソワとは出会ったときに恋に落ちてしまったのです。」

Q　どういうところが好きになったのですか？

　ボネ　「彼は私的な革命を行っている人です。自分の人生から自由になろうとしてきたわけです。フランソワの実家はブルジョワで、いつも彼に割り振られた役割が片方にあり、同時にそれに服従したくない自由

を求める気持ちもあるのです。彼の心の中には常にたくさんの葛藤があるのです。フランソワはいつも解決法を探しているのです。そして解決法を見つけたのだと思います。彼の中では大きな革命が行われてきたんです。随分苦しんだと思います。簡単ではなかったでしょう。長い時間をかけて。」

Q　あなたは彼を随分変えたのでしょうか？
　ボネ　「随分かどうかはわかりませんが、でも随分でしょうね。」

Q　時には喧嘩や口論を？
　ボネ　「ええ、大きな議論をよくしました。そんな時はなぜ私が賛成できないかを説明しました。でも長い物語なのです、彼と私の間の」

Q　たとえば？
　ボネ　「子供たちのことです。フランソワには最初の結婚の時に生まれた二人の娘がいます。そして私たちの子供であるテオが生まれたのです。私は子育てでは子供の自由を大切にしますが、フランソワは逆に権

コリーヌ・ボネとフランソワ

威主義的なのです。」

Q　つまり、フランソワは家で自分がしつけられたことをテオにもしようとして？
　ボネ　「ええ。……ですから二人は異なる惑星の住人なんですよ。」

Q　あなたは思想的な意味でのリベラル（進歩主義）なんですか。だとすればいつリベラルになりましたか？
　ボネ　「高校の先生たちがリベラルだったのです。哲学や歴史などの教師です。いかにものを考えるかを教えてくれたのです。」

Q　ファシズムを防ぐにはどうすればよいのでしょうか？
　ボネ　「それは難しいことでしょうが、学校での教育や読書が大切です。討論をして現実を語り合うことも大切だと思います。なぜこれがよくて、これがダメかというようなことをしっかり話すことが大切だと思います。いかにもっと違ったあり方が可能か、と考えること。政治は新聞やTVで報じられているような特殊なものではないのです。政治は日常生活そのものなのです。家族もまた政治です。物事に関心を持って、考えることが必要です。批判的に考えることが大切です。知的に物事と関わる生活をすることでしょう。そして芸術は異なる世界の存在を示すことができます。まったく異なる世界が可能であることを見せることができるのです。そこには笑いと喜びと知性がたっぷりとあるのです。脱構築という考え方がありますが、これは一見確かに見えることでも本当に確かなのか、と１つ１つ問い詰める作業です。
　テオが子供の頃、我が家にTVはありませんでした。TVを軽蔑していたのです。イデオロギーの装置だからです。でも何度か時にTVでニュースなどを見る機会があったときは、テオと後で話をしました。番組ではこれこれこんなことを伝えていたけれど、一方でこれこれは伝えなかったのです、と。こんな風に討論をしたものです。フランスのテレビはダメです。いいのは、arte（アルト）だけです。」
　二人の間には24歳になる息子のテオがいる。テオは昼過ぎに仕事に出かけて帰って来るのは深夜だ。仕事は劇場の音響技師なのだ。学生時代

に文学と音響技術を学んだ。コリーヌの影響で、テオも進歩主義的で、コリーヌもテオも2017年の大統領選の１回目の投票では「服従しないフランス」のジャン＝リュク・メランションに投票した。コリーヌによれば、今のフランスには大きな問題があり、これを乗り越えなければテオたちの未来が閉ざされてしまう。テオは劇場に勤める傍ら、ギターを弾きながら歌を歌っており、将来は歌手を目指している。そして、コリーヌはテオがゲイ（同性愛者）であることを教えてくれた。

Q　息子のテオさんが自分はゲイであると告白されたのはいつでしたか？
　ボネ　「あの子が12歳か、13歳の頃でした。」

Q　その時、どういう風に感じられましたか？
　ボネ　「私にとっては息子がゲイであったとしても問題ではありませんでした。ただ、ゲイであることが原因でエイズに感染したり、ホモフォビア（同性愛嫌悪者）から攻撃されたりするようなことが起こりはしないか、と不安に感じはしました。ですから、それらのリスクを私はテオに説明したのです。テオがそれ以後も変わらず、好きな人を愛し続けることができるように、と。そのことがテオにとって一番幸せなのですから。」

　カトリックの影響が強いフランスで同性愛者が合法になったのはフランソワ・ミッテラン大統領の時代だった。さらに1999年には民法が改正され結婚に準じる共同生活を法的に認める民事連帯契約（Pacte Civil de Solidarité, 通称PACS）が認められた。これは性別に関係なく成年に達した二人の個人の間で安定した持続的共同生活を営む

息子のテオ。歌手を目指している。手にしているのは「フュナンビュルたち」のCD

ために交わされる契約である。この時は右派のシラク大統領だったが、当時は保革連立政権を組んでおり、首相は社会党のリオネル・ジョスパンだった。その意味ではゲイの権利を拡大してきたのは社会党を中心とした左翼だったと言ってよいだろう。さらにオランド大統領の時代に司法大臣だったクリスチャーヌ・トビラの尽力でゲイ同士の結婚も合法化された。性的マイノリティに関する領域では社会党は一貫して進歩主義的な政策を続けてきた。

　ちなみにトビラが司法大臣だった2013年にフランスで同性愛の女性たちの恋と別れを描いた「アデル、ブルーは熱い色」（La vie d'Adele）が公開され、カンヌ映画祭でパルムドールを受賞した。監督はチュニジア出身のアブデラティフ・ケシシュ（Abdellatif Kechiche）だ。ケシシュ監督は北アフリカのマグレブ地方からパリ郊外に移住した家族の若者たちを描いた映画「身をかわして」（L'Esquive）で高い評価を得ていたが、ゲイを描いても迫力があった。僕は「アデル、ブルーは熱い色」を当時、パリの映画館で見たのだったが、ゲイのカップルも異性愛の人々と基本的には何ら変わりはないのだ、という堂々たる正攻法の演出だった。ゲイであることの自覚とか、家族との葛藤はあるとしても、物語自体としては二人の人間の出会いと別れがあり、嫉妬があり、異性愛の恋愛物語と同じ構造になっていたのだ。

　ボネの息子のテオ・デュロレ（Théo Durollet）が音楽にのめり込むようになったのは2008年にパリに来た英国の3人組のロックバンド「ミューズ」（Muse）の音楽をコンサート会場で聞いた時だった。

　　テオ・デュロレ　「子供の頃は全然音楽は聴かなかったんです。両親が車で聴いている音楽を聴く程度でした。中学の時にみんな音楽漬けなのに僕は関心がなくて、また無知でもあってとても孤独だったんです。で友達を作ろうと思って、一生懸命キャッチアップしようと音楽を聴くようになりました。いろんな友達がいたこともあって、ジャンルにこだわらず幅広く聴くようになったんです。2008年に英国のロックバンドがパリに公演に来て、行ってみてすっかりはまってしまいました。神が降りてきたような瞬間でした。」

　テオはゲイを迫害したり、ゲイに暴力をふるったりする人々に対抗して仲間たちとコンサートを行うという。「フュナンビュルたち」（Les

Funambules）という名前のグループによる催しで、同性愛を「これまでと違った仕方で」話し合うための活動だという。政治的討論をしたり、紋切り型の話をしたりするのではなく、音楽を使って表現しようという運動なのだそうだ。2013年1月に作曲家のステファン・コルバン（Stéphane Corbin）が呼びかけたのをきっかけに今では200人ほどの芸術家や音楽家が参加する運動になった。「フュナンビュルたち」ではCDアルバムも販売しており、利益はホモフォビア（同性愛を嫌悪する人々）と闘う組織に寄付される。テオも「フュナンビュルたち」に参加しており、実際に2017年6月12日の公演でもステージに立って歌を歌った。人々がともすると、バラバラに孤立させられ、無力に陥るからこそ、人々が集まり、何かを変えようとする。それは「立ち上がる夜」にも通じることだった。だが、「立ち上がる夜」に出かけたテオもまた母親のコリーヌ・ボネと同様に途中で幻滅することになった。

　テオ・デュロレ　「僕が『立ち上がる夜』を訪れたのはまったく偶然でした。多くの人と同様に、共和国広場で何が起きているかを見ようと思ったんです。そして実際にそこで行われている討論や委員会の活動にも参加しようと思いました。しかし、間もなく『立ち上がる夜』は成功しないだろうと思うに至ったのです。理由は2つあります。一つは警察が頻繁に広場にやって来てはテントを解体したり、そこでの集まりを妨害したりしていたことです。もう一つは水平型とされる平等な討論の方法にこだわるあまり、話し合いが何時間にも及び、生産的ではなかったということです。僕が広場を訪ねたのはたまたまだったのですが、とても失望してしまいました。今でも『立ち上がる夜』はもっと素晴らしいものに発展する可能性があったと思います。しかし、長く続くことなく終わってしまいました。思うにフランス人は日常ベースで民主主義のための活動に取り組むには怠惰なんじゃないかと思います。今年の大統領選挙と国会議員選挙では人々が投票しなくては、と投票所に足を運んだ唯一の動機はマリーヌ・ルペンが大統領になるのを阻止しなくてはならない、という思いだったのではないか、と思います。

　もっと言うなら、多くの人々が政治自体にもう関心が持てなくなっています。それには理由があります。エリート政治家たちの汚職や虚偽、

臆病などによる裏切りが目に余るものだということです。このことでまず僕が頭に浮かぶことは2005年に行われた欧州連合憲法を採択するかどうかに対するフランスの国民投票のことです。あの時、フランス人は「ノー」と判断したのです。ところが、のちにニコラ・サルコジ大統領がこの判断を無視して、勝手に欧州統合プロセスを進めてしまいました。これはフランス人が政治家に対する信頼を失った決定的な瞬間だったと思います。

　思うに、フランスだけでなく世界中で大衆レベルでの洗脳工作が行われているのではないでしょうか。人々は行動や政治的思想よりも外見やイメージにとらわれています。マクロンが大統領に選ばれたのも、若くてハンサムだったからでその他の立候補者たちの中で救世主のイメージに映ったのではないかと思います。マクロンが決選投票でマリーヌ・ルペンとの一騎打ちになったのは驚きでも何でもありません。マリーヌ・ルペンもまた新しい顔だったのです。というのも彼女は女性であり、大統領とか国会議員という国政レベルの政治家ではなかったからなんです。

　マスメディアはこの状況に大きな責任があると思います。マスメディアはマクロンが大統領になることこそトレンディなのだ、と一斉に売り出したのです。マクロンの本質は共和党と同様に右派の政治家であると思います。このことはマクロンが首相に共和党員の市長だったエドゥワール・フィリップを抜擢したことでもわかります。フィリップ首相は労働法を解体しようとしています。それによって富裕層にますます有利な労働法制に変えようとしているんです。

　残念なことは大衆はもはや政治などどうでもよくなっていることです。国会や内閣で何が起きているのか誰も話さなくなりました。確かに腐敗は話題に上りますが、実際には何一つ解明されることがないのです。選挙は終わり、僕自身が人々を政治に『参加させる』というあらゆる試みにもう無関心になっています。今もできる限り不平等を正すための情報をインターネットで拾おうとしてはいますが、過去半年で疲れ果ててしてしまいました。様々なざわめきやナンセンスな意見、ばかばかしい議論と評論があちこちに出回っています。フランスでは人々は分断されています。ですから逆に政治の対立から一度距離を置いてみる必要がないかと思っています。しかしながら、同時に今のまま、騙され続けること

もできず、何とも厳しい葛藤の中に放り出されているというのが実情なんです。

　何かもっと前向きな話ができたらよかったのですが、前向きな話題を見つけることが難しい時代です。少なくとも僕の周りの人たちはみんな幻滅しています。そしてみんな何もできないと思い始めています。私たちには政治の力なんてありはしないんだ、あるいは何も変えることなんてできないんだ、というように。もし10％の投票率で選出された政治家がいたとして、彼が国民を代表していて正統性があると自信を持ったとしたら。あるいは警察が路上での意見の表明を禁止したとしたら。あるいはもし多くの人々がストライキに参加したら首になると恐れてストライキがなくなってしまったら……もう僕らに残されたものはほとんどなくなってしまうのです。僕はこうした無気力と闘う必要があると思いますが、とても難しいですし、孤独を感じます。強くコントロールされた社会で意見を合法的なやり方で表明することに僕が賛成だとしても、暴力は有効ではないと思います。」

▼ボネの通う駅前の書店

　コリーヌ・ボネや息子のテオ・デュロレ（デュロレは父のフランソワの姓）はニュースを見る時、日本のようなテレビは使わない。パソコンを使ってインターネットで見ているのだ。ボネは朝一番にベッドでコーヒーを飲みながら、パソコンを使ってニュースを見るのが習慣だ。ボネが教え込んだように、テオもニュースは批判的に見ている。ボネは読書家でもあるが、行きつけの書店は最寄りのメトロのサンシエ・ドーベントン駅前の "Les Traversées" だ。ここには哲学、歴史、文学、社会学、芸術、BD（漫画）さらにはエコロジーまで各分野の粒よりが棚にびっしり天井まで詰め込まれている。僕が訪れた時は作家のジョルジュ・ペレックとダニロ・キシュのキャンペーンをしていた。僕も今回の取材に役に立ちそうな政治家たちの本を数冊ここで買うことができた。「フランスの左翼の歴史が系統的にたどれる本を読みたいです」というと、すぐにジャック・ジュリアール著「フランス左翼史　1762-2012」を取り寄せてくれた。注文から３日もすれば入荷している。このような中小規模の町の書店が店を維持していけるのはカルチエ・ラタンに近いことや、

優秀な学生を集める高等師範学校や、物理・化学や農業が専門の理系の高等教育機関がこの近辺に集まっていることも関係しているだろう。パリでは書店が次々と閉店していることはすでに書いた通りだが、この店ではどうなのだろうか。"Les Traversées" の共同経営者の１人、アントワーヌ・フロン（Antoine Fron）に話を聞いた。

Les Traversées 書店主のアントワーヌ・フロン

Q　まずフロンさんはどのようにしてこの店を始められたんですか？

　アントワーヌ・フロン　「私は最初は科学の研究をしていたんですが、さして面白くないので研究をやめてこの書店に就職したんです。1987年のことです。オーナーは書店の営業がうまく行っていて、パリに４店舗を持っていました。で、この店を皮切りに他の書店でも働きまして、いろんな異なるタイプの書棚を作ってきました。この店にまた戻ってきたのが2005年の頃ですが、2013年にオーナーが引退することになりまして、この店舗を同僚と共同で買い取ったのです」

Q　書店の社員からオーナーになって変化がありましたか？

　フロン　「変化と言えば心配が増えた、ということですね、常に。」

Q　どういった心配ですか？

　フロン　「私が書店の世界に入った1987年から30年間の間に本の数は激増しました。本の出版されるスピードもますます速くなっているのです。家賃も最近30％も上がりました。こういった環境の変化で経営のためには銀行とも頻繁に話をしなくてはなりません。経営の効率とか労働条件も考えなくてはなりません。さらに人々の文化の受容方法もまた大きく変わりつつあることも無視できません。たとえば今は本自体も変化しつつありますが、その他のメディアから情報を得ることが増えています。テレビを見たり、フェイスブックのようなソーシャルメディアで情報を収集したりすることが増えています。また航空運賃が安くなってきましたので、旅行に行く機会が増えています。B&Bのような格安の宿泊施設も増えています。ですから週末にフランクフルトに行ったり、ベルリンやロンドンへ行ったり、というわけです。また家賃が上昇すると、人々が暮らす部屋が狭くなる傾向がありますから、本を置くスペースも限られています。そうするとできるだけ文庫本で買う傾向が増えます。こうした様々な変化が起きているのです。そのため、書店主にとっては経営が難しくなりつつあります」

Q　しかし、クオリティの高い品ぞろえができて書店を維持できるのはなぜですか？

　フロン　「私たちはこの店を7人で切り盛りしています。それぞれが本に関する情報収集を日夜しているんです。TVの本に関する報道を見たり、ラジオの報道を耳にしたり、新聞雑誌の書評を読んだり。でも一番大切な情報は来店するお客さんの中にあるんですよ。お客さんの職種は多岐に渡っています。ジャーナリストもいれば教授もいますし、科学者も弁護士もいます。こうした人々と話をすれば必要な本の情報が得られるものです。また本の編集者とも話をすることもあります。今度どういう本が出る予定だとか。私たちは本を愛していますが、入荷する本の全部を読むことなど不可能です。たとえば今、キャンペーン中のジョルジュ・ペレックですが、2000ページもある本が出されたらとても全部を読むことはできません。それでも序文を読んだりして、中身がどうなのかを判断しています。こうした日常の私たちの人間相手の情報収集は、

アマゾンのアルゴリズムに勝てると私は信じています。この本を買った人はこの本も買っています、というアルゴリズムです。」

フロンは大統領選ではブノワ・アモンに一回目で投票したと教えてくれた。ジャン＝リュク・メランションは理想主義的すぎる、と言うのだ。フロンは中小規模の書店が生きていける理由は1981年に始まったミッテラン大統領の時代に文化大臣に就いたジャック・ラングの功績だと語った。というのは本の価格を同一にする法律をラングが作ったからで、その法律は今も、大規模店の廉価大量販売で小さな書店がつぶされるのを防ぐ防波堤になっているのだ。

▼コリーヌ・ボネの夫、フランソワ・デュロレと難民たち

画廊主コリーヌ・ボネの夫のフランソワ・デュロレ（François Durollet）は、かつて銀行員だった。ボネが言っているように、二人の政治感覚や考え方、育ち方は随分違っている。ボネがメランションに投票したのに対して、デュロレはマクロンに投票した。「だからと言って僕は右翼というわけでもないんだ」とデュロレは言った。デュロレはボネが言うように、保守的な感覚の持ち主かもしれないが、進歩的なものへ心を開こうとしてきたのも真実のようだ。ボネによるとデュロレと知り合って以来彼はずっと選挙では社会党か左派政党に投票してきたのだと言う。デュロレは銀行を退職したのち、設立されたばかりのサンプロン（Simplon）というIT企業に転職した。「あなたは難民のことに関心を持っているみたいですが、サンプロンでも難民支援事業をやっているんですよ、一度、お手すきの時にでものぞきにきませんか」と誘われた。

サンプロンはパリの東側にあるモントルイユにオフィスを持つ。モントルイユは移民が多く暮らす街だ。地図を手に訪ねていくと、近くには映画のパイオニア、ジョルジュ・メリエスが最初に構えた映画撮影所があると教えてくれた人がいた。サンプロンのオフィスは通りの塀にサンプロンと小さく書かれていた。開けて入ると古い建物の入り口にロゴマークが張り付けられていた。訪ねて見るとデュロレが出てきて案内してくれた。サンプロンはNGOではなく、民間企業であり、基本的にはウェブのデザイナーを育成する事業をしている。その日、講習を受けて

ITベンチャー企業サンプロンのフランソワ・デュロレ（右）

いたのはパリの郵便局の職員だと言う。郵便局内の配置転換でIT部門に異動することになった中年の男女がパソコンを各自持って講習を受けていた。郵便局が資金を出して教育を委託しているのだ。ただ、サンプロンでは教育を受ける機会に恵まれず仕事に就けない若者や難民には無料で教えているということだった。デュロレはITの専門家ではなく、融資や投資を集める財務部門の仕事をしているらしく、この日も企業回りに出かけて行った。その時、難民支援事業を担当しているテオ・ビッドルフ（Theo Biddulph）という人を紹介してくれた。

テオ・ビッドルフはフランス在住の英国人で、子供時代から南仏に家族が移住していたのでフランスには長く暮らしているのだ、という。温和な感じの男性で、どこかイエス・キリストのような邪心のない、無欲な人の印象を与えなくもない。

テオ・ビッドルフ 「難民事業が始まったのは1年半前でした。2016年の2月から10月にかけての8か月が最初の講習コース

サンプロンで難民支援事業を担当するテオ・ビッドルフ

でした。サンプロンでは今、40人の難民が無料でITの講習を受けています。アフガニスタン、シリア、コンゴ、アンゴラ、ケニア、エリトリア、チベット、スーダンなどの国々です。ここだけでなく、他のオフィスなどいくつかで行っています。僕らは仕事を求めている人のために、短期間で仕事ができるようにしています。ウェブのデザイナーを育成するのです。ITのセクターは拡大していて就職のチャンスが増えている分野です。ですから、6か月間集中講義を行ってウェブサイトが作れるように週5日、毎日教えるのです。朝9時半から夕方5時半まで講義があります。難民たちはフランス語がわからなければいけませんから6か月のIT講習の前に2か月間、私たちの提携先でもあるアリアンス・フランセーズでフランス語を学んでもらっています。その後、6か月のIT講習の間も週4時間、フランス語の講習を設けています。」

Q 難民はたくさんいると思いますが、どうやってアクセスするのですか？
　ビッドルフ「サンプロンはNGOなどいくつかの難民支援組織と提携しています。私たちが直接、フランス国内の難民キャンプを訪ねてスカウトするわけではありません。支援組織から紹介された人の中から条件にあう人に講習を施すのです。強い学習意欲を持っていることが条件です。かなり集中力を要しますから、そのぐらいの意欲がないとつとまらないのです。難民たちは難民申請をしている間、フランスには2年半滞在できます。ただ、この申請期間は仕事に就くことができません。」

Q となると難民たちは8か月の間、どうやって過ごすのですか？
　ビッドルフ「それは難しい問題です。私たちは無料講習を施しますが、お金までは支給しません。食いつなぐことは容易ではないでしょう。」

　そこで複数の難民支援施設との提携が必要なのだろう。住まいとか、食料の確保などだ。実はビッドルフがサンプロンに就職したのは2017年1月のことでそれまでは難民支援活動を欧州規模で行う活動をしていたそうだ。だから、そのあたりのノウハウも持っているのだろう。

ビッドルフ　「私たちは彼らの出身国でのことや亡命の旅路の経緯について聞いたりはしません。というのはすでに難民申請の際に、彼らの話が真実かどうか、担当官らに何度も尋ねられていますから、私たちはその上、さらに彼らにスティグマ（傷）を与えたくないと思っているんです」

　現在講習を受けているのが40人と言えば少ないようにも感じるかもしれない。だが、1つの民間企業が8か月間無料で教育を施すのは支援事業のモデル作りでもある。2016年の10月に講習を終えた第一期の難民14人のうち、5人は（2017年5月の時点で）まだ就職先を探している。就職の実績を一人でも多くつくることが目下の課題だろう。支援事業をしているビッドルフは南仏で少年時代を過ごしたが、大学は英国に戻りスコットランドのエジンバラ大学で、政治学を学んだ。そこでビッドルフにサンプロンという立場から離れたあくまで個人的な意見としてでよいから、英国が欧州連合からの離脱を決めたブレグジットの国民投票についてどう思うか聞いてみた。

　ビッドルフ　「災難だったと思います。ある程度まではレイシスト的な投票だったと言えると思います。なぜ難民たちがフランスではなく英国を目指すのか、と人から尋ねられたことがあるんです。僕はサンプロンに入る前にフランス北部のカレーにある難民収容施設を訪ねたことがあるんです。ここに収容されている難民たちは英国を目指しているのですが、何千人もの難民がなぜ英国に行きたいのかを彼らに尋ねました。すると、英国がいい理由は1つ目は英語が使えること、2つ目は英国にすでに家族の誰かがいること、3つ目としては英国ではフランスよりは簡単に職に就けるということがありました。フランスは社会福祉が充実している反面、就職に至るまでは楽ではありません。英国は逆に賃金は安いのですが、職にすぐにつけるというメリットがあるんです。職と言っても不安定なプレカリテというようなものなんですが。」

Q　マクロン大統領をどう見ていますか？
　ビッドルフ　「これもサンプロンとは別の個人的な意見ですが、マク

ロンとその政党は新しくはないと思っています。マクロンは英国のトニー・ブレアによく似ています。ブレアは労働党をネオリベラルな方向に持っていきました。アイデアはセントリスト（中道）なんです。ブレアは公営施設を次々と民営化していきました。マクロンは新しさと若さを売りにしていますが、ブレアも同じだったんです」

　ビッドルフの視点ではマクロンの方向性は「第三の道」のようだ。左から始まって、ネオリベラルの方向に舵を取っていく政治である。この日、第一期の講習を受けたスーダンからの難民がサンプロンでウェブづくりの仕事に就いているのを見た。だが、ビッドルフが言うように過去の経緯を聞かれたくないのか、取材は断られてしまった。

第15章　ボボ（Bobos）とプロロ（Prolos）

パリの芸術は充実したナイトライフから生まれる

▼彫刻家で演出家のバンサン・ベルゴン

　パリにはボボ（Bobos）という言葉がある。これはブルジョワ・ボヘミアン（Bourgeois Bohéme）の略だという。ブルジョワでボヘミアン？ボヘミアンと言う言葉を辞書で引くと、「自由奔放な」という意味がある。「ボヘミアン風」というと、汚らしい格好をしているという意味もあるそうだ。ボボたちは環境問題や文化に関心を持ち、食べ物はBioと呼ばれる有機食品を食べ、自動車は排気ガスの少ない車に乗る。貧乏ではなく、ただ金持ち的な生活スタイルを嫌っているのだ。政治的・思想的には左翼に属する人々らしい。ボヘミアンとは名ばかりで実際には大学や高校などの教授や公務員、ジャーナリストなど一定の安定した収入をもって要求水準の高い生活を送っている。これとは逆に、プロロ（prolos）という言葉もあり、こちらはプロレタリア（prolétaires）を意味する。ボボほど生活水準が高くない労働者を指すようだ。ボボとプロロという2つの言葉は左翼の中でも生活水準や文化的教養の差が存在することを伝えている。

芸術家のバンサン・ベルゴン。行きつけの居酒屋で

　彫刻家で演出家のバンサン・ベルゴン（Vincent Vergone）はボボに属

する。いや、ベルゴンが厳密にボボの定義に当てはまるのかどうか、本当のことはわからない。だが、彼が冗談交じりに自分をボボだと言ったことがあったのだ。その時、ベルゴンは排ガスの少ないトヨタのハイブリッド車に乗っていた。本書は「立ち上がる夜」に関する本なのだが、1章だけ、ボボについて触れておきたい。フランス左翼の知的潮流にボボの影響力は無視できないからだ。

　ベルゴンの住まいはモンマルトルにあるが、アトリエはオーベルヴィリエ（Aubervilliers）にある。オーベルヴィリエはパリ市の北部に位置する郊外の都市だ。ベルゴンはトヨタのハイブリッド車も持っているが、オーベルヴィリエまでの通勤は自転車だ。もしベルゴンがボボだとしたら、このあたりはボボ的と言えるだろう。

　ベルゴンの妻、カミーユ・ロイビエ（Camille Loivier）は中国文学と台湾文学を専門とする大学教授である。ロイビエは詩人でもあり、翻訳者でもある。九鬼周造が書いた日本の哲学書「『いき』の構造」の翻訳もある。また「Neige d'aout」（8月の雪）という文学同人誌を主催しており、東アジアの詩人とフランスの詩人がともに作品を掲載している。ベルゴンとロイビエはパリのフランス国立東洋言語文化研究所（INALCO）で中国語を学んだことから知り合った。ベルゴンの芸術も東洋の影響を受けている。ベルゴンはINALCOで中国語を学んだ後にパリの高等美術学校に転じて今度は彫刻を学んだ。二人はともに知的であり、環境意識も高い。毎日、Bloの食品しか食べない。

　今年の大統領選挙でベルゴンは「服従しないフランス」に投票した。メランションという政治家個人というよりは、「服従しないフランス」の政策プランが良かったのだと言う。ボボがいかに生活水準が高くても、根っこは左翼なのである。

バンサン・ベルゴン　「僕は（パリ郊外の）『93県』を仕事場にしています。フランスの『93県』を知っていますか。93県（セーヌ・サンドニ県）というのは移民や貧乏な人々がたくさん暮らしているところです。一種のゲットーなんです。長い間、ずっとそうなんです。93県の人々は大量に『服従しないフランス』に投票したんです。彼らは『服従しないフランス』に希望を感じたんです。彼らは日夜、侮辱されているんです。

第15章　ボボ (Bobos) とプロロ (Prolos)

彼らは胸の中に大きな悲しみを抱えているんです。いろんな人々が人種の違いを越えて『服従しないフランス』に投票しました。」

　ベルゴンが仕事場にしているオーベルヴィリエも93県に含まれる。報道によればフランスで最も貧困率の高い地域の1つだ。ベルゴンのアトリエは巨大な倉庫をブースに切り分けて、6〜7人の芸術家や芸術グループがそれぞれ入居している。トイレや水道は共同だ。詩劇を行っている劇団や、一匹狼の彫刻家、ファッションデザイナーらが活動場所にしているのだ。倉庫の中に自力で木造の部屋を作る者もいれば、廃品のマイクロバスを乗り入れて事務所代わりにしている者もある。ベルゴンの事務所もそうだ。パリの家賃高騰で芸術家が拠点をオーベルヴィリエなど郊外に移しているのである。オーベルヴィリエには実際、移民が多い。街には高層住宅や白い団地が並んでいる。ある日、僕が不用意に通りで撮影していると、黒人の二人組が遠くから駆けつけてきて「撮影はダメだ。絶対に撮るな」とカメラに手をかけられ脅されたことがあった。町の人の話では麻薬の売人たちが通りにたむろしていて、彼らは警察に記録を持ち込まれるのを嫌う。「売人たちが出てくるのは昼過ぎだから、町を撮影したければ朝に来ればいい」と教えてくれた人がいた。

　ベルゴンは幻灯機を使った見世物を長い間、行ってきた。幻灯機とは中心にランプがあり、絵を描いたガラス板をその前に置くと壁に絵が投射される仕掛けだ。単に一枚の絵だけでなく、絵を次々と投射すればアニメーションにもなる。幻灯機は映画の原型なのだ。ベルゴンは幻灯機を使って短編映画を撮影したり、自作のオブジェを影絵として動かすライブパフォーマンスを行ったりする。彼は彫刻家でもあるからオブジェ自体を作る才能もあるのだ。ベルゴンの不思議なオブジェが作り出す光と影の世界は一度見るとやみつきになる。

　短編の 'Dans la plaine les baladins' ではブリキのおもちゃがサーカスの始まりを告げる太鼓を叩き出すと、ベルゴンが口上を始める。「ようこそお集まりの皆様。世界で一番小さなサーカスの幕開けです。まずはアシカのオルガです。」ブリキのアシカがボールを鼻先で持ち上げながら、動き回る。次はアジア象のバルトルディだ。象と言ってもベルゴンが薬罐をひっくり返して作ったオブジェである。「バルトルディ、数が数えられるかな、3つまで？」すると象が3回叫び声を上げる（ベルゴ

ンが象の鳴きまねをするのだ)。さらに、彼の人形「妻」が出演する虎の輪くぐりもある。

　ベルゴンはこうした見世物を町の小さな公共スペースを利用し、3歳くらいの子供と親たちを集めて見せている。彼はプラキシノスコープ(Praxinoscope)という劇団の創設者だ。プラキシノスコープでは「文化を庭のように考える」。忘れられた技術を蘇らせ、社会の周辺に生きる人々に向けて20年近く公演を行ってきた。「文化は退屈しのぎではなく、新しい生き方を拓くものであり、ともに文化を分かちあいたい」とベルゴンは言う。最近は「ミラビリア」と名づけた取り組みを行っている。硬いコンクリの住宅の中に染色家が染めた色とりどりの布地を張り巡らせて柔らかい空間に再創造する。郊外の無機質な四角い団地の中に遊牧民が暮らしてきた人間的な触れ合いの場を取り戻す試みだ。形のないテントでは人と人がもっと簡単に出入りができ、触れ合える。この柔空間に幼い子供達を連れた母親たちが集まってくる。ベルゴンは中国の人形を巧みに動かし、子供たちの関心を引く。音楽家が子供たちとともに音楽を奏でたり、スタッフが宝箱の中から絵本や詩集を取り出して朗読してくれたりする。これはテレビのようなマスの文化ではない。時間と空間を共有し、楽しさを分かち合う。様々な人種が文化を分かち合うという理想もある。子どもを対象にしたベルゴンの活動には彼の過去が関係していたことを知った。

　ベルゴン　「僕はとてもつらい子供時代を送りました。話せば長くなるのですが、いつも家から逃げ出したいという強い願望を持っていました。ですから大人から虐待されている子どもを見るとシンパシーを感じてしまうのです。僕自身12歳の時、父親の元から逃げ出しました。」

　ベルゴンの両親は離婚し、彼と妹はそれぞれの親に引き裂かれた。ベルゴンは父と暮らしたが、後に継母から折檻を受け、ある日、彼はたまりかねて家を飛び出した。母のもとに駆けつけていた。ベルゴンが移民たちと同様に「服従しないフランス」に希望を感じるのは彼の心の中に子供の頃に受けた傷や悲しみを秘めているからではないかと思う。
　ベルゴンはずっと、その悲しみを昇華しようとしてきた芸術家だと思

う。ベルゴンが初期に作った短篇を紹介しよう。「冬の光」という11分の作品である。これも幻灯機を使って撮影された。

　激しく吹雪く冬の夜、猫と鼠と犬がそれぞれ寒さに震え、空腹を抱えながら原野をさまよっている。まず猫が1軒の家を見つけた。誰もいないらしい。入ってみると、暖炉の火が燃え、食卓には夕食が皿に乗っていた。猫は誰もいないので思わず食べて、ベッドに入った。次にやってきた鼠も食卓のチーズを食べた。だが猫が起きてきて鼠を追い掛け回す。そんな時、犬が訪ねてきた。犬も食卓の肉を食べ、やはりベッドに入ろうとした。ところが先にいた猫と喧嘩になる。

　「この家は犬の家じゃない！」「この家は猫の家じゃない！」そのとき、家主が帰ってきた。家主は料理が誰かに食べられたのを見て怒り、盗賊を懲らしめてやる、という。だが、毛布をあけてみるとベッドの中で猫と犬と鼠が仲良く眠っていた。家主は「今夜は見逃してやろう」と一緒にベッドで温まることにした。

　冬の夜の御伽噺だが、ベルゴンの人間性が感じられる作品である。幻灯機の世界には光だけでなく、闇がある。この闇があることがこの芸術の大きな魅力になっている。そして、この物語はどこか「立ち上がる夜」を僕に感じさせるのだ。異なる者を排除しない物語だからだ。

▼妻は詩人で大学教授

　パリではどんな詩が今日書かれているのだろう。ベルゴンの妻、カミーユ・ロイビエは詩人だ。二人の住まいはマンションの6階。エレベーターはない。訪ねると、彼女は台湾と中国の詩集を翻訳しているところだった。ロイビエの処女詩集は"Elégie à une pinsonne"というタイトルで、すぐ下に中国語訳で「燕雀之哀歌」と添えられている。pinsonnne（パンソン）はアトリという雀の一種の小さな渡り鳥だ。だからタイトルは「アトリの哀歌」、ということになる。ユーラシア大陸北部にこの小さな鳥は生息しているが冬が近づくと越冬のために欧州やアフリカ、あるいは中国、朝鮮半島、日本に渡ってくる。この渡り鳥に自分を託して日常を歌ったのがこの詩集「燕雀之哀歌」のようである。左ページに中国語訳があり、右ページにフランス語の原詩がある。

第15章　ボボ（Bobos）とプロロ（Prolos）

カミーユ・ロイビエの詩集

    C'est grâce à notre pinsonne
    Chétive pour le bord du chemin
    O minuit ton bec et tes yeux ronds

    （われらがアトリよ
    長旅を前にして　お前の体はあまりにひ弱い
    午前０時　ああ　そのくちばしが、丸い目がなんと美しいことか）

　処女詩集の最初の詩がこれだ。小さな渡り鳥が渡航前夜、静かに息を潜めている。その緊張に満ちた美しさを歌っている。ロイビエも、どこかこのアトリに似て、細身で緊張感のただよう美しい女性である。この詩は小さなアトリに託して、ベルゴンとの新しい生活に飛び立とうとする自分を歌った詩のように思える。僕が彼女に初めて会ったのは彼らの住まいの向かいにある古い居酒屋だった。写真家のロベール・ドワノーが常連だったという店で、壁にはドワノーの白黒写真が何枚も掛けられていた。この時は、ベルゴンと一人息子のメルランも一緒だった。メル

第15章 ボボ（Bobos）とプロロ（Prolos）

ランは当時13歳で、数学が好きだから将来は数学者になりたいと言った。「燕雀之哀歌」には処女詩集を作った経緯が書かれている。ロイビエはもともと中国古来の文字の美しさに惹かれ、南京に住んで研究したが、中国語ですらすら表現しようと何度か試みたもののうまくいかなかったそうだ。1980年代末に初めて南京に足を踏み入れた頃、中国はもっと美しく、中国人たちは知恵に満ちていたと彼女は言う。今は〜過渡期なのだろうが〜あの頃の美しさを失ってしまった、と彼女は嘆いている。しかし、中国も、自分も過去に戻ることはできないのだ。

  Les pépiements de petits trous mécaniques
  Pour coudre la mémoire. Qu'on la laisse
  Tranquille maintenant
  La passion l'a tant épuisée. En image
  Pas si chétive finalement par rapport au papillon

 （記憶をつむぐ機械の小さな穴から
 さえずりが聞こえてくる
 でも今は静まって欲しい
 お前は自分の激情に疲れ果てているのだ
 しかし、結局、映像の中のお前は
 蝶に比べてそれほど劣っていたわけではない）

ロイビエは小さな生き物や小さな存在に寄り添っている。それら小さな命の哀歌を紡いでいる。夫婦の台所の窓の外に、小鳥の巣箱が吊り下げてあり、そこには小鳥が何羽も出入りしていた。ロイビエがBio（有機食品）にこだわっているのは何もいい生活を見せびらかしたいからではないと知ったのは、彼女が過去にガンと診断されたことがあったと聞いた時だ。ロイビエは今は病院から復帰しているのだが、いつ再発するかわからず、食料は命の問題だったのだ。ロイビエはベルゴンとの出会いは運命的だったから一生添い遂げたいと言った。

▼ゲーテの「ファウスト」に夢中の息子、メルラン

息子のメルラン、17歳と。メルランは文学にのめり込んでいるという

　二人の息子のメルラン（Merlin）は17歳になり、今では父親より背丈が高くなっていた。数学志向だった少年は文学志向に変わっていた。今、ゲーテの「ファウスト」に夢中だと言う。

　メルラン　「学問の研究だけして象牙の塔にこもっていた学者には人生の経験が欠けていた。そこに悪魔のメフィストが現れて、愛の素晴らしさを教える。このメフィストにすごく惹かれたんです」

　メルランが数学から文学に進路を変えたのは「ファウスト」的な回心が若いメルランの中にあったのかもしれない。4年前、メルランはアート・スピーゲルマンがナチを描いた漫画「マウス」を夢中で読みふけっていた。将来は教師になるか、政治にコミットするかまだわからない、という。では政治について高校生のメルランはどう見ているのだろうか。

　メルラン　「今、大切なことは左翼の再編だと思います。僕にとってはエコロジーが最も大切なもので、エコロジーを大切にしないと人間性もまた損なわれていくと思います。ですから、エコロジー政党を含めて左翼を再編成することが大切だと思います。今年の大統領選では『服従

しないフランス』がよい、と思います。」

メルランもまたベルゴンと同様、「服従しないフランス」がいいと言ったが、選挙権まであと1年あるのだ。

▼パリの芸術家

バンサン・ベルゴンに出会ったのは「文学の夕べ」を主宰していたパリのある書店を介してだった。その後、2013年にパリのモンマルトルに滞在した時、バンサンの生活や芸術をドキュメンタリーとして撮影するようになった。これは今後も続けようと思っている企画だが、「パリの芸術家」のシリーズとしてまとめているものだ。ピカソやモディリアーニなどの過去の巨匠の伝説ではなく、むしろ有名でなくても同時代の芸術家たちが何を作っており、どんな思想を持ち、どんな生活をしているかを芸術の都パリで探ろうと言う試みである。ピカソが若い頃、活躍したのは主に19世紀末から20世紀初頭にかけてのベルエポックと言われる時代である。しかし、今日のフランスは景気も悪い。新興経済国に工場が移転し、国内ではテロの脅威と同時に極右勢力の台頭がある。とても幸せとは言いがたい時代である。不況になって次第に人々が大量生産の安い食料や商品を買い、最低賃金の仕事に追われるようになり、余暇も減る。そうなると人々の精神もゆとりが失われ、変質していくのではなかろうか。小さな商店がつぶれ、大量の商材を扱うスーパーに負けてしまう。こうしてすべてがマニュアルに沿って進められる社会に変わっていく。こうしたパリに魅力を感じるだろうか。だからこそ、芸術家は精神を扱う仕事であり、つまり芸術家は経済の効率主義に抵抗しうる何かを持っているのではないか、と思えるのだ。

でなかったら、1円でも安く、1秒でも早く……という効率主義にとらわれてしまい、結局、パリの持つ魅力は失われてしまうだろう。日本社会が1990年代を境に大きく変貌したのと同じことをフランスが繰り返して欲しくないと思う。そればかりでなく、過剰な効率主義やマニュアル主義に立ち向かう精神を日本も取り戻すべきではないか、と思っている。

第16章　パリ郊外、エクアンの左翼一家を訪ねて

パリから北に電車で20分のエクアン。ルネサンス時代の城がある

▼長年社会党を支持してきた人々

　マクロン大統領が誕生したのちの2017年5月下旬、社会党の元党首マルチーヌ・オブリ（Martine Aubry）はこう悲しみを表明したそうだ。
　「私は今、66歳だが、今まで人生でやってきたことが全部壊された気がする」。週35時間労働法制を2002年に実現した人こそ当時、雇用担当大臣だったマルチーヌ・オブリだ。社会党内閣が作り上げた労働法制を同じ社会党のバルス首相が力づくで大幅に緩和してしまった。そして、翌年マクロン大統領が生まれ、労働法制を抜本的に変えようと取り組みをはじめた。社会党が築いてきた社会保障制度もマクロンによって変更されることになる。
　2017年1月の社会党の予備選でブノワ・アモンと決戦投票で争ったマニュエル・バルスは敗北すると、大統領選ではアモンではなく、マクロンを応援すると宣言して顰蹙を買った。社会党は深刻な分裂と解体の危機に瀕していた。ブノワ・アモンは大統領選の1回目の投票で5位という悲惨な結果で敗退した。アモンは大統領候補にまでなりながら国会議員選挙でも落選し、のちには社会党を離党することになる。社会党は2012年の選挙では下院の577議席中、283議席を得た。だが、2017年は30議席と一気に縮小した。重鎮のオブリも議席を失った。マニュエル・バルスは裏切り者とみなされ、国会議員選挙では社会党の支持を得ることができなかった。その結果、バルスも社会党を離脱することになり、「服従しないフランス」の候補者とパリの南の郊外、エヴリーで大接戦となった。わずか139票の僅差で辛勝できたものの、開票に不正があったとライバル候補のファリダ・アムラニ（Farida Amrani）から指弾され、当選を取り消すか、認めるかがのちに審議されるという後味のよくない結果となった。
　このような事態を長年社会党を支持してきた人々はどう思っているのか。僕はそんな一家と知り合い、訪ねてみることにした。2017年5月のことだ。家族が暮らしているのはパリ北駅から鉄道で20分ほど北の町、エクアン（Écouen）だ。エクアンの駅前には本当に何もない。カフェと日本料理店などわずかな店があるだけだ。人口は7000人ほどの小さな町である。パリから20分電車に乗るだけでかくも緑の多いゆったりした環

エクアン、人口は約7000人

境に住めるのだ。ルネサンス時代の古城もある。一家の奥さんのレジャーヌ（Réjane Boyer）が駅まで車で迎えに来てくれた。3分ほど走ったらすぐに家に到着した。夫のマルセル（Marcel）が迎えてくれた。マルセルはオランド大統領になってから社会党を離党していた。以前は銀行に勤めていたそうだが、今は退職して年金生活を送っている。銀行員と言ってもIT技術者で、接客や融資とは異なる分野の専門家だ。

Q　今年（2017年）の大統領選はどうでしたか？

　レジャーヌ「大統領選は最低でした。」

　マルセル「とても複雑でした。私は社会党候補者のブノワ・アモンを支持していました。1回目はブノワ・アモンに投票しました。でも2回目はマクロンに投票したくなかった。マクロンの政策に共鳴できなかったからです。しかし、直前に考えを変えまして、マリーヌ・ルペンが選ばれるリスクをできる限り減らそうと思ったのです。それでマクロンに投票しました。考えを改めたわけです」

　レジャーヌ「私は1回目は『服従しないフランス』のメランションに投票しました。アモンは勝ち目がないと思いました。2回目は投票日の

第16章 パリ郊外、エクアンの左翼一家を訪ねて

レジャーヌ・ボワイエ(右)と夫のマルセル

数日前にマクロンに投票することに決めました。マリーヌ・ルペンが大統領になるのを防ぐためです。でも本当は白票にしたかったのです」

Q　メランションについてはどう考えますか？
　レジャーヌ「メランションは人々に近いところに立っていると思います。私は変革の期待をします」
　マルセル「私は少し違った考えです。メランションはあまりにも自分自身に人々を引きつけすぎている気がします。それは彼がフランスの憲法を改正して第六共和国に作り替えて大統領の権力を抑制する、と言っていることと矛盾している印象を受けました。物事を彼個人に引きつけすぎている気がします。だから未来に不安を抱いたのです。ただ、彼の政策はとてもよいものですし、ブノワ・アモンの政策と大差はないのです。ですから、二人が統一戦線を組めなかったことは残念に他なりませ

ん」

　レジャーヌ「残念です」

　マルセル「本当は決戦投票はマクロンVS左派候補になれたんです」

　レジャーヌ「マクロンVSメランションの決戦になるのを恐れた人がたくさんいたのです。一方でマリーヌ・ルペンが勝たないように、一方でメランションが勝たないように、とマクロンに1回目の投票で投票した人が多かったのです。」

Q　なぜ社会党候補者のアモンは6％ほどしか得られなかったのでしょうか？

　マルセル「それは明らかです。裏切りなんです。社会党の重要人物が選挙戦の初期からすでにかなりたくさんエマニュエル・マクロンのもとに個人的に馳せ参じ、彼に投票したのです。社会党員とは名ばかりで、彼らは本質的には社会党員ではありません。」

　レジャーヌ「社会党の大統領予備選でブノワ・アモンが選出されたときに、社会党員と（本質的には）そうではない人たちに分裂したのです。そして予備選でアモン候補に投じた人々は、社会党はもっと左の政党だったはずだと考えたのです」

Q　ブノワ・アモンはリアリストではない、という人がいたのですが。

　マルセル「それはアモンが掲げた"revenu universelle"（ユニバーサルインカム）に対する誤解だと思います。収入の最低保障は実際に存在する制度なんです。たとえば学生の中には学業を続けるためには働かないといけない学生が少なくありません。収入の最低保障という制度はユートピアでも何でもありません。工業国家では全員に仕事が行き渡らないことはいつでもあるのです。」

　4月23日に行われた2017年の大統領選の1回目の投票で、ブノワ・アモンは6.36％の得票率で5位と社会党の歴代候補者の中では最低ランクの数字となってしまった。泡沫候補を入れると、11人の候補者による選挙戦だった。だが、主要候補は5人で、そのうちアモンが5位で6.36％だったと言うのはさぞ悔しい思いを噛めたに違いない。すでに

選挙予測ではアモンがこの程度であることは予測されていたのだ。だから、もしアモンがメランションに譲って左派が1本化できていれば、1回目の投票でメランションが首位に立つことも不可能ではなかった。これは左派の分裂の大きさを物語っている。選挙についてはわかったが、さらに夫婦がそれぞれどんな風に左翼になったのかも尋ねてみた。

▼レジャーヌの先祖

レジャーヌ「写真は私の祖父と祖母のレジャーヌ、そして私の父です。1932年に撮影されたものです。祖母は翌年の1933年に亡くなってしまいました。父は私に祖母と同じ名前をつけたわけです。祖父はのちに再婚しました。その後、第二次大戦が始まり、ドイツ軍の捕虜になってしまいました。1940年10月から1943年までです。ドイツ北東部のラーベンスブリュックの捕虜収容所に入れられ、次にオーストリアの収容所へ移送されました。

戦争が終わって祖父は帰国し、再び石工の仕事を始めたんです。工房で作業をするときは大理石の石板に文字を刻みました。墓地で作業をすることもありました。その場合は直接、墓石に文字を刻みます。刻むのは亡くなった人の姓名と誕生した年月日と亡くなった年月日です。祖父の家はヴァルニドワーズ県のサン・グラティエンにありました。パリの北の郊外地で、電車でパリから20分でした。祖父母と私の両親の2家族がその家で暮らしていました。子供

レジャーヌの祖父母と幼い父

だった頃はこの庭も広大に思えたものでした。この家には1965年まで暮らしました。私の家族の部屋は2部屋ありました。両親に1部屋、私と兄に1部屋です。トイレも風呂もありませんでした。トイレは庭の奥に

あり、いつも庭をつっきっていかなくてはなりませんでした！

　祖父はとても陽気な性格で、歌を歌うのが大好きだったんです。独学で音楽を学び、ピアノを弾いたり、バンジョーを奏でたり、ハーモニカを吹いたりしていました。歌はアリスティード・ブリュアンの歌をよく歌ったものです。

Q　あなたのおじい様が歌ったブリュアンの歌を２〜３教えていただけますか？

　レジャーヌ「祖父のことはよく覚えています。声の録音もありますよ。ピエール・ダックのジョークを話した時のものです。ブリュアンはモンマルトルの詩人で、『黒猫』という名前のキャバレーで歌を歌っていました。祖父が歌ったブリュアンの持ち歌には Nini Peau d'Chien（犬の皮のニニ）という歌があり、祖父も『バスチーユではみんな犬の皮の（娼婦）ニニが好きだ……』などと歌っていました。

Q　あなたのおじい様は戦争については何か語っていましたか？

　レジャーヌ「戦争については決して不平を言ったことはありませんでした。祖父はドイツ人のことをボッシュ（ドイツ人の蔑称）とか、シュリュー（ドイツ人の蔑称）と呼んでいたものです。しかし、娘（私の叔母）にはドイツ人との文通を許可していましたから、祖父にとって恨みがあったのはナチであって、一般のドイツ人ではなかったのだと思います。」

Q　あなたのおじい様の言葉を具体的に何か覚えていますか？

　レジャーヌ「いいえ、正確に思い出すことはできません。ただ、言えるのは私が必要な時にいつも祖父が近くにいてくれた、ということです。たとえば夜行列車で南仏に初めて旅行した時、パリ北駅まで送ってくれました。私は18歳でした。祖父はその時、もの静かでした。祖父は車掌に会いに行き、私に注意を払ってくれるように頼んでくれたんです。

　1955年から1965年まで、私はこの庭の自然の中で幸せな子供時代を過ごすことができました。65年にこの家を移って別の家で暮らし始めてから、祖父は後妻と娘（私の叔母）との３人で暮らしていました。叔母は

いろんなことを私に教えてくれたものです。庭仕事、読書、劇場に観劇に行くこと、水泳……などなどです。叔母は自由人で、行動的でした。

Q　最初の家は今は？
　レジャーヌ「1970年に解体されてしまいました。醜悪な集合住宅を建てるためですよ。」

Q　あなたのおじい様が亡くなったのはいつでしたか？
　レジャーヌ「1990年8月31日でした。」

Q　ボワイエさんが受けた教育について教えてください。どの教科の勉強が好きでしたか？将来は何になりたかったのですか？また、職業に関して女性が置かれた状況はどうだったんですか？そして卒業されてから、どうされました？
　レジャーヌ「教育は自由そのものでした。私は若いころ、劇場にも、映画館にも行くことができたのです。自分の意見を表明し、討論にも参加したものです。着るものも自由でした。中学生の時から政治的にコミットした学生でした。私たちは中学生の14〜15歳からストライキに参加したものです。常に教師や校長も参加していましたので問題はなかったのです。
　高校ではとくに経済学の勉強が好きでした。もっと幼い10歳の頃はダンサーになりたいと思ったものです。のちには弁護士に憧れました。でも19歳でバカロレアの試験を受けたのちに、学業の道はあきらめなくてはならなかったのです。というのも両親には学費を工面する余裕がなかったからです。それで私はパリの広告代理店で秘書の仕事をすることになりました。女性の給料は男性よりも常に低い金額でした。大雑把に言えばこのようなことになります。

Q　就職された広告代理店についてもう少し教えてください。どんな広告を作る代理店だったのでしょう？
　レジャーヌ「私が勤めたのは共産圏の国々の広告を作る代理店でした。ユーゴスラビア、ルーマニア、ブルガリアへの旅行の広告とか、キャビ

アの広告、ポーランドの航空会社 La Lot やカール・ツァイスの光学部品の広告などでした。社長はフランス共産党に人脈のある人でした。しかし、社員は左翼だったのですが、社長自身は左翼ではありませんでした……」

Q　とても興味深いお話です。当時の広告ポスターはお持ちですか？
　レジャーヌ「いいえ、今はありません。しかし、毎年クリスマスになると、ジャン・エッフェルが社長にリトグラフ（版画ポスター）を贈っていました。その写真ならあります。そのリトグラフは私たちの広告代理店からクライアントに贈られていました。」

Q　ジャン・エッフェルとは？
　レジャーヌ「エッフェルは画家です。」

Q　あなたはどのようにして共産主義者になったのですか？
　レジャーヌ「父親が共産主義者でしたから私も幼くしてなったのです！」

Q　ではお父様はどのようにして共産主義者になったのでしょうか？
　レジャーヌ「父は14歳の時、世界を変革しなければならないと考えるに至ったのです。それで政治的な行動をはじめました。毎週日曜日になると共産党の機関紙ユマニテ（l'Humanité）を売っていたのです。」

Q　お父様が14歳というのはいつのことですか？　当時の大統領は誰だったのでしょうか？
　レジャーヌ「父が14歳の時は戦時中でした。1944年のことです。」

Q　レジスタンス闘士だったんですか？
　レジャーヌ「いえ、闘士になるには幼なすぎました。パリで死ぬほど飢えていたのです。」

Q　お父様が大人になってからのご職業は？

第16章　パリ郊外、エクアンの左翼一家を訪ねて

レジャーヌ「大人になる前にすでに消防隊に所属していました。というのもアルジェリアの戦争に徴兵されるのを避けるためでした。その後、印刷工場で1955年から1958年まで勤めました。しかし、健康上の理由から退職を余儀なくされました。そういうわけでのちにパリの交通公団（RATP）に雇用され、バスの運転手になりました。後になってパリ交通公団の経営委員会の文化委員に選出され、その役職を18年間勤めました。」

Q　お父様について教えていただけますか？
レジャーヌ「性格についてですか？人格についてですか？」

Q　そうです。おじい様とは違っていましたか？
レジャーヌ「父は学校での教育はあまり受けることができませんでしたが知的な人間でした。話し合いではとても 'fin'（※鋭敏な、上質の、練達の）でした。政治活動にかなりコミットしていました。よく出張で海外に出かけていました。ソ連やグルジアの交通関係者らが受け入れ先でした。しかしながら、父の人生には１つのことが人生やその性格に影を落としていたのです。1933年、3歳の時に母親を亡くしたことです。そして、祖父とは随分、違っていました。というのは祖父は社会主義者だったからです‼」

Q　社会主義者と共産主義者では大きく違ったのですか？
レジャーヌ「はい。フランスでは共産党員と社会党員はしばしばたとえ兄弟だったとしても互いに憎しみ合うようになるのです。とてもとても残念なことです。」

Q　それはあなたにとってはどんな意味がありましたか？
レジャーヌ「非常に複雑なのです‼社会主義者と共産主義者が議論をすると、とても難しいものになります。その上、私の夫もまた社会党員だったものですから……」

Q　つまりご主人とお父様は……

レジャーヌ「ええ、（議論の）間に入る人がいないと大変でした‼」

レジャーヌと共産主義者だった父のロジェ・ルヴァシェ

Q　ああ……
　レジャーヌ「時々、とても険悪なことになりました。」

Q　共産主義者だったお父様は1991年にソ連が崩壊した時はどんなことを言っていましたか？
　レジャーヌ「精神的に父にはどうしても受け入れがたいことでした。というのも自分が信じてきた理想が崩れ落ちたのですから。」

Q　彼は自分が負けたと思ったのでしょうか？
　レジャーヌ「はい。」

Q　レジャーヌさんご自身もそうでしたか？
　レジャーヌ「いいえ、私の場合はそうではありませんでしたが、古い闘士の人たちはそうでした。」

Q お父様は亡くなる際に印象的なことを言いましたか？　つまりあなたにあてた？

レジャーヌ「いいえ、ただ病床にいて動けなかった時に私に母への誕生日のプレゼントを買ってきてほしいと頼んだことがありました。私は父に尋ねました。『わかったわ。それでは宝石か、スカーフか、花瓶か、何がいいのかしら？』と父に聞くと、『宝石がいいな』と答え、『贈り物はみんなで買ったことにしてほしいんだ』と言いました。美しい気配りだと思いませんか。宝石屋で私たちは綺麗なイヤリングのセットを買いました。それを父が寝ているベッド脇の小机に置いておきました。父は満足して安心していました。父はそんな人でした。いつもみんなのことを気にかける人だったのです。」

Q 未来の夫とはどうやって出会ったのですか？

レジャーヌ「私が未来の夫に出会ったのは祖父のおかげでした。祖父は彼と同じ合唱団に所属していたんです。サン・グラティエン混声合唱団です。実は私は夫になるマルセルとは14歳の時にすでに出会っていたのです。私が19歳になって再会した時、マルセルは私と話すのを喜んでいました。」

Q 具体的にはどこで出会ったのですか？家の中、カフェ、あるいは教会だったんでしょうか？教会でおじい様と合唱していたのですか？

レジャーヌ「彼が合唱していたのは教会ではない普通の建物の中でした。世俗派の合唱団だったからです。」

Q 社会主義者だから神を信じなかったのですか？

レジャーヌ「社会主義者の中にも信者はいます‼でも私たちに関する限りは無神論ですし、私たちの親もそうでした‼」

Q 夫婦二人とも無神論だったのですね？

レジャーヌ「ええ。私たちが結婚したのは1976年5月でした。私たちにとっては当然のことでした。長女が生まれる前は芝居や映画によく出

かけました。私たちが住んでいる町の共産党の活動もしました。」

Q　1976年は誰が大統領でしたか？
　レジャーヌ「1976年の大統領はジスカール・デスタンでした。右派の中の右派でした。彼は『ゴリゴリに固い』感じを醸していて、保守派でした。妻はアンヌ＝アイモヌ（Anne-Aymone）で、テレビにしばしば大統領と一緒に登場していたものです。私と夫は1976年から77年にかけて共産党に入党してエクアンで活動していました。そして私は77年の地方議員選挙に左派連合の候補として立候補しました。地方議員選挙の選挙戦は集会に出たり、チラシを配ったり、住民と会って交流したり議論したりといったことをします。私は女性でまだ若かったということもあり、当選しませんでした‼」

Q　フランスの女性政治家で尊敬する人はいますか？
　レジャーヌ「クリスチャーヌ・トビラ（元法相）、マリー・ノエル・リエヌマンです。」

Q　マリー・ノエル・リエヌマン？
　レジャーヌ「ええ、社会党の女性議員です。フロンド派ですよ‼」

Q　フロンド派とは？
　レジャーヌ「フロンド派は社会党議員の左派を意味します。フロンド派はオランド大統領やバルス首相の政策を強く批判していました。彼らは社会党の中にとどまって、内側から社会党の変革を目指したのです。フロンド派でよく知られているのがエマニュエル・モレル（欧州議会議員）、フレデリック・ファラベル（リエヌマン議員の側近）、そしてマリー・ノエル・リエヌマンらです。」

Q　1977年に地方議員に立候補した時、あなたは将来政治家を目指そうと思ったのですか？
　レジャーヌ「いいえ、政治家になろうとはまったく思っていませんでした。今に至るまで職業政治家になろうと思ったことはありません。た

だ、自分が地域の役に立てれば、と思ったのです。それだけです。」

Q　エクアンについて教えてください。
　　レジャーヌ「エクアンの町で気に入ったのは森があり、ルネッサンス時代の城があることでした。また二人ともパリに毎日通勤することを考えれば丁度手ごろな距離だったのです。私たちはパリ北駅まで列車に乗り、そこでメトロに乗り換えてオペラ座駅まで通っていました。二人のそれぞれの職場がその近くにあったのです。夫のマルセルは銀行で働いていました。IT技術者としてです。今は退職して10年になります。夫はエクアンの町役場の役員（コンセイエ）に選出され何期も役をつとめました。町会議員としても活動し、のちには助役となりました。これは住民によって選出されるもので、ボランティアです。マルセルは土木とかITの分野で参画しました。住民のための事業として道路工事や駐車場の設置、学校施設がよいかどうかのチェックなどを担当しました。エクアンの町の光ファイバー設置作業を担当したのもマルセルでした。これは仕事ではなく、無給なのです。住民の選挙で選ばれて行うのです。」

Q　その精神は隣人を助けるような精神ですか？
　　レジャーヌ「エクアンの住人の生活を改善しようという精神です。」

Q　ではいったいいつそうした公務を行っていたのですか？　というのもマルセル氏は日中は銀行にお勤めなのですから。週末とか、夜とかですか？
　　レジャーヌ「仕事を終えた後の夕方とか、土曜日です。」

Q　それはあなたにとってもOKなのですか？
　　レジャーヌ「もちろんです。夫婦で同意していなければ不可能です！」

Q　でも週末にピクニックに行ったりする妨げになりませんか？
　　レジャーヌ「私たちにとっては問題にはなりません！　私たちはなん

とかするんですから！今朝、マルセルは町役場に出かけましたが、夕方は私とコンサートに行ったんですよ。」

▼200年近く左翼　夫のマルセルの一族

レジャーヌの祖父は社会主義者、父は共産主義者で、レジャーヌ自身は共産主義者から社会主義者に移行して今日に至っている。では同じく社会党支持者だった夫のマルセル（Marcel）はどのような家族の出身なのか？そして、今日のフランス社会党の凋落をどう見ているのだろうか。

Q　あなたのご両親の家族について教えていただけますか？社会主義者だったのでしょうか？

マルセル「私の両親は労働者で共産主義者でした。私の家族は私を含めて過去5世代、無宗教です。」

マルセルの先祖。前列左の少年がマルセルの祖父で共産主義者だった

Q　共産主義と社会主義の違いは何ですか？あなたの経験から見た場合？

マルセル「共産主義と社会主義の違いは社会主義は前編だということです。私の家族の関係から、私はまず共産主義に関心を持つことになりました。その後、国民戦線に勝てるのは社会党だけだと考えるようになりました。しかし、今のフランス社会党はかなり新自由主義的な法律（労働法改正）を導入したので、私は非常に失望しました。そこで私は社会党を離党する決意をしたのです。今、私は社会党の大統領候補に選出されたブノア・アモンを軸にして左派を再編して欲しいと思っています。」

第16章 パリ郊外、エクアンの左翼一家を訪ねて

家族の系譜を披露していただいた。アナキストや共産主義者、社会主義者、サンジカリスト、無神論者などみな左翼だ

Q　なぜ、このようなこと（社会党の新自由主義化）が起きたのでしょうか？
　マルセル「フランソワ・オランド大統領が公約を貫き通すガッツがなかったからです。」

Q　なぜあなたの家族は代々、無宗教なんですか？　5世代前と言うと、19世紀になりますね。たとえば1848年の二月革命とかがきっかけとか？
　マルセル「ええ、1836年の少し前の頃からになります。」

Q　エクアンの市庁舎でのボランティア活動についてですが。
　マルセル「私はなぜそれをやったのかと言ってもよくわかりません。恐らくサンジカリズム（労働組合主義）に傾倒したからで、それは無政府主義と社会主義に影響されていたのですよ。その当時ですが。」

Q　サン・シモンとかオーエンのファンだったのですか？
　マルセル「ボランティア活動はともかくお金がかかりませんし、やっ

ていたのは私だけではないんです。多くのフランス人が役場のボランティア業務を引きうけているんですよ。それに多少なりとも特典もあるんです。」

Q　特典というのは業務に対しての報酬なのですか？
　マルセル「（ボランティア業務に関して必要な）交通費とか、必要な技術上の物品とか、紙類、電話料金などは支給されるのです。」

Q　つまり、仕事のようなものだったのでしょうか？
　マルセル「仕事というのではなく、一種の気晴らしですね。」

Q「家族の伝統から、最初は共産主義に傾倒したものの、国民戦線に打ち勝つためには社会党じゃないとだめだと思うようになった」とのことですが、社会党支持者になったのは国民戦線に勝つと言う戦略的なもので、思想的には同じく共産主義ということなんでしょうか？
　マルセル「実際のところ、マルクスは『社会主義は共産主義に到達するための道だ』と言ったのです。しかし、フランスでは人々は私的所有を望んでいます。フランス人は『アメリカンドリーム』を信奉しているのですよ。」

Q　あなたは今も共産主義を信じるのですか？
　マルセル「何年か前、私はキューバを訪れました。教育も医療も行き届いています。ただし、政治活動等に関しては制限があります。それでも、人々は幸せそうに見えましたし、公害もフランスよりずっと少ないのです。私はフランス社会とキューバ社会の中間あたりによい社会があるのではないかと思っています。」

Q　それはつまり、その中間に？
　マルセル「いや、中道政党という意味ではありませんよ。最善なのは環境的社会主義です。」

Q　それは何なんでしょうか？

マルセル「私たちの産業社会は多くの汚染を生み出しています。もしそのことに取り組まなければ、人類は消滅してしまうでしょう。環境的社会主義は炭素ガスや原子力廃棄物などを止めるのです。」

Q　資本主義では環境汚染はストップできないのでしょうか？
マルセル「資本主義では不可能です。資本主義ではごくわずかの人々がより多くの利益を求めるからです。」

Q　ブノア・アモンは環境的社会主義者なんでしょうか？
マルセル「恐らくそうでしょう。」

　マルセルが最初は共産党支持者だったものの、途中で社会党に切り替えたのは共産党の勢力が1980年代から大きく衰退していったことと関係しているのだろう。1973年にソ連の強制収容所の実態を描いたソルジェニーツィンの「収容所群島」がフランスで出版されたことやソ連の経済の内実が次第に見えてきたこともあり、共産党は長期的に衰退していくことになった。

　祖父、父とともに共産主義者の家に生まれたマルセルは家庭が裕福でなかったこともあって若い頃、手に職をつけようと、料理の学校に進んで料理人を志した。しかし、料理人の道は向いていないと思ったマルセルはIT技術を身に着けようとレストランで働きながら夜学に通い、その技術のおかげでソシエテ・ジェネラルという国立銀行に就職することができた。マルセルの仕事はコンピューター技術の分野だった。1981年にミッテラン大統領が率いる社会党政権の時代になったが、1984年にソシエテ・ジェネラルは民営化されることになった。ミッテラン時代は社会党の大統領だったが、同時に民営化も進められたのだ。その時、マルセルら銀行員には会社の株が配給されることになった。だが、この時取得した株式は2007年以後の金融危機の中で株価が下がってしまった。「とは言っても最初に取得した時よりは株価は上がっていましたがね」とマルセルは言った。

マルセル「私たちは資本主義社会に巻き込まれてしまいました。今で

は西欧社会には連帯はありません。みな自分のことばかり考え、どうすればより多く稼げるかを考えています。」

それでもマルセルは正規雇用であるCDI（無期契約）だったし、銀行内のポストを上がるごとに給料も右肩上がりで増えていった。

レジャーヌとマルセルの30代の娘のシャルロット（Charlotte Boyer）は常に政治の話をしている両親のもとに育った。だが、後にそうした世界から独立したいと思うようになった。

▼娘のシャルロットの場合

Q　あなたの仕事について教えていただけますか？　あなたが就いていたフランス語でいうところの「アニマトリス」というのは何をする仕事なのですか？　またどのような経緯でその仕事に就かれたのでしょうか？

　シャルロット「私はマーケティングと広告の分野でMBAを取得しています。そして10年の間、様々な業界のいくつもの民間企業で働いてきました。印刷会社、ファッション小売り、仮装用品業、モデルエージェント、教育ビジネスなどです。しかし、2014年に私はそれまでの生き方

息子のアチュールと娘のシャルロット

が私には向いていないことをはっきりと確信することになりました。実際、私の個人的な信念と、それらの産業の商業的なゴールとはあわなかったのです。私は人々が必要としていない商品を売ることに耐えられず、さらに品質の悪い商品の場合はなおのことです。たとえば、ある会社では品質の面でも量の面でも人々のニーズにこたえることのできないものを販売することを余儀なくされていました。どのように頑張ったところで、商品の品質を向上させることは（職域の関係上）、私にはできなかったのです。そのため、私は自分の原則を裏切っていると感じるようになりました。それで私は職業をこれからまったく変えようと決意をしたのです。最初の目標は若者たちの指導員（アニマトリス／ファシリテーター）になることでした。そのあと、私は学校で教師になる試験を受けようとしたんです。実際に私は子供やティーンに囲まれているのが好きだったんです。子供や若者たちに知識やノウハウなどを教えることに私は惹かれました。ただ、実を言いますと、私の親族は〜叔父も母も弟も〜伝統的に若者の指導員（アニマトリス／ファシリテーター）をしてきたのです。（※若者の指導員は教師とは異なる役職で、若者たちを楽しませたり、知恵をつけたりする存在）そして私も指導員になりまして……私も若者たちの指導員の仕事が好きであることに気づきました。その結果、教職員試験には受からなかったのです。

　ところが、若者の指導員になって8か月もすると、この仕事も辞めて、今度は若者たちに様々な情報を提供する情報提供員（アンフォルマトリス）の仕事に就いたんです。職場は住まいの近くで便利ですし、私が受けてきたMBAの講義も活かせる仕事かなと思っています。

　若者の指導員（アニマトリス／ファシリテーター）と若者への情報提供員（アンフォルマトリス）はかなり異なる業務内容をもっています。若者の指導員をしていたとき、私は子供たちに様々な活動を提案していました。デッサンや絵画、スポーツ、歌、英語やスペイン語の学習といったものです。今、私は若者に情報を提供する仕事をしていますが、16歳から25歳の若者たちに彼らが求める情報を提供するのです。仕事の情報や、教育、休暇、日々の暮らし、福祉、住宅などについてです。若者たちの役に立っていると本当に感じています。私にとっては人生の目標の1つだと思っています。」

Q　フランスの政治についてどうお考えですか？
　シャルロット「今はいささか混乱していると思います。フランスの政治家は男性も女性もあまり信頼することができません。

Q　あなたも社会主義者なのですか、ご両親のような？
　シャルロット「社会主義や共産主義についてですが、その価値観という意味では確かに私の学生時代の教育の一部でした。私は社会主義者だと思っていますが、ご存じの通り、私は両親のように政治にコミットしている人間ではないのです。もし社会主義者というものが、人々がよりよい生活を送ることや自由や平等を目指す存在という意味なら、私は社会主義者に他なりません！ 10代の頃、私は政治的な環境に巻き込まれていました。私の家族では政治は宗教みたいなものなのです。ご存じのはずですが、祖父も叔父も父も母も友人たちも、いつも政治の話をしているんですよ。16歳か17歳の頃、私もまた政治に関心を持ちましたが、18歳から19歳になると、私の人生のキャリアにより強い関心を持つようになったんです。成長するにしたがい、自分自身の生き方を築くために、自分独自の選択をする必要を感じたわけです。
　今、私は30代ですが、今の仕事に夢中になる必要があると感じるようになりました。私の価値観を大切にする上でこの仕事が大切なのです。そういうわけで、私は民間企業の仕事を辞めて公共セクターの仕事をするようになりました。母が今やっている仕事みたいにです。

Q　あなたは今日の世界をどうご覧になりますか？
　シャルロット「驚くような世界です、すべての意味において。たった1日の中で驚いたり、喜んだり、嫌悪したり、恐れたり……たくさんのことを感じたりすることができます。きっと多すぎるのでしょう。生活のリズムはとても早いです。早すぎると思います。人生を十分に生きるためには少しテンポを落とす必要があると思います。」

▼家族の風景

　父親のマルセルが昔、料理の学校に通っていたことは先ほど書いたが、

第16章 パリ郊外、エクアンの左翼一家を訪ねて

　元々料理業界から出発したマルセルは時間のある時は自分で家族のために料理を作る。僕が訪れた日のマルセルの昼食の献立は子牛のシチューだった。肩肉や首の肉を刻んで玉ねぎやニンジンと煮る。タイムやローレルを入れ、塩も粗塩を使う。こうして煮込んだら、次にバターと小麦粉で「白いルー」を作った。ホワイトソースとルーと料理用ストックを加えてシチューを完成させる。マルセルの手さばきは確かにプロの手さばきだった。マルセルが料理を作り、レジャーヌは甘い菓子を焼く。こういう分担だそうである。普段、マルセルは退職しているが、レジャーヌは近くの子供のための保育施設で週日は働いている。

　この日、集まってきたのは息子のアルチュール（Arthur）とシャルロットだ。アルチュールは教会の長老みたいなもみあげからつながる長いひげを蓄えているが、宗教は関係ないと言う。伸ばすまでに半年ぐらいかかったそうだ。アルチュールは映像の教育を受けていたそうだが、規則に縛られるのを嫌って学校を飛び出した。今はアニマトリスで若者たちの生活をサポートする役場関係の仕事をしている。二人は若者たちのための仕事をしているのだから、今、問題になっているCDI（無期限

料理の腕を披露するマルセル

雇用）と CDD（期限のある雇用、短期が多い）のことを聞いてみた。

　シャルロット「CDI の問題は難しい問題です。これは期限の制限のない雇用という意味です。CDI（正社員）の仕事をしていないと部屋を借りることが難しくなります。民間の不動産会社として家賃が滞納されると困るという不安があるためです。ですから、みんな CDI の仕事を探しています。部屋が必要だからです。住まいがあって初めて活動ができます、勉強もそうです。そして、部屋を借り続けるにはいつもお金を一定額持っていないといけません。でも難しい問題は今、どんどん家賃が上昇していることです。そして家賃が払えない人には住宅を買うこともできません。CDI の仕事に就けない人たちは、いったいどうしたらよいのでしょうか。一方、これには別の側面もあるんです。私は職務柄、仕事場を定期的に変えてきました。こうした場合、CDI はみんなにとって都合のいい制度というわけでもありません。社会保障という面ではありがたいのですが、職場を変えるのが難しいのです。」

　アルチュール「CDI の問題はこの 2〜3 年、解決に向かうどころか、ますます法律は経営者が解雇を簡単にする方向に動いています。今回の労働法の規制緩和は労働者のためではなく、経営者のための規制緩和だと思います。つまり、本質はネオリベラリズムなんです」

　シャルロット「その通りよ」

　マルセル「社会党は一定の間は賢明な政党だったんだ。だが、社会党は変わってしまった。右の方向にな。グローバリゼーションの中で、巨大企業が世界中のあちこちに拠点を作った。彼らはあちこちで貿易をして、少しでも外国で安くものを買い始めた。それはアングロサクソンのウルトラリベラリズムの社会にフランスも突入してしまったということだ。『レッセフェール』（自由放任主義）というものだ。ネオリベラリズムというのはお金のない弱者を犠牲にしてお金のある強者を優先する社会だ。残念なことにフランスはこのネオリベラリズムの方向に舵を切ってしまった。マクロンのように億万長者になる夢を訴えて。みんなが億万長者になることはありえないのに。みんながこの方向に動き出して、左翼までその陣営に入ってしまったんだ。」

　アルチュール「アメリカンドリームのフランス版」

マルセル「その通り。フランセーズ・ドリームだ。アメリカンドリームのフランス版だよ」

▼選挙の争点について聞く

大統領選挙の翌月に行われる国会議員選挙にジャーナリストのフランソワ・リュファンが立候補すると聞いた。あの映画「メルシー・パトロン！」の監督だ。そのチラシを彼らに見せてどう思うか意見を聞いた。

レジャーヌ「リュファンの政策はとてもよいと思います。人々にとても近いところで活動しています」

Q　リュファンの公約にある派遣労働（トラバイユデタシェ）の禁止とは？

レジャーヌ「ポーランドやルーマニアみたいな労賃の安い国の人々がフランスに来て働くのです。毎週日曜日にも働くのです。というのもフランスの労働法でフランス人には禁止されているからです」

Q　この場合、労働契約の期間は短いのですか？

レジャーヌ「短いです。3か月です。期間が終わると帰国してまた来ます。家族は来ず、単身で働きに来るのが典型です。フランスの労働法は尊重されていません。」

シャルロット「ポーランドの労働法に従うのかしら？　それともフランスの労働法？」

レジャーヌ「フランスの労働法じゃないように思えるわ。雇用する企業がポーランドで交渉するのかしら。建設現場でよく働いています。フランス人より長い時間働きます。」

そういえばノルマンディで建設中だったフラマンビル原発の工事でもポーランド人労働者が多数働いていると聞いたことがある。知人のジャーナリストのパスカル・バレジカからだ。

「カナール・アンシェネ紙は6月29日に、ノルマンディーの原子炉建設に絡む興味深い記事を掲載した。原子炉の建設工事には多数のポーラン

ド人の短期労働者が携わっており、彼らを集め雇用しているのはキプロス人による事務所で、元締めの会社はアイルランド企業だというのである。さらにアイルランドからやってきた労働者もまた、このキプロス人の事務所で、ポーランド語で記された労働契約書にサインさせられる。『欧州』の建設現場はまさに欧州の規制緩和が見事に象徴された最悪の事態を示している。」（パスカル・バレジカ「フランスからの手紙」2011年7月16日から）

　このように欧州連合への加盟はフランス国内の労働法を侵食しつつある。経営者はもっと規制緩和しなくては外国人労働者に仕事を奪われるか、生産施設が移転させられることになる、と労働者を脅しているのである。そして、こうしたことの積み重ねが排外主義やナショナリズムを拡大させ、国民戦線に勢いを与えているのだ。

Q　SMICとは？　リュファンの公約に1500ユーロ（約19万円）とありますが。

　マルセル「月額の最低賃金（le salaire minimum）です。」

　シャルロット「この場合はネット（net）と書かれているわ」

　アルチュール「実際には現行の約1100ユーロ（約14万円）より少しいいね。これは給料の低い人がもっと普通に生活できるように給料に一定額を上乗せする制度です。僕と姉と母の3人は皆、低い給与から今の仕事を始めたんです。最低というわけではありませんが薄給だったんです。ですから月額の最低賃金の基準額が1500ユーロという額は微妙な感じなんです。住宅を買う場合や仕事用に車を買う場合などに保証金が一定額必要だとか、実際は結構複雑なんです」

　アルチュールによると、現行水準の月額1149ユーロ（ネット）よりはいいにしても、車や家を買って普通の生活をするには1500ユーロのSMIC（ネット）では厳しいようだ。この「ネット」とはそもそもなんだろうか。

　マルセル「SMICは雇用者が労働者に支払わなくてはならない最低賃金です。これには2通りの表し方があり、1つはブリュット（brut）で1つはネット（net）です。ブリュットの金額の場合はここから社会保険費などが引かれるので手取りはもっと少額になります。一方、ネット

の場合はすでに社会保険費を差し引いた後でどれだけ手取りの最低賃金が得られるか、ということなのです。もしネットで1700ユーロ（約22万円）だったら、人間らしい生活が可能になると思います。社会党候補だったブノワ・アモンは大統領選の時に、新しい給付の形として『ユニバーサルインカム（普遍的な最低収入）』という制度を提案しました。これは給料にその他の様々な手当（住宅手当や家族手当、失業手当など）を全部足しあわせて一元化した一人当たりの最低保障収入です。社会保険費を差し引いたネットの金額としてアモンは月額2185ユーロ（約28万円）を最低保障として払うと公約にしていました。

　私にとって現代社会の2つの大きな問題というのは人々が富と労働を分かち合っていないことです。実際、ロボットの導入により、生産性は上昇しています。ですから、シェアする労働量自体が減少しているはずです。では、仕事がなくなった人々はどうすればよいのでしょうか？私の考えでは法律によって労働時間を減らして、仕事がしたいすべての人々で仕事を分け合う事なんです。それによってみんなが労賃を使い、税金を払うことによってこの国の経済に参加することができるのです。ブノワ・アモンのユニバーサルインカムの構想は働ける人がもっと働いて病気や障害者や芸術家や学生のような一時的に仕事に就けない人々を助けることができるシステムなのです。

　ユニバーサルインカムに対する主な反対意見はみんなが怠惰になってしまう、というものです。また、税収入を増やさなくては財源がないというものです。そこでアモンはロボットへの課税を提案しました。私はこれに大賛成です。しかし、また同時に多国籍企業が税金逃れをせず、稼いだユーロを納めることも必要です。タックスヘイブンに利益を隠すのはいけません。」

　2017年の大統領選で息子のアルチュールはメランションに1回目の投票をし、2回目は白紙投票にしたと言った。一方、娘のシャルロットは1回目はブノワ・アモンに投票し、2回目はマクロンに投票した。皆左派なのだが、家族で微妙に投票が分かれた。

第17章 リュファン、国会議員になる

リュファンが国会議員選挙に出馬。地元アミアンの演説会。

▼争点は工場の空洞化

　フランソワ・リュファンにアミアンで最初に会ったのは「ファキル」(Fakir) を編集しているリュファンの新聞社のランチタイムだった。リュファンは編集スタッフと選挙スタッフあわせて10人くらいに囲まれて、パスタを食べていた。2017年5月、国会議員選挙に立候補したリュファンは選挙活動であちこち回っていて「ファキル」の事務所にいないことが多かった。だが昼食時にはスタッフとできるだけ一緒に食事を取っているらしい。「ファキル」は隔月で発行されている。リュファンは編集者3人と経理などを合わせ総勢6人ほどでこの媒体を刊行している。これに映像担当のクレマンティーヌ・バーニュが加わっていた。バーニュによると「ファキル」は4万5千部程度が発行されているが、「甜菜の覚醒」と題する特集は15万部も発行した。「ファキル」はアミアンで発行しているが、パリのキオスクにも置かれているし、フランス各地のほか、ベルギーやスイスなどの専門書店でも取り扱われているとの

リュファンが隔月、発行している新聞、「ファキル」。この時は映画のセザール賞受賞の祝い。「これも経営者様のおかげ」と皮肉っている

ことだ。選挙で忙しくなっても編集長はリュファンがつとめている。

ファキルの事務所で昼食をスタッフと取るリュファン。一番奥にいるのがマルセイユから応援に駆けつけたマチュウ・ボスク

　リュファンの選挙対策本部は「ファキル」の事務所から２キロくらい離れた住宅街の通りにあると聞いた。それは古風なレンガ造りの二階建ての街並みの並びにあった。周囲の住宅と違って大きなドアだ。何やら秘密の基地めいた場所である。リュファンの写真が建物に掲げられていて、入り口の大きなドアには"Picardi debout"（立ち上がるピカルディ）と書かれていた。これはリュファンを立候補させるために2017年に結成されたばかりの政治組織だ。「立ち上がるピカルディ」はジャン゠リュク・メランションを中心とする左派連合の「服従しないフランス」と提携していた。中に入れてもらうと30人くらいの年齢も様々な男女がボランティアで集まっていた。リュファンの選挙区はアミアンの北部の第一選挙区だ。工業地域で働く工員の家族が多い。大統領選挙が終わったばかりの５月初旬、彼らは翌月に投票を控える国会議員選挙のため、一軒一軒民家を訪問する計画を立てていた。１人しか当選しない小選挙区制で、立候補者は11人にも及んでいた。だが、実質的にはマクロンが立

第17章 リュファン、国会議員になる

アミアンにある米資本、ワールプールの乾燥機工場

ち上げたばかりの中道政党「共和国前進」との闘いだった。リュファンのライバルはニコラ・デュモン（Nicolas Dumont）である。2017年になって社会党を離脱し、勢いに乗る共和国前進に鞍替えした政治家だ。

　両陣営の争点こそ、言うまでもなく工場空洞化である。大統領選挙の時、マクロンも、マリーヌ・ルペンもアミアンにやってきた。アミアンの空洞化の問題は大統領選でも注目され、その模様はフランス全国で放送された。フランスの産業はどうあるべきか、という大きな問題が絡んでいた。マクロンやルペンがやってきたのは選挙戦たけなわの４月下旬である。２人は翌年６月に工場の閉鎖が予定されている米資本のワールプール（Whirlpool）の乾燥機工場を訪ねた。工場が閉鎖されればおよそ290人の正規雇用の労働者と250人ほどのパート労働者が解雇されることになる。国民戦線のマリーヌ・ルペンは、グローバリズムこそ工場空洞化の原因であるとして欧州連合に反対してきた。一方、マクロンは欧州連合を堅持する立場だ。その時、マクロンの前にやってきたのは地元アミアン在住のフランソワ・リュファンだった。

　リュファン「あなたに聞きたいことがある。アメリカのワールプール本部は今回、株主への配当を10％も増額しました。アミアンのワールプール工場が閉鎖になろうという時に、です。これについてどう考えますか？」

マクロン「もし、株主への配当を禁止したり、工場の閉鎖を禁止したりしたら、どうなるか？　禁止することは不可能だ。なぜなら生産的ではないからだ。というのも企業の活動は国境を越えて行われているものだし、私的所有は認められている。だから私たちがそんな政策を取ったら、明日、フランスに投資する人は誰もいなくなる。もし投資に問題が出たら、フランスに産業構造が似ている別の国に投資が逃げ、フランスには投資が来なくなる。」

　マクロンは集まった人々に呼びかけた。

　「みなさん、今、たくさん投資の話はあるんです。アマゾンも来ていますよ。私はアマゾンと話もしました。アミアンに拠点を設けると言っています。アマゾンの施設ではあらゆる年代の人が雇用可能です。聞いてください。先週は60人以上ファンドに投資した人たちがいました。」

　男性「アマゾンが雇用を作り出すと言うのですか？」

　マクロン　「アマゾンは雇用を作り出します。すべての世代にです。仕事はあります。失業者は減ります。産業の変遷を進める必要があるのです。この流れに沿うことで雇用も新たに生まれるのです。仕事はあります。仕事はあります。……だから僕は工場閉鎖を禁止することはできないんだ」

　マクロンの考えはシンプルである。産業構造は時代とともに移り変わる。だから労働者も変化するのは当然だ、というのである。マクロンは選挙に向けて書き下ろした「革命」の中でこう記している。

　「私たちは生産方法を変えつつあります。ソフトウェアやインターネットによって生産現場はロボット化を進めています。このような未来の産業は企業を変えていきます。辛抱が必要だった辛い手作業は少なくなっていくでしょう。それとともに労働者に対してより進化した生産技術の習得を迫るものです。3Dプリンターの技術はより身近な場所で少量生産することを可能にしてくれます。そしてまた、地球の裏側で生産したものを反対側で消費していたようなロジスティックを覆すことになるでしょう。私たちの仕事は変わりつつあるのです。ある分析によればそう遠くない未来には数十もの新しい職業が生まれると言われています。今

でも10年前には存在しなかった職種があります。」（エマニュエル・マクロン著「革命」より）

　アミアンの地元の新聞クーリエ・ピカール（Courrier picard）によれば2014年1月に空き地となったグッドイヤー工場の空き地28ヘクタール（28万平米）に買い手が付きそうだ。買い手と見られるのはセーヌ・サンドニ（Seine-Saint-Denis）に拠点を構える不動産投資業者BT Immoだ。フランス北部は工場が多い地域で、BT Immoは今後も空洞化した工場の跡地を買い取り、新しい開発をしていくらしい。そしてBT Immoが注力しているのは物流センターの新規開発のようである。BT Immoは他の地域でも物流センターを作っていると言う。たとえば、フランス北部のベルギーと隣接しているリール地方にあるカンブレー飛行場の350ヘクタールの土地だ。2012年にフランス空軍が使用をやめたため空いていた土地を取得してネット販売の物流センターに替え、1300人を雇用する計画だという。BT Immoは運輸業の施設の不動産開発に強く、フランス最大級の業者だという。

▼リュファンは保護貿易論者

　マクロンが語っていたように、アミアンではアマゾンが10ヘクタールの土地を買い取り、フランス最大の物流センターを作って2017年の末にも稼働する予定だった。3年で500人の無期限契約（CDI）の社員を雇うと言っている。アミアンでは製造工場が空洞化した後に物流センターに生まれ変わりつつあるらしい。アマゾンの進出はフランスの小売業者にとっては手ごわいライバルでもある。産業構造が変化することが全体の幸福につながるのか、という点は未知数だ。アメリカでも日本でも製造業が空洞化すると、労働者が流通業に大量にシフトする。その結果、中流層のボリュームが減り、低所得層が増えたのである。付加価値が一般に高いのが製造業だからだ。だがマクロンの考えでは競争力を失った産業は労賃の安い国に移転するのも仕方がない、ということになる。

　一方、リュファンはマクロンとは逆の保護貿易論者である。同じ欧州連合の域内であっても賃金の差があまりにも大きいために、一定の関税

をかけなければ労働者に過酷な運命を強いてしまう。だからこそ、欧州連合のあり方も見直し、自由貿易協定を廃するべきだということになる。なぜ保護貿易主義者となったのか、リュファンが10年に渡る考察と探求を書き留めた"Leur grande trouille"（彼らの大いなる臆病さ）という本がある。この中でリュファンは興味深い問いかけを自分に行っている。「中国の役人」というタイトルの文章である。マルセイユで中国の若い役人から〈中国への工場移転に反対する行為は中国の中産階級の育成を妨げるとお考えにならないのですか？〉とリュファンは問われたそうだ。この問題は確かに、工場移転の問題を考える者は一度ならず、考えるテーマである。工場が中国や台湾やタイへ、あるいはインドネシアやアフリカや東欧や中南米へ移っていくことは途上国の人々の幸せにつながることではないか。確かに空洞化によって一時的に先進国の労働者は所得が下がるかもしれないが、人類や世界全体を見ると、生活水準を平均化する絶対的に良いことなのではないか。リュファンもまた、中国の役人の問いかけに頭を悩ませることになったと正直に打ち明けている。だが、それでは結局、「自由放任（レッセフェール）でいけ」という声に落ち着いてしまう、とリュファンは言う。「需要と供給にすべてを任せればよい」という市場原理主義ではいけないと彼は考えた。そう考えることは西欧人の傲慢さではないか、というのだ。

「それは今も続く植民地主義の思想ではないのだろうか。消費主義に形を変えただけで本質は植民地主義でないのか。中国人労働者や韓国人労働者やブラジル人労働者やルーマニア人労働者が彼ら自身で幸せを作れず、西欧人に依存するしかないと考えるのは」（リュファン著「彼らの大いなる臆病さ」より）

　自由放任に任せることは世界の資源を蕩尽し、環境を破壊し、いずれは行き詰ってしまうだろう。そしてまた、先進工業国が途上国の発展のためと称して工場を持ち込み、労働の仕方やローンの仕組みを教え、消費することが唯一の発展だと教えることは結局のところ、西欧先進国の価値観と生活様式の押しつけであり、結局その動機は自分たちの金儲けに他ならない、と。

2017年5月14日、リュファンは翌年6月に閉鎖を見込むワールプールの乾燥機工場の駐車場で工場閉鎖に反対する集会とデモを行った。朝からボランティアが現れ、ソーセージを焼く準備をしたり、ポスターを掲示したりしている。スピーカーから「メルシー・パトロン！」の主題曲が大きな音でガンガン流れる中、住民や労働者が三々五々集まってきた。スタッフたちは台の上でソーセージを焼いてパンに挟み、1つ1ユーロで提供していた。アミアンの閉鎖目前の自動車工場の労働者たちも連帯して集まってきた。そこでは57人の工員が解雇寸前に陥っていた。ワールプールのすぐ近くに工場があると言う。北のノルマンディで同じ状況に陥った工場労働者の夫婦も駆けつけてきた。ノルマンディから来た夫婦は86人が働く工場がスペインとポルトガルに2月に移転したばかりだという。スペインやポルトガルの方がフランスより労賃が安いからだ。アムコール（Amcor）というオーストリアの大企業の工場で彼らが生産していたのは食料品の包装材だ。「ここから300キロ離れているけど、今日はワールプールの労働者のために来たんだ。片道3時間かかったよ。」と夫のパトリック・アンリが教えてくれた。アンリはノルマンディで工場閉鎖に反対して闘ってきた。だが、どうしようもなかった。

　現在、アンリは52歳だから、「メルシー・パトロン！」の主人公の失業者と同じ状況に立たされている。夫婦はそろいのTシャツを着ていてそこには "Merci Amcor !"（アムコール、ありがとう！）とプリントさ

ノルマンディからアミアンに駆けつけた50代の失業者夫婦。アムコールの工場がスペインなどに移転したのだ

れていた。リュファンの映画になぞらえたのだろう。これからどうするのかと尋ねると、「私はもう若くない。どうしたらいいんだ。子供もいるんだ。年金がもらえるまであと10年働かないといけないんだ」と言った。アンリも妻のバレリーも大統領選ではジャン=リュク・メランションに投票したと言う。2回目は白票を投じたと言った。バレリーは「マクロンは経営者側の政治家だから応援できない」と説明した。

　1つ1つの職場の人数は数十人から数百人の規模でも、閉鎖される工場はフランス北部にはあちこちにあるようだ。写真を撮影していると、ワールプールの工場労働者たちが「俺たちの写真も撮ってくれ」と僕のところにやってきた。50代くらいの男たちだ。工場を背景にしてガッツポーズを取る彼らを撮影した。

閉鎖寸前の工場の労働者たち「ワールプールが作っているのは失業者だ」と書かれたTシャツ

　リュファンが注目の候補者であるため、パリからルモンド紙の記者も派遣されてきた。ルモンドの記者はフローレンス・オーベナス (Florence Aubenas) という名前だった。聞き覚えがあるな、と思ったら、イラク戦争の後の2005年に現地で5か月も人質にされ、釈放請願の運動が起きたことがある人だった。その時彼女はリベラシオン紙の特派員だった。オーベナスはこの日の取材の後パリに帰って3週間後にリュファンの選挙ルポをルモンド紙の1ページ全部を使って発表している。国会議員選挙の中で最も注目される選挙区がここ、アミアンだった。というのも話題作の監督とマクロン大統領の率いる勢力との対決だったか

らだ。しかもリュファンもマクロンもアミアンで育ち、同じ高校まで出ている。だが、グローバリズムに関する考え方は水と油のように逆だ。だから、マスメディアもTVのスタジオで二人を対決させることを好んだ。

ワールプールの乾燥機工場前で話を聞くリュファン

　リュファンはワールプール工場の駐車場に現れると、参加者の声を聞いて回り、スピーチをした。その後駐車場を出発し、雨の中もものともせず、工場閉鎖反対のデモ行進を行った。到着した公園の特設ステージでリュファンは自分の選挙キャンペーンを始めた。前座に人気バンドTryoを呼んでいたため2000人近い群衆がすでに集まっている。このグループは「立ち上がる夜」にも賛同していたバンドで、今回もリュファンの支持で駆けつけたそうだ。

▼銀行家がエリゼ宮に行くなら、人民を国会へ

　ところでリュファンの選挙ポスターを見ていると、脇に若く美しい女性がいて二人組になっている。国会議員は一人しか当選できないのだから、リュファンの奥さんか、と最初は思った。その女性がリュファンの選挙対策本部にいたので聞いてみると、彼女は「シュプレアント（suppléante）」という立場だと言う。シュプレアントとは国会議員に選出された人間が大臣に任命されて内閣に入った場合に、代わりに国会議員をつとめる人のことだそうだ。これはフランスが議院内閣制ではなく、大統領制であることと関係している。三権分立が日本より厳密に分けられていて、国会議員は立法府の人間であるから、行政府と兼任するのは

避けよう、ということなのだろう。だから、選挙運動はしてもリュファンが内閣入りしなければ国会議員にはならない。彼女はゾーエ・デヴュロー（Zoé Desbureaux）という名前で、賢明そうな女性だった。聞いてみると25歳で学校の教師をしていると言う。教えているのは10歳から20歳の生徒たちだ。大学時代に専攻したのは図書館学で、記録文書やビデオなどを歴史のために管理し保存する方法を学んだ。だが、その後、文学に関心がより強まり、現在学校で教えているのは文学だそうだ。

リュファンの国会議員選挙ポスター。シュプレアントはゾーエ・デヴュロー

ゾーエ・デヴュロー「私の家族は共産主義者なんです。母方の祖父はFrancs-Tireurs-Partisansに参加していました。これは第二次大戦中の共産党のレジスタンス組織です。戦後祖父はパリ市庁の自動車修理工とゴミ収集の仕事をしていました。祖父の政治と文学の知識はすべて共産党が設立した人民大学で得たものです。これは職業人が仕事を終えた後に夜間勉強する施設でした。父方の祖父母は戦時中に子供時代を過ごしていますが、二人とも共産党員になっています。私の父もまた共産党員で町の助役をしていました。母はカモン（Camon）の町のコンセイエ（顧問）に選ばれています。この町で私は育ちました。この地域こそ、今日、私とフランソワが立候補しているアミアン第一選挙区になります。

私が政治活動をしているのもこうした家族から受け継いだものだと思いま

ゾーエ・デヴュロー。リュファンが当選後に閣僚になれば代わりに議員になる

第17章　リュファン、国会議員になる

す。私には夕方の時間を政治集会に取られたり、チラシの配布に取られたりすることを嫌がる気持ちはないんです。というのも両親がいつもそうやっていたのを見て育ったからなんです。ですから私にとっては日常のつとめなんです。高校時代に私は教育改革に反対する運動組織に所属しました。この改革は教員の身分を不安定にする改革だったのです。その後、21歳になると、ソンム県の共産党青年組織に仲間たちと入りました。ここに参加したことで私は理論的なことをかなり学習しました。マルクス、レーニン、シマ・サンカラ、アンジェラ・デービス、クララ・ツェトキンなどです。これらの人々は19世紀以来、革命理論を構築してきた人々です。そして今日でも十分にまだ有効なんです。しかし、それだけでは十分とは言えません。地元で行動もしなくてはならないのです。選挙運動のためには人々とコンタクトを取らなくてはなりませんが、その経験は理論書を読むこととはまた別の複雑さを帯びています。そんな時私は映画『メルシー・パトロン！』に出会ったのです。

　この映画は1つの事件と言えるものでした。そして誰もが映画で起きていることを身近に想像することができたのだと思います。この映画には活動家の行動の方法が示されていて、まさに大衆を啓蒙できる貴重な作品だと思います。この映画は誰にでも理解できます。映画批評家だけでなく、町の普通の人々が知っていることについて語っているのです。この映画を見れば階級社会について考える機会を与えてくれると思います。『メルシー・パトロン！』は大きな権力を持って人々を動かすベルナール・アルノーのような人々が存在していることに目を開かせ、映画を見た人々に新しい社会を夢見るきっかけを与えてくれるのです。みんながみんな映画の中で最後に笑うクリュール夫妻のようになれるのではありません。でも数多くを占めるのは権力者ではなく、庶民なのです。

　私はこの映画が好きです。でも私はその時はまだフランソワに会ったことがなかったんです。私は遠くからなら「ファキル」のことは知っていました。しかし、それはボボ（リッチな知的ボヘミアン）向けの媒体だと思い込んでいたんです。活動家が求めている行動とは無縁のものだ、と。ところがそれは大きな勘違いでした。そしてこの映画は実にいいタイミングで公開されました。労働法改正に対する大衆デモが起きている真只中だったのです。映画は工場の中でも上映されました。反対運動が

起きている大学でも上映されました。その頃、私は実家と離れて暮らしていましたが、そこでも私はストライキを行い、アミアンのデモにも参加していました。

　私はフランソワがやろうとしていることを遠くから観察していました。彼はデモの後に新しいことをやろうとしていましたし、人々に場所に留まらせるように努力していました。新しい抗議運動の形を見つめるためでした。「立ち上がる夜」はパリで生まれましたが、まだパリにとどまっていました。デモの終わった後に「立ち上がる夜」のようなことをアミアンでやるのはとても難しいものがありました。パリで「立ち上がる夜」に参加していた人々の多くは工場労働者ではなかったのです。多くは中流層で文化的資本（教養）を豊かに持ち合わせた人々だったと思います。この違いを理解することは大切なことだと思うのです。アミアンでデモに参加した労働者たちはその他にもいろいろやることもありました。

　ですからアミアンではなかなかあのような運動は難しいのです。むしろ、Le Réveil des Betteraves（甜菜の覚醒）のようなことの方が容易です。これは「ファキル」がある村で行った催しです。

　その後労働法改正に対する反対運動は薄らぎ、『立ち上がる夜』も見えなくなっていきました。夏休みのバカンスも始まり、そして選挙戦の期間が迫ってきました。左翼の中では共産党と『服従しないフランス』の溝もありました。『アン・マルシェ！』（共和国前進）の勢いはすさまじいものがありました。緊張が高まっていました。しかし、人々の中には足元の現実を直視せず、遠い理想ばかり見ている人もいました。

　私は共産党員としてソンム県支部のコンセイエ（顧問）をしていました。そこで地域レベルでの新しい政治運動をこれからどのように立ち上げるか、話し合っていたのです。国会議員選挙をどうするか、という問題があり、候補者をどうするかということです。伝統的にソンム県の第一選挙区では長年、工場労働者の共産党員が議員になってきました。最初はルネ・ランプ（René Lamps）で、次はマクシム・グレメッツ（Maxime Gremetz）です。その時、本部から１つの提案が私たちに寄せられたのです。

　その共産党のリーダーはフランソワ・リュファンに会っていたのです。

第17章 リュファン、国会議員になる

リュファンは左派政党がすべて一丸となって支援するという条件があれば立候補してもよい、と言ったそうです。とくに共産党の支持が必要だと。そこで共産党の政治家ジャッキー・エニン（元欧州議会議員）はリュファンに対して、シュプレアント（当選者が入閣した場合に替わって国会議員になる人）として私をリュファンと一緒に擁立することを提案したのです。この提案はみんなをびっくりさせました。まず何より私が驚いたのです。たとえ理屈としてはそうだったとしても。共産党員がシュプレアントで、しかも女性で、若いことが望ましいという考え方でした。それに該当する人はソンム県では私以外にはあまりいなかったのです。また、該当する人の中にはリュファンが共産党員ではなかったことで不安を感じて立候補することに尻込みした女性党員たちもいたんです。そういうわけで投票をして承認された結果、私がシュプレアントとして立候補することに決まりました。

　公式の選挙運動は2月にフリクセクール（Flixecourt）で始めました。この町は伝統的に労働者と共産党員が多く、選挙戦の立ち上げがうまく行くのです。しかし、逆にそのことが重要な問題を引き起こしてしまいました。選挙運動が古いスタイルで、一軒一軒訪ね歩くとか、政治活動家の集会を開くと言うものだったからです。『ボボ』と呼ばれるタイプの左翼や『プロロ』（prolos、プロレタリアート）と呼ばれる労働者たちは毎日、町の中心部に集まっているのです。選挙運動は彼らにアピールする必要がありました。それで街々を行進して歩き、支援に来てくれた人々の思いに耳を傾けたのです。

　そんな中、フランソワ・リュファンがセザール賞の最優秀ドキュメンタリー賞を受賞しました。このことで私たちは勝てるのではないか、という気がしてきました。授賞式の場でのリュファンのスピーチはインターネットの中を恐ろしい勢いで広まっていったんです。次第にメディアが私たちのことも取り上げるようになりました。私たちは仕事をしながら、同時に選挙戦も闘わなくてはなりません。でも必ず勝てる、という思いがあったから続けることができたんです。私たちは効率よく票を集められる地域から運動を始めていきました。フランス各地から私たちを支援する人々が駆けつけてくれました。のべ400人にも及ぶ人々が遠くから選挙区に応援に来てくれたわけなんです！一軒一軒、印刷物を手

に戸別訪問をして直接会って話したので、そうした取り組みを町の人々は評価してくれました。そして地域ごとにイベントも開きました。これらのことが選挙で非常に大きな力になったと思っています。私たちはソーシャルネットワークにも非常に多く登場しました。これは『服従しないフランス』のやり方を導入してみたんです。アピールしたのは同じグループの人々だけではありませんでした。私たちの地域での選挙戦は同時に、全国の様々な人々にも共通の闘いであると思いました。ですから、私たちの発信したフェイスブックやツイッターのメッセージは全国に流れていったのです。

　1回目の投票を勝ち進むことができた私たちは毎日、選挙区の各地区を行進して歩きました。くたくたになりましたが、希望はあったんです。アン・マルシェ！（共和国前進）のブルドーザーの車輪に棒を差し込んでその前進を止めることができるのだ、と。通りで私たちは『銀行家がエリゼ宮へ行くなら、人民を国会へ！』と叫んでいました。そして本当に私たちは勝ったんです。」

　ところでファキルのオフィスでアミアンの工場について説明してくれた26歳の映像担当者、クレマンティーヌ・バーニュ（Clémentine Vagne）は今回の選挙に向けて「メルシー・マクロン！」という短編映像を作っていた。シャルロットという娘が誰に投票すればいいのか、と迷っているとイケてる候補者、エマニュエル・マクロンの著書「革命」を偶然手にして読みふける。だが、本当にマクロンを信じていいのかわからなかったので経済学者に会って話を聞く、という構成になっている。説明する経済学者は自由貿易協定に反対しているトマ・ポルシェ（Thomas Porcher）だ。ポルシェは「TAFTA（タフタ）」などの自由貿易協定に反対する著書を出している。だから、マクロン批判になる。ポルシェは10分ほどの中でマクロンの過去から現在までを語る。

　クレマンティーヌ・バーニュはコツコツ自分の作品を作りためていて、

クレマンティーヌ・バーニュ

第17章 リュファン、国会議員になる

映像作家を目指している人だと思った。ではいったい、どのような経緯でリュファンのところにやってきたのだろうか。僕はバーニュにこれまでどのように過してきたのか尋ねてみた。

クレマンティーヌ・バーニュ「私は９歳の時に映画作りに関心を持ちました。メス（Mets）の高校で映画製作を学び、編集と仕上げに関する修了証書を得ることができました。その頃は技術的なことを中心に学びました。アビッドやファイナルカットプロやアドビー（プレミア、映像効果、フォトショップなど）などの使い方です。その後、２年間、ベルギーの映画学校でラジオ番組やドキュメンタリー、ドラマなどを作りました。それから私はフランスに帰国し、ナンシーの大学で映画の理論的なことを学びました。この経験はとても貴重なもので、素晴らしい先生に出会うことができたのです。大学でドキュメンタリー映画製作を終え、2016年４月から「ファキル」でインターンとして働き始めました。そして７月に正社員に採用されたのです。私の出身地はフランス北東部のコルマールで、ストラスブールの近くです。「ファキル」での経験は私にとって新しく、非常に刺激に富んでいて、丁度その頃、労働法反対運動や『立ち上がる夜』など興味深い運動が起きていました。それまで政治活動はしたことがありませんでしたから、「ファキル」や左翼知識人の本を読みふけりました。アミアンという町も初めてで、出会う人々も初めてですべてが新しい経験でした。」

「ファキル」のリュファンのもとで職業人としての人生を踏み出したバーニュだったが、リュファンの仕事の仕方とそりが合わなくなり、その後、やめてしまったのだという。リュファンは有能なジャーナリストであり、活動家でもある。だがその反面、「立ち上がる夜」での水平か、垂直かの方法の違いにも表れたように、強いリーダーシップを発揮するワンマン的な社長でもあるようだ。だから、バーニュのように自分の方法論を持ったクリエイターはぶつかってしまうのかもしれない。バーニュは今年の大統領選挙ではメランションに投票したという。だが彼女は「服従しないフランス」とは多少考え方の違いもあり、本当は大統領選ではフィリップ・プゥトゥに投票したかったのだと言った。プゥトゥは毎回、大統領選に立候補してくる極左の泡沫候補で１％くらいの得票

率だから勝ち目はないのだが、その主張は悪くないという人も少なくない。

　国会議員選挙の1回目の投票日（6月11日）ではリュファンは共和国前進のライバル候補、ニコラ・デュモン（Nicolas Dumont）に10%の差をつけられて2位に甘んじた。デュモンの得票率は34%でリュファンは24%だった。しかし、1週間後の2回目の投票で、リュファンは見事、逆転した。リュファンの得票率は55%でデュモンは45%だった。1回目で敗退した社会党の支持者たちは、社会党から共和国前進に鞍替えしたデュモンを選ぶか、リュファンを選ぶかの選択となった。リュファンと提携していたゾーエ・デヴュローが書いていたように、全国からアミアンに駆けつけた400人ものボランティアが戸別訪問を地道に繰り広げて勝利につなげたのだ。マルセイユから支援に駆けつけていた政治分析家のマチュウ・ボスクはリュファンの家に寝泊まりしながら、選挙戦を支援していた。ボスクは前年、マルセイユの「立ち上がる夜」に参加していた。「勝ったらリュファンの国会スタッフになるのですか？」とボスクに尋ねると、「僕は政治家になるつもりは毛頭ないんだ。僕はエンジニアだから、これが終わったらエンジニアの仕事を見つけるつもりだ」と言った。

▼「共和国前進」は二大政党制を葬り去った

　大統領選と国会議員選挙が終わり、「立ち上がる夜」から1年以上が過ぎ去った。皮肉にも、フランス政界を握ったのは「立ち上がる夜」が反対していた労働法改正を仕掛けた政治家たちだった。「共和国前進」は国会議員（下院）577人中、308人の議員を生み、結党からわずか1年で共和党と社会党が支配した二大政党制を葬り去ってしまった。社会党は党内の分裂や労働法改正などの不評が響き、2012年の選挙での283人から今年は30人へと一気に激減してしまった。だが、その一方で「服従しないフランス」のリュファンの当選は左翼にとっては1つの可能性を未来に残したと言えよう。メランションを含めて「服従しないフランス」は17人の議員を生んだ。大統領選の決選投票で敗れた国民戦線のマリーヌ・ルペンは初めて国会議員に当選した。これまでは欧州議員だったのだ。2012年の国会議員選挙の時は党首のマリーヌ・ルペン自身も社

会党候補に決選投票で敗れ、当選したのはわずか2名だった。今回、国民戦線は8人の議席を獲得し、国政への足がかりを築いた。

住宅問題と取り組んできたあの女性はどうなっただろうか。「服従しないフランス」からパリで立候補したレイラ・シェイビは決戦まで進んだもののあと一歩、届かなかった。シェイビにとっては3度目の敗北となった。第一回投票の得票率は14.62％だったが、決戦では39.81％まで追い上げた。相手候補のアンヌ＝クリスチャン・ラング（Anne-Christine LANG）も社会党を離党し、共和国前進に鞍替えした現職の女性候補だった。前回の地方議員選挙で敗北した後、「立ち上がる夜」に参加するまでしばらく政治運動から遠ざかったシェイビだが、今回は違っていた。

レイラ・シェイビ「私にとっては勝ち抜くにはハードルが高すぎましたが、選挙運動の道のりはとても大きなものでした。私は多くの方々に熱烈に支持していただいたことを誇りに思います。そしてこれからも歩み続けるつもりです。歴史は前に進むしかないのです！私を信じ私に票を投じてくださった12063人の方々に感謝します。そして、パリ第十選挙区の『服従しないフランス』の支持者の皆さんを讃えます。選挙期間中、様々な市民運動に一丸となって支援を呼びかけた結果、非常に大きな結果が得られたのです！」

レイラ・シェイビ

新大統領に選ばれたマクロンは首相に共和党員のル・アーブル市長だったエドゥワール・フィリップ（Edouard Philippe）を抜擢し、まず労働法改正をさらに徹底する方針を発表した。CGTやFOやCFDTなど労働組合の幹部たちが相次いでエリゼ宮のマクロンのもとに呼ばれ、今後の改正方針について協力を要請された。2016年に社会党内のフロンド派の抵抗もあって修正を余儀なくされた部分などを含めて、労働法の規制緩和がさらに続くことになる。余談になるが、首相になったエドゥワール・フィ

リップは今でこそ右派の共和党員だが、1990年代の駆け出し時代は例の「第二の左翼」を自称したミシェル・ロカールに心酔する社会党員だった。この点でマクロン、バルス、フィリップには共通項があるのだ。

さて「立ち上がるメディア」に参加していたお騒がせな放送スタッフのソフィー・ティシエ（Sophie Tissier）からメッセージが届いた。ティシエはADやカメラのオペレーター、女優などをしてきたが、放送番組のディレクターになりたいのだという。しかし、ティシエは生放送で突然社内事情を暴露をした経験から放送局から解雇され、干されていた。そんな彼女は大統領選の最中の2017年4月24日、赤ちゃんを出産した。

ソフィー・ティシエ「命です！赤ちゃんが産まれました。赤ちゃんは握りこぶしを上げていました。その小さな右の握り拳は出産時に顎にくっついていたのです。でも彼はおなかから出る時にその拳を頭の上に振り上げたのです！助産婦がそう教えてくれました！」

予定日より少し早かったそうだが、48cmで3.350kgと成長していた。ティシエはこうつづった。「命の源に立ち返ること、この経験は私たちが人間であることを教えてくれるのです」。ティシエが赤ちゃんを産んだきっかけは「立ち上がる夜」だった。生れたのは「立ち上がる夜」が始まって、1年と1か月目のことだった。

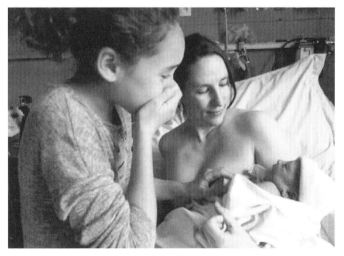

ソフィー・ティシエ「命です！赤ちゃんが生れました」

セーヌ川の橋の下をまた、たくさんの水が流れる

エピローグ　マクロン大統領の時代が始まる

パリの難民キャンプの傍に横断幕「人間を守ろう、国境ではなく」©Louise Moulin

エピローグ　マクロン大統領の時代が始まる

▼マクロンは新自由主義の右派だ！

　2016年春に「立ち上がる夜」を立ち上げたジャーナリストのフランソワ・リュファンと経済学者のフレデリック・ロルドンが夢見たのは様々な運動を束ねて、まずはオランド大統領とマクロン経済大臣らが画策した労働法改革の阻止だった。

　ところが、「立ち上がる夜」は共和国広場から撤退し、彼らにとっては最大の脅威だった元経済大臣のエマニュエル・マクロンが大統領に当選する、という皮肉な事態となった。2017年5月にマクロンは大統領に就任すると直ちに労働法のさらなる規制緩和に着手した。2016年にバルス内閣が進めた労働法改革の、いわゆるエルコムリ法案は労組や市民、「立ち上がる夜」、そして身内である社会党議員らの根強い抵抗に会い、当初の法案からは後退を余儀なくされていた。そこでマクロン大統領は2016年に法案から取り下げた部分を再浮上させて進めようとしたのだ。さっそくフランス最大の労組CGTのマルチネス議長や2位の労組CFDTのロラン・ベルジェら、大手労組のリーダーを個別にエリゼ宮に呼び、これから始める労働法の規制緩和の方針と段取りについて話し合った。

　2016年のエルコムリ法案の時のような激しい闘争や国会論議を避けるためにマクロンが取った手はオルドナンス（ordonnance）という形で労働法の書き換えを行うことだった。これは国会から行政府が「授権」＝法律を作る権限を与えられるという法律の作り方である。7月13日、下院に当たる国民議会で270対50という圧倒的大差でオルドナンスによって労働法改正を進める法案が可決され、上院（Sénat）に送られることになった。8月2日、上院でも225対109という大差でオルドナンスによる法改正の手続きが承認された。マクロンが立ち上げた新党La République En Marche!（共和国前進LRM）が国会議員（下院）選挙で577議席中308議席を得て圧勝したことがその背景にあった。8月3日、マクロン大統領がこの法案にサインをして、いよいよ労働法の本格的規制緩和の作業が始まった。

　夏休みの間に首相のエドゥワール・フィリップをリーダーに、労働大臣のミュリエル・ペニコー（Muriel Pénicaud）らが作業に取り組むこと

になった。この新任の労働大臣は2012年から2014年まで3年間、フランスの大手食品企業ダノンで人事担当のトップをつとめていた。ダノンとはヨーグルトなどを製造販売している日本でも知られる企業である。ペニコーが3年間にダノンから得た収入が474万ユーロ＝約6億1千万円と巨額だったことが"20minutes"などで報じられた。またL'Humanité紙はペニコーのダノンにおける巨額収入の要因の1つがストックオプション制度によるものだったと指摘した。ストックオプションとは所属する企業の株を一定価格で一定期間内に購入できる権利で株価に基づく報酬のシステムである。だから株価が上昇すれば予想以上に収入が上がる可能性がある。

　L'Humanité紙によると、2013年にペニコーが率いるダノンの人事部門が欧州のダノングループで900人の解雇を発表したが、そのすぐ後にダノンの株価が急上昇したのである。この時、ペニコーは保有株（ストックオプション）を売りさばいて利益を出したのだという。わずか1日で113万ユーロ（約1億4580万円）の利益が出たと言うからすごい。自分が手をつけたリストラ計画で株価が上昇して、その結果、株を売って1日で1億4580万円近くを儲けたのだから当然批判的に見られる。しかし、ペニコーは自分の報酬額はリストラ計画を発表する前から設定されていた、との反論を右派のフィガロ紙などで行っている。いずれにしても労働改革を行っている現職の労働大臣が、過去に企業の人事部で自らリストラをした直後に高騰した自社株を売却して巨額の利益を得ていた人物であることは、フランスの労働者にとっては恐ろしいことなのではないだろうか。マクロンは選挙戦中、「右でもない、左でもない」というスローガンを掲げたのだが、この労働大臣を見れば誰が見ても新自由主義の右派ということになるだろう。

　夏が訪れ、新聞には9月上旬に労働法改革案の草稿ができ、9月下旬あたりにオルドナンスで決定される見込みだと報じられた。すると労組が9月12日に大規模デモを行う、という告知がソーシャルメディアに拡散された。僕はこの日のデモはフランスの未来を知るための試金石かもしれない、と思った。ところが蓋を開けてみると、9月12日のデモは2016年の時のような激しい闘争とはならなかった。公務員が多い労組CGTの呼びかけに対して、経営者と妥協的な傾向のある他の大手労組

のCFDTやFOが参加しなかったからだ。すでに労組は分断されていたのである。これはアミアンのグッドイヤーの工場で見てきたことを思い出させる。マクロンはオルドナンスという最速の方法で改革案を策定し、最終的には国会でこのオルドナンスを議決するのだが、議会の過半数を共和国前進（LRM）が占めている今、それを野党が阻止することは不可能だった。

▼アンヌ・エイドゥに再び聞く

マクロン大統領は具体的に前回のエルコムリ法からさらにどう規制緩和を進めたのか、再び「雇用と労働の研究センター」のアンヌ・エイドゥ（Anne Eydoux）に聞いた。

エイドゥ 「いわゆるエルコムリ法の最初の狙いの1つにフランス労働市場を規制緩和することがありました。労働法の規制を弱めることと、労働組合の全国組織が労使交渉を行うことに替えてローカルな企業単位で個別に労使交渉を行うことを促すことが最初の改正案に盛り込まれていたのです。企業単位での労使交渉となると、どうしても個別では労働組合は弱いですし、労働者を全員解雇するというような経営者の脅しに屈してしまうことになってしまいます。さらに、2016年の最初のエルコムリ法案のバージョンでは不当な解雇とみなされた場合に経営者が解雇者に支払う金額に上限を設けようとしていました。これは2015年のいわゆるマクロン法案にも盛り込まれていたものでしたが、憲法裁判所が違憲とみなしたために法案から削除されたものでした。そして、2016年に多くの労働組合が反対したことと街頭デモが行われた結果、2016年のエルコムリ法案のこれら当初の狙いのいくつかが削除されることになったわけです。その結果、2016年のエルコムリ法案では労働時間に関しては企業レベルの労使交渉で決められるように規制緩和されましたが（もち

雇用と労働の研究センター（CEET）の経済学者、アンヌ・エイドゥ（Anne Eydoux）

ろん、35時間労働法制にさらに穴をあけることになる)、しかし、たとえば労賃については企業レベルの労使交渉には移行できず、依然として労組の全国組織が交渉権を維持することになりました。また不当解雇に関しても償い金に上限が設定されることにはならなかったのです。言ってみればマクロンが2017年6月の大統領選で選ばれた後に行った改革と言うものはオランド大統領時代に試みていたものの延長線上にあるのです。2017年9月に出されたマクロンのオルドナンスは、2016年の最初の法案に書き込まれていた狙いの実現を目指したものです。第一に、経営者が労働者を余剰人員にカウントしやすくなり、解雇にかかる補償金も安くなり、解雇しやすくなったことが挙げられます。不当解雇とみなされた場合でも経営者が支払う償い金に上限が設定されました。これは補償金の額は個別の事情を勘案して決定される、とするフランス法の基本原則に違反するものです。マクロンのオルドナンスではさらに、労働者を集団で解雇するための新しい制度が盛り込まれました。"rupture conventionnelle collective"（経営者と労働者の集団の協定に基づく契約の終了）と呼ばれているものですが、経営者と雇用される労働者の集団の間で結ばれる労働契約に契約期限をあらかじめ設定するものです。これは改革派がいかに解雇のハードルを下げ、コストを減らせるか知恵を絞って新しい方式を作り出したものです。本来、解雇と言うのは経営者側のイニシアチブで行われるわけです。ですから、労働者によほどの問題がない限り、解雇される労働者に補償金を支払うことになるわけです。そしてまた、労働者が辞職する場合は労働者側のイニシアチブで行われます。この場合は逆に労働者は失業したとしても特段の条件がない限りは経営者から補償金を得ることはできません。ところが2008年に新しい方式が導入されたのです。"rupture conventionnelle"（労使間の協定に基づく契約の終了）と言うもので、経営者と労働者の双方のイニシアチブによるものです。しかし、これは現実にはより安く労働者を解雇するために使われる可能性があります。そして、2017年9月にマクロン大統領が導入した"rupture conventionnelle collective"（経営者と労働者の集団の協定に基づく契約の終了）は経営者と労働者の集団との間の先ほどあったような双方のイニシアチブで契約を打ち切ることです。しかし、いったいどんな条件で労働者が進んで集団の契約打ち切りを経営者と取り決

めるというのでしょうか。これは経営者が労働者の集団解雇を安価に実現できるようにするものです。さらに、労働者の再編成を行うものでしょう。とはいえ、"rupture conventlonnelle collective"（経営者と労働者の集団の協定に基づく契約の終了）は労働組合の承認を得なくてはなりません。ある時はファストファッションチェーンのPimkie（ピンキー）のように労組が拒否しました。しかし、またある時は自動車メーカーのPSAグループ（プジョーやシトロエンを作っている）のように労組の間で判断が分かれる場合もあります。」

Les Echos（エコー紙）の報道ではピンキーの経営陣はフランス国内で1900人いる社員の中から208人を"rupture conventionnelle collective"（経営者と労働者の集団の協定に基づく契約の終了）で契約を打ち切りたいと提案した。しかし、CGTもCFDTもFOも拒否した。

一方、ルモンド紙の報道によると、プジョーやシトロエンなどの自動車メーカーのPSAグループの経営陣が提案した"rupture conventionne 1 le collective"（経営者と労働者の集団の協定に基づく契約の終了）では1300人の契約打ち切りを想定しているが、労組の中でFO、CFDT、CFTC、GSEAの4つがこの提案を承認し、拒否したのはCGTだけだった。昨年9月にマクロンが署名した労働法改正のオルドナンスはすでに走り出しているのだ。

エイドゥ「それから、マクロンのオルドナンスでは新しい形の不安定な雇用契約が盛り込まれています。これは"mission contract"（任務契約）と呼ばれているもので、契約期間は設定されていないものの、その任務なりプロジェクトなりが終了した段階で契約が終了するというものです。マクロンのオルドナンスはフランス語のいわゆる『規準のヒエラルキー』を変えてしまおうと言うものです。通常、企業内の集団的な契約は労働法に従わなくてはなりません。それとともに次のような階層に沿った合意事項に準拠しなくてはなりません。まず企業内における労使の合意事項は産業内の合意事項に依拠しなくてはなりません。そして、この産業内の合意事項は個別の産業を越えた全職業的な合意事項と足並みを合わせたものでなくてはならないのです。そして下位に位置する労使間の合意事項が上位に位置する規準に反していい場合と言うのは唯一、雇われる人々にとって利益となる場合に限られます。ところが、マクロ

ンのオルドナンスはこうした『規準のヒエラルキー』の構造に疑問を突きつけるものです。マクロンのオルドナンスにおいては一企業内の合意事項が産業界の合意事項に従う必要があるのは限られた場合になっています。たとえば最低賃金や男女の平等原則、特殊な雇用形態などの場合です。また産業セクターの取り決めが企業別の労使間の取り決めより優位になってもいいのは労働の激しさの限度とか、障害者の労働条件とか、リスクをめぐる規準といった事柄です。しかし、その他の事柄については企業内での労使交渉での取り決めが優位に立てるのです。個別企業の労使交渉となると、労働組合の力が最も弱いところです。

　次に予想される改革は失業保険の改革です。マクロンが大統領選挙の時に公約にしていたものです。仕事を自分の意志で辞めた人と"self-employed"というような自営業者を一般の労働者に統合して、失業保険の財源を労働者の積み立てという形でなく、general social contribution（CSG）という所得税の中から失業費用を捻出する体系を構築するのです。もしそうなれば失業保険制度の精神を覆すことになるでしょう。

　このシステムは経営者の組織と労働組合の両者および政府によって管理されます。経営者の組織と労働組合はこの財源を作るわけですから、このシステムを管理する権限を法的に委ねられるわけです。もし、労働者が積み立てを一定レベル以上は拠出しないということになれば労働組合がこのシステムを管理する権限は弱まります。さらに言えば今行われている失業保険を改革する議論で指摘されているのは辞職した人や自営業者まで含めるほど潤沢な財源がない、ということです。となると、マクロンの公約には疑問が突きつけられるわけです。あるいは失業給付の縮小が考えられるのです」

　アンヌ・エイドゥの話を聞けば、これまでマクロンのやってきたことが実に一貫していることがわかる。その流れは少なくともサルコジ大統領時代にジャック・アタリが率いていた「フランスの経済成長のための委員会」まで遡れるだろう。この時に育まれていた経営合理化の構想が10年を経て開花したと言えよう。まさにマクロンの才能や努力だけでなく、彼を大統領に押し上げようとした多数の人が背後にいたことをうかがわせるものだ。これを書いている2018年3月になって僕が思うのは2016年4月9日に「立ち上がる夜」で行われたロルドンの危惧が皮肉に

も実現されてしまったことである。それは「労働法改正後の世界」である。労組や市民の抵抗にあい、志半ばで妥協を余儀なくされた2016年のエルコムリ法（労働法改正）をマクロンが究極まで押し進める形となったのだ。振り返ればマクロンが2014年に経済大臣になって提案したマクロン法も、エルコムリ法も国会の手続きを省略する憲法49条3項を使った強権的手法で可決させたし、今回もオルドナンスという形で国会議論を省略して国会が行政府に法律を作る権限を与える形を取った。こうして見ると、マクロンは国会での民主的議論をあまり重視していない人間なのではないか、という疑いすら持たざるを得ない。2016年の段階では労働者の敵役が社会党のバルス首相やミリアム・エルコムリ労働大臣たちだったため、マクロンにスポットがほとんど当たらなかっただけのことだ。放送ジャーナリストのアリーヌ・パイエの言葉を思い出すなら資本主義は常にスピードと効率を重視するということだ。考えの異なる人々と時間をかけてじっくり話し合うことを最も敵視するものなのである。

　こうした中、「服従しないフランス」から国会議員に当選したフランソワ・リュファンやリーダーのジャン=リュク・メランションらが17人というあまりにも少数勢力のため国会で孤立していたり、与党議員にほとんど無視されていたりする写真がソーシャルメディアでたくさん流れてきた。こうした皮肉な事態を「立ち上がる夜」に参加した哲学者のパトリス・マニグリエはどう見ているのだろうか。

▼人々の心に希望を灯した「立ち上がる夜」

　パトリス・マニグリエ　「私はマクロンの政策は予想していたより悪いと見ています。というのは当初から予想されたグローバル化による新自由主義の促進だけに留まらず、その片方で警察と司法による権力をてこにナショナリズムをも進めているからです。言い換えれば『ナショナリズムの自由主義』あるいはフランス語で言えば "libéral-autoritaire"（権威主義的なリベラル）とでも言う方向性です。長い間、フランスにおいては政治学者たちは片やリベラルを批判し、片やナショナリストを批判してきたのですが、マクロンはその両者を融合させているわけなんです。

　ところがマクロンに対する批判が（政治学者から）全く出ていないの

です。私は新たな右翼勢力が、アメリカのトランプ大統領のような方向で、マクロンに対抗する野党勢力となることを本当に懸念しています。つまり、左翼勢力が有力な野党として存在しない事態です。このような懸念から、私たちにとって唯一可能な対抗策はメランションを支持して、現状の傲慢で残酷な権力に立ち向かう強力な選挙運動を打ち出すことだと思うのです。」

　五月革命に魅了されたと言うマニグリエは今年2018年が五月革命から50周年ということでパリのポンピドーセンターでシンポジウムなどを企画してきた。

　マニグリエ「私が1968年の五月革命をめぐるシンポジウムに関わっているのはその正しい記憶を呼び起こしたいと思っているからです。とりわけ、警察による弾圧の記憶です」

　マニグリエが指摘するようにマクロンは労働法の規制緩和だけではなく、難民に関してナショナリズム的な右寄りの政策に大きく舵を切り始めたようだ。今年に入って国会審議が始まったものに難民認定手続きの改正がある。手続きができる期間を半年へと大幅に短縮しようとしているのだ。さらに再申請の期間も15日に短縮しようとしている。マクロン大統領は昨年、フランス政府は難民の受け入れを増やすと話していたし、今回の法律ではその手続きをスピードアップすると言っているのだが、難民認定には様々な書類や記録などが必要になるだろうから、手続きのできる期間が半減すれば難民排除に向かっていると危惧する人がフランスには少なくない。実際、多くの人々が街頭で抗議を行っている。「人間を守ろう、国境を守るのではなく」（Protégeons les humains pas les frontières）と書かれた横断幕がサンマルタン運河の橋に張られていた。運河沿いには難民たち80人近くがテントで暮らしているのだ。現地を通りかかり、写真を撮影して送ってくれたのは「立ち上がる夜」の立ち上げに参加したデザイナーのルイーズ・ムーランだ。

　彼女は今、アリーヌ・パイエや山本百合とともに「紅茶と珈琲を難民に」という難民への支援活動を行っているのである。ムーランは最近、僕にこう語った。

　ムーラン「私たちは支援を必要としています。どんな小さな手助けで

も歓迎です。昨夜、私は帰り道で、メトロのジョレス駅前を通った時、材木を見つけました。捨てられたタンスやベッドなどの木材などです。それで私は人手を探して、運河沿いのキャンプへ行ってアフガニスタン人を数人連れて木材を運びました。彼らは私に感謝してくれました。それはほんの小さなことに過ぎませんが、マイナス8度の中で温まるのが火しかないとしたら、木材はとても大切なものなのです。このような

ルイーズ・ムーラン

現実を目にすることは辛いことです。多くの人はこのような現実を見ることがないが故に、多くの人々の意識の中にはこのような現実が存在しないのだ、と感じることが辛いことなのです。私が仕事をしている職場では同僚の女性たちが、テレビで報道されたのと同じことを話しています。テントの難民たちは政府が与えた収容施設を自分で拒否した人々なのよ、と。それを聞くと私はとても腹が立ちます。」

「立ち上がる夜」に出会ったことがきっかけで僕はフランスの左翼の人々にたくさん出会い、話を聞いてきた。しかし、彼らは2016年の労働法改正では多少は抵抗したとしても、改正自体は阻止できなかった。さらに彼らの多くが疑問をつきつけたフランス社会党は分裂し、2017年のW選挙では「右でもない、左でもない」と中道を掲げるマクロンの新党「共和国前進」がその間隙をついて急成長する皮肉な結果となった。マニグリエやパイエの主張を聞くと、彼らが目指す民主主義というものは、効率が悪く、途方もなく時間がかかると思えてくる。だからこそ、資本主義の統率者たちはスピードと効率を最大化して選挙で大勝しているのだろう。では、「立ち上がる夜」は単なる一過性の理想主義の産物として消え去っていく運命なのだろうか。僕はどこかでそんなに簡単にこの運動は消えないだろう、という気がする。というのは「立ち上がる夜」が垣間見せた民主主義の可能性が、たとえわずか数週間であったとしても、人々の心に希望を灯したと思うからだ。その一歩を過小に見てはいけないのではないか。パイエの娘のローラが語ったように、1789年に起きたフランス革命ですら、当初はこの動きがどこに向かうのか、人々にはわからなかったのだから。

あとがき

　プロローグで僕は長年フランスに対して抱いてきた謎を解き明かしたい、と書いたのだが、いったいどこまで当初の目標に到達できただろう？　評価は読者の方々に任せたいと思う。過去15年の間、断続的に訪れていたパリで見聞してきたことを一冊の本に最終的にまとめるために2017年5月にパリとアミアンの取材を集中的に行った。帰国後の6月から9月までは自宅で録音を繰り返し聞きながら、資料を読みふける毎日だった。執筆の段階でつくづく思ったのは「立ち上がる夜」が100もの委員会を抱えていただけに射程に入って来るテーマも多種多様であり、複数の人々を取材するということは目を通すべき資料もその掛け算になって膨れ上がってくる、ということだ。だから過剰にデテールに引っ張られず、「立ち上がる夜」という運動の大きな意味合いというところに集約していかないととても体がもたない、と思った。

　インタビューはフランス語の場合もあれば英語の場合もあった。また、帰国後に英文や仏文のテキストの形で当方の質問に答えを送って下さった方々もいた。返ってきた言葉のすべてに何度も目を通し、録音の声に繰り返し耳を傾ける。毎日その繰り返しだった。ものを書くという事は最低限、自分の中で「わかった！」と思える段階を越えないと不可能だ。だから、出会った人たち一人一人のことが曲がりなりにも「わかった」と思えるまでつき合おうと思った。ルポルタージュは現場に出向いて人と会って話をすることが命で、そうすることで初めて自分では想像もできなかった詳細を知ることができる。そこに宝があるのだ。これまで20年以上、テレビのドキュメンタリー番組や報道番組のディレクターをしてきたけれど、今回ペンを執ってみて、初心に立ち返れた気がした。思い返せば大学生だった1986年の夏休みの2か月間を使ってカナダ、アメリカ、メキシコの3か国の北米一周旅行を行ったことがあった。その時、のべ500人以上の人々と旅先で話をした。多くの人と話をすることで初めて見えてくるものがある。生きた言葉の響きを体感できる。今回のフランス取材でもできるだけ多くの人に様々なことを聞いてみたかった。そもそも「立ち上がる夜」という運動自体が未知の人々と広場で出会い、相手の話に耳を傾けることだった。「立ち上がる夜」は人間から逃避せ

あとがき

ず、人間に近づいていく運動だったんじゃないかと思う。悲しいけれど近年ずっとその反対の方向に社会が動いてきたからだ。

　この取材が実現できたのは「立ち上がる夜」に参加したフランス人の一人一人がこの運動の記録を後世に残したいと思い、その精神を今後も持ち続け、発展させたいと思っていたからだと思う。彼らはとても丁寧に、また辛抱強く取材に応じてくれた。そのことに感謝し、感激している。僕自身もまた「立ち上がる夜」という運動を記録に残し、日本人に伝えたいと思った。だが、その前に自分自身がもっとよく知らなくてはならなかった。特に過去との歴史的なつながりという意味で言えば、フランス革命から今日まで左翼がどのように進化発展してきたのか、その歴史についてはまだまだ未知の部分が大きい。アナーキズムのことも不勉強だ。これらのことは機会があれば別の時にまた書いてみたい。さらには本書で書いた現象に関して理解が不十分なところや、誤解していることなども多々あるかもしれない。そういったことは今後の課題にしたいと思う。正直知れば知るほど、わからないことだらけだ。

　最後にこの探検を実現する上で特にお世話になった方々にこの場をお借りして感謝の言葉を述べたい。身近なところでは村上顕氏と村上博氏にいろんな形で支援をいただいた。またパリでは本書にも出てくる画廊主のコリーヌ・ボネさんとそのご家族に様々なご支援をいただいた。実は取材期間はボネさんの家の空き部屋に居候させていただいていたのだ。エクアン在住のボワイエさんご夫婦にはフランスの政治制度や社会制度について一から懇切丁寧に教えていただいた。そして、この度、快く出版を引き受けてくださった社会評論社の松田健二社長には一方ならぬお世話になった。名前を挙げることができないけれど、いろんな形で協力してくださった方々がたくさんいる。お世話になったすべての方にこの場をお借りしてお礼を申し上げます。

2018年3月8日

村上良太

参考文献リスト

西川長夫「パリ五月革命私論 転換点としての68年」(平凡社) 2011年
渡邊啓貴「フランス現代史 英雄の時代から保革共存へ」(中公新書) 2013年
庄司克宏「欧州連合 統合の論理とゆくえ」(岩波新書) 2007年
田中素香「ユーロ 危機の中の統一通貨」(岩波新書) 2010年
田中素香「ユーロ危機とギリシャ反乱」(岩波新書) 2016年
白井さゆり「欧州迷走 揺れるEU経済と日本・アジアへの影響」(日本経済新聞出版社) 2009年
白井さゆり「欧州激震 経済危機はどこまで拡がるのか」(日本経済新聞社出版社) 2010年
本山美彦「金融権力〜グローバル経済とリスク・ビジネス〜 」(岩波新書) 2008年
アリアナ・ハフィントン「誰が中流を殺すのか〜アメリカが第三世界に堕ちる日〜」(阪急コミュニケーションズ) 2011年
ピエール・ブルデュー「来日記念公演2000 新しい社会運動〜ネオ・リベラリズムと新しい支配形態〜」(恵泉女学園大学・藤原書店) 2001年
ピエール・ブルデュー「メディア批判」(藤原書店) 2000年
大山礼子「フランスの政治制度 改訂版」(東信堂) 2013年
植村邦「フランス社会党と『第三の道』〜左翼とは何か、何をするのか〜」(新泉社) 2002年
山口二郎「ブレア時代のイギリス」(岩波新書) 2005年
中野晃一「右傾化する日本政治」(岩波新書) 2015年
ミシェル・デスパックス「労働法」(白水社) 1993年
水村勇一郎「労働法入門」(岩波新書) 2011年
福田和也「奇妙な廃墟〜フランスにおける反近代主義の系譜とコラボラトゥール〜」(ちくま学芸文庫) 2002年
海老坂武「フランツ・ファノン」(講談社) 1981年
マリーヌ・ルペン「自由なフランスを取りもどす〜愛国主義か、グローバリズムか〜」(花伝社) 2017年
長部重康「現代フランスの病理解剖」(山川出版社) 2006年
原輝史「フランス資本主義〜成立と展開〜」(日本経済評論社) 1986年
世界の名著42「プルードン、バクーニン、クロポトキン」(中央公論社) 1967年
トマ・ピケティ「21世紀の資本」(みすず書房) 2014年
トマ・ピケティ「新・資本論」(日経BP社) 2015年
ロナン・バラン、リチャード・マーフィー、クリスチアン・シャヴァニュー「徹底解明 タックスヘイブン〜グローバル経済の見えざる中心のメカニズムと実態〜」(作品社) 2013年
福井憲彦編「フランス史」(山川出版社) 2001年

参考文献

安達正勝「物語フランス革命〜バスチーユ陥落からナポレオン戴冠まで〜」中公新書）2008年
池田理代子「フランス革命の女たち」（新潮社）1985年
高木八尺、末延三次、宮沢俊義編「人権宣言集」（岩波文庫）1957年
シャルル・ド・モンテスキュー「法の精神」1748年
ジャン＝ジャック・ルソー「社会契約論」1762年
エマニュエル＝ジョゼフ・シエイエス「第三身分とは何か」1789年
カール・マルクス「ルイ・ボナパルトのブリュメール18日」1852年

Jacques Julliard, *Les Gauches françaises*（1762-2012, FLAMMARION, 2012
Les Temps Modernes, *Nuit Debout et Notre Monde*, 2016
Comité invisible, Maintenant, LA FABRIQUE, 2017
Baki Youssoufou etc, Nuit Debout #32 Mars, Le cherche midi, 2017
Emmanuel Macron, *Révolution*, XO, 2016
Nicolas PRISSETTE, *Emmanuel Macron: en marche vers l'Elyseé*, PLON, 2016
François Ruffin, *Leur grande trouille: Journal intime de mes "pulsions protectionnistes"*, LLL, 2011
François Ruffin, "Pauvres actionnaires !", Fakir, 2014
Jean-Luc Mélenchon et Marc Endeweld, *Le choix de l'insoumission*, Seuil, 2017
Jean-Luc Mélenchon, *L'avenir en commun:Le programme de la France insoumise et son candidat*, Seuil, 2016
Benoit Hamon, *Pour la génération qui vient*, Équateurs, 2017
MICHEL ELTCHANINOFF, *Dans la tête de Marine Le Pen*, Actes Sud, 2017
Dominique Albertini, David Doucet, *Histoire du Front National*, Tallandier, 2013
François Fillon, *FAIRE*, ALBIN MICHEL, 2015
François Fillon, *Vaincre le totalitarisme islamique*, ALBIN MICHEL, 2016
Alain Finkielkraut (direction), *Qu'est-ce que la France?*, Gallimard, 2008
Jean-Pierre LE GOFF, La gauche à l'agonie? 1968-2017, PERRIN, 2017
Jacques Attali, *Une breve histoire de l'avenir*, FAYARD, 2006
Jacques Attali, *La crise, et après?*, FAYARD, 2008
Catherine Bernié-Boissard, Élian Cellier, Alexis Corbière, Danielle Floutier et Raymond Huard,Vote *FN, pourquoi?*, Au DiableVauvert, 2013
JEAN-YVES CAMUS, *Le Front National*, MILAN, 1998
Frantz FANON, *Œuvres (Peau noire, masques blancs / L'An V de la révolution algérienne/Les damnés de la terre/Pour la révolution africain)*, La Découverte, 2011

Alain Bergounioux, *LÉON BLUM: LE SOCIALISME ET LA RÉPUBLIQUE,* Fondation Jean-Jaurès, 2016

Ignacio Ramonet, *Guerres du XXI siècle,* Galilée, 2002

Catherine Graciet, *Sarkozy-Kadhafi : Histoire secrète d'une trahison,* Seuil, 2013

Georges-Marc Benamou, *Le dernier Mitterrand,* Plon, 1997

Pascal Varejka, *PARIS : UNE HISTOIRE EN IMAGES,* Parigramme, 2007

Guillaume de Bertier de Sauvigny, *Histoire de France,* Flammarion, 1977

Martine Aubry, Il est grand temps, Albin Michel, 1997

Belen Balanya, Ann Doherty, Olivier Hoedeman, Adam Ma'anit and Erik Wesselius, *Europe Inc.,* Pluto, 2000

村上良太（むらかみりょうた）

1964年、岡山県に生まれる。大阪市立大学法学部、日本映画学校（日本映画大学の前身）を卒業。映画の助監督を経て、TVドキュメンタリー番組のディレクターを20年以上つとめた。政治、経済、社会からヒューマンドキュメンタリーまで幅広い分野をカバーしている。担当した番組には台湾の学生たちの民主化運動を取材した「議会占拠24日間の記録〜中台急接近に揺れる台湾〜」（NHK）や「台湾ダブル選挙〜若者たちの選択〜」（NHK）、コンビニの食品廃棄をテーマにした「"余った食"のゆくえ〜消費期限　もうひとつの物語〜」（テレビ東京／ガイアの夜明け）、リーマンショックが起きる3年前にアメリカの不動産金融バブルを報じた「アメリカ経済の危機」（テレビ朝日／サンデープロジェクト）などがある。

パリで取材中の著者 ⓒ Didier Chaboche

立ち上がる夜　〈フランス左翼〉探検記
2018年7月14日　初版第1刷発行

著　者：村上良太
装　幀：吉永昌生
発行人：松田健二
発行所：株式会社社会評論社
　　　　東京都文京区本郷2-3-10　☎ 03(3814)3861　FAX 03(3818)2808
　　　　http://www.shahyo.com

組版：スマイル企画＋閏月社
印刷：倉敷印刷株式会社